思想政治教育研究文库

"课堂革命"
新时代高校思想政治理论课建设的变革与突破

主　编　彭庆红
副主编　李紫娟　夏　欢

光明日报出版社

图书在版编目（CIP）数据

"课堂革命"：新时代高校思想政治理论课建设的变革与突破 / 彭庆红主编；李紫娟，夏欢副主编 . 北京：光明日报出版社，2024.7. -- ISBN 978-7-5194-8145-2

Ⅰ . G641

中国国家版本馆 CIP 数据核字第 20248XK999 号

"课堂革命"：新时代高校思想政治理论课建设的变革与突破
"KETANG GEMING"：XINSHIDAI GAOXIAO SIXIANG ZHENGZHI LILUNKE JIANSHE DE BIANGE YU TUPO

主　　编：彭庆红	副主编：李紫娟　夏　欢
责任编辑：李　晶	责任校对：郭玫君　乔宇佳
封面设计：中联华文	责任印制：曹　净

出版发行：光明日报出版社
地　　址：北京市西城区永安路 106 号，100050
电　　话：010-63169890（咨询），010-63131930（邮购）
传　　真：010-63131930
网　　址：http://book.gmw.cn
E － mail：gmrbcbs@gmw.cn
法律顾问：北京市兰台律师事务所龚柳方律师
印　　刷：三河市华东印刷有限公司
装　　订：三河市华东印刷有限公司
本书如有破损、缺页、装订错误，请与本社联系调换，电话：010-63131930

开　　本：170mm×240mm	
字　　数：339 千字	印　　张：19
版　　次：2024 年 7 月第 1 版	印　　次：2024 年 7 月第 1 次印刷
书　　号：ISBN 978 - 7 - 5194 - 8145 - 2	

定　　价：98.00 元

版权所有　　翻印必究

序　言

　　教育是民族振兴、社会进步的重要基石。培养什么人，是教育的首要问题。习近平总书记指出："建设教育强国，是全面建成社会主义现代化强国的战略先导，是实现高水平科技自立自强的重要支撑，是促进全体人民共同富裕的有效途径，是以中国式现代化全面推进中华民族伟大复兴的基础工程。"而高校思想政治理论课是立德树人的关键课程，在培育社会主义建设者和接班人过程中发挥着不可替代的作用。高校思想政治理论课是大学生思想政治教育的主渠道，主要讲授马克思主义基本原理及其中国化的理论成果，致力于帮助学生树立正确的世界观、人生观、价值观，具有鲜明的政治属性和服务功能，集中体现着高等教育为人民服务、为中国共产党治国理政服务的要求，体现着为巩固和发展中国特色社会主义制度服务、为改革开放和社会主义现代化建设服务的要求。因此，强化高校思想政治理论课这个主渠道，加强高校思想政治理论课建设是做好大学生思想政治教育工作的关键所在。而要走好中国特色社会主义教育强国之路，就要不断创新思想政治教育形式，不断提高高校思想政治理论课的针对性和吸引力，推动高校思想政治理论课建设在改进中加强、在创新中提高，更好地用习近平新时代中国特色社会主义思想铸魂育人，培养德智体美劳全面发展的社会主义建设者和接班人。

　　基于此，为了深入学习贯彻习近平新时代中国特色社会主义思想和党的二十大精神，服务教育强国的战略部署，在思想政治教育学科设立40周年之际，专家学者围绕高校思想政治理论课的守正创新进行了一系列的理论研究和实践探索，本书为了更好地总结和宣传《思想教育研究》杂志办刊以来的成果，将新时代十年多来《思想教育研究》刊物已发表的关于高校思想政治理论课改革创新的理论研究和实践探索的成果汇编成论文集，以此来记录《思想教育研究》杂志走过的十余年历程，同时，推动成果的实践应用和转化，以进一步推进新时代高校思想政治理论课的改革创新。本书主要围绕"课堂革命""大思政课""高校思政课信息化"等热点问题遴选了相关研究成果，主要包括三部分内容：

第一,"课堂革命"的理与路;第二,"大思政课"建设与探索;第三,高校思想政治理论课信息化改革。这些内容面向一线高校思想政治理论课教师,为立足课堂这一"教育的主战场"改革、"大思政课"改革以及高校思想政治理论课信息化改革提供有益借鉴和启示,对于推进高校思想政治理论课改革创新具有重要意义。

本书有如下特点:第一,紧跟高校思想政治理论课建设的发展,角度新颖,聚焦热点问题;第二,紧扣高校思想政治理论课建设中面临的挑战展开深入研究,对高校思想政治理论课建设具有重要的启示;第三,注重理论联系实际,运用马克思主义的立场、观点和方法,对高校思想政治理论课建设过程中的诸多现实问题进行了剖析,并进行了对策研究。

当然,本书也存在缺漏和不足,欢迎广大读者提出宝贵意见和建议。

编者

2023 年 7 月

目 录
CONTENTS

"课堂革命"的理与路

高校思想政治理论课"课堂革命"与道路认同 …………… 刘武根 3
高校思想政治理论课"课堂革命"与时代责任 …………… 谢玉进 11
高校思想政治理论课"课堂革命"与文化自信 …………… 宋友文 19
高校思想政治理论课"课堂革命"与开放意识 …………… 杨增崒 27
高校思想政治理论课"课堂革命"与协作学习 …………… 李　蕉 35
教学比赛比什么：从"一堂课"看思想政治理论课的"课堂革命" …… 李　蕉 43
如何让思想政治理论课有高度："课堂革命"与情怀培育 …… 王赟鹏 51
如何让思想政治理论课有深度："课堂革命"与文献利用 …… 崔春雪 60
如何让思想政治理论课有广度："课堂革命"与视角转换 …… 夏　清 69
如何让思想政治理论课有温度："课堂革命"与共情意识 …… 赵紫玉 77

"大思政课"建设与探索

论高校思想政治理论课建设的"高、精、尖" …………… 刘建军 89
高校善用"大思政课"铸魂育人的三大保障 …………… 李大健 96
"大思政课"视域下思想政治理论课教学的社会生活省思 …… 许瑞芳　纪晨毓 107
高校"大思政"格局的理论定位与实践建构 …………… 刘兴平 117
大中小学思想政治理论课教学内容衔接探析 …………… 陈大文　母玲凡 126
善用"大思政课"讲道理：南开大学十年苏区实践的探索与经验 …… 刘一博 135
"六位一体"的"大思政课"建设模式探索
　　——以北京体育大学为例 …………… 陈世阳　王殿玺　吴国斌 145

适应性视域下职业院校"大思政课"教学探索 ………………………… 曹　群 155

高校思想政治理论课信息化改革

语料库技术助力新时代思想政治理论课改革创新 ………………… 李　梁 169
数字马院建设的意义、理念与方案 ……………………… 彭庆红　刘明言 179
高校思想政治理论课虚拟仿真体验教学改革创新若干问题探讨 …… 刘新刚 188
移动互联技术运用下的思想政治理论课过程性考试改革初探
　　——以北京工业大学"思想道德修养与法律基础"课为例 ……… 沈　震 196
移动网络时代高校思想政治理论课面临的挑战与回应 …… 李海春　李　娟 203
MOOCs对思想政治理论课教学的挑战与启示 …………………… 叶承芳 212
新媒体环境下利用Blackboard平台加强思想政治理论课教学改革 … 郭凤志 219
微电影：高校思想政治理论课教学的新载体
　　——以河北大学微电影教学法为例 ……………………… 柴素芳　沙占华 225
图像时代高校思想政治理论课建设的路径选择 ……………………… 陈　涛 233
大数据时代高校思想政治理论课创新路径探析 …………… 王卫国　陈迪明 240
弹幕语言对提升高校思想政治理论课话语亲和力的启示 … 冯文艳　戴艳军 249
慕课在高校思想政治理论课教学中应用的现状、问题及发展 ……… 张祎嵩 257
人工智能必将引发思想政治理论课变革 …………………… 张志丹　刘书文 265
场景化传播背景下高校思想政治理论课建设面临的挑战与对策 …… 黄冬霞 275
人工智能驱动的高校思想政治理论课精准教学：实施框架与实现路径 …………
　　…………………………………………………………… 万力勇　易新涛 285

"课堂革命"的理与路

高校思想政治理论课"课堂革命"与道路认同

刘武根

中国农业大学马克思主义学院

摘要： 培养时代新人全球胜任力，是在中国日益走近世界舞台中央、不断为人类作出新的更大贡献的新时代背景下，从国际视野的维度对培养什么样的时代新人、如何培养时代新人进行前瞻性思考的战略布局。对高校思想政治理论课来说，培养时代新人全球胜任力是一个新生事物，需掀起"课堂革命"，把道路认同作为培养时代新人全球胜任力之本。

党的十九大报告指出："经过长期努力，中国特色社会主义进入了新时代，这是我国发展新的历史方位。"① 日益走近世界舞台中央、不断为人类作出更大贡献这一新时代重要特征提出了培养时代新人全球胜任力的新要求。培养时代新人全球胜任力呼唤高校思想政治理论课（以下简称"思政课"）"课堂革命"，而道路认同是推动高校思政课"课堂革命"培养时代新人全球胜任力之本。

一、培养时代新人全球胜任力的必要性和紧迫性

培养时代新人全球胜任力，是我国日益走近世界舞台中央的现实需要，是对外阐释解决人类问题的中国智慧和中国方案的必然要求，是为人类作出新的更大贡献的必然选择。

（一）我国日益走近世界舞台中央的现实需要

改革开放是决定当代中国命运的关键抉择。经过40年的改革开放，中国发生了翻天覆地的变化。"现在，我国是世界第二大经济体、制造业第一大国、货

---

① 习近平. 决胜全面建成小康社会 夺取新时代中国特色社会主义伟大胜利——在中国共产党第十九次全国代表大会上的报告 [M]. 北京：人民出版社，2017：10.

物贸易第一大国、商品消费第二大国、外资流入第二大国,我国外汇储备连续多年位居世界第一。"① 改革开放40年来,中国同世界的关系发生了历史性变化,正以前所未有的自信日益走近世界舞台的中央。在我国日益走近世界舞台中央的历史进程中,随着我国经济实力和综合国力的稳步攀升,尤其是在国际金融危机的背景下,我国与外部世界进入新一轮的相互认识、评估、磨合期。西方国家不希望也不愿意看到中国崛起,蓄意制造有关中国的种种负面国际舆论,试图削弱中国特色社会主义道路和制度的国际影响力。西方国家的"棒杀"和围堵给我国的发展带来了严重的负面影响。当前,世界范围内的民粹主义沉渣泛起,贸易保护主义有所抬头,单边主义、排外主义不断蔓延,反全球化浪潮汹涌澎湃。科学认识和正确处理日益走近世界舞台中央的中国与世界的关系是摆在我们面前的重要课题。我们要清醒地看到中国与世界的相互影响越来越深,中国对外部世界的依赖和影响越来越深,外部世界对中国的依赖和影响也越来越深。中国如何在与世界的互动中既适应世界又影响乃至改造世界,关乎中国前途命运,关乎世界和平发展。为此,我们既需准确判断中国与世界关系的未来走向,又需提高处理中国与世界的复杂关系的能力,还需培养出具有全球胜任力的时代新人。具有全球胜任力的时代新人,既是准确判断中国与世界关系未来走向的人才基础,也是提高处理中国与世界复杂关系的人才保障。因此,培养时代新人全球胜任力是我国日益走近世界舞台中央的现实需要。

(二) 对外阐释解决人类问题的中国智慧和中国方案的必然要求

如果说实现现代化是人类社会发展的必然要求和客观趋势,那么问题是如何实现现代化。长期以来,很多人在西化与现代化之间画等号,认为西化是各国现代化的不二法门。这种论调的实质是将资本主义与现代化等同起来。针对这种论调,邓小平指出:"我们搞的现代化,是中国式的现代化。我们建设的社会主义,是有中国特色的社会主义。"② 我们用几十年的时间走完了西方发达国家几百年才完成的工业化历程。在中国人民手中,不可能变成了可能。基于此,习近平总书记在庆祝改革开放40周年大会上指出:"40年的实践充分证明,中国发展为广大发展中国家走向现代化提供了成功经验、展现了光明前景。"③ 按理说,对于改革开放40年来的中国实践,我们最有发言权,"但实际上我国哲

---

① 习近平. 在庆祝改革开放40周年大会上的讲话 [N]. 人民日报,2018-12-19 (2).
② 邓小平. 邓小平文选:第3卷 [M]. 北京:人民出版社,1993:29.
③ 习近平. 在庆祝改革开放40周年大会上的讲话 [N]. 人民日报,2018-12-19 (2).

学社会科学在国际上的声音还比较小,还处于有理说不出、说了传不开的境地"①。破解这种在国际上解读中国实践和构建中国理论时出现的尴尬窘境,要求我们培养具有全球胜任力的时代新人。

与此同时,要实现习近平总书记提出的"要围绕我国和世界发展面临的重大问题,着力提出能够体现中国立场、中国智慧、中国价值的理念、主张、方案","不仅要让世界知道'舌尖上的中国',还要让世界知道'学术中的中国'、'理论中的中国'、'哲学社会科学中的中国',让世界知道'发展中的中国'、'开放中的中国'、'为人类文明作贡献的中国'"②,也必须培养具有全球胜任力的时代新人。因为只有真正具有全球胜任力的时代新人才能构建出融通中外的新概念、新范畴、新表述,才能更好地讲好中国故事,阐释好中国理论,传播好中国声音。因此,培养时代新人全球胜任力是对外阐释解决人类问题的中国智慧和中国方案的必然要求。

(三) 为人类作出新的更大贡献的必然选择

"中国共产党是为中国人民谋幸福的政党,也是为人类进步事业而奋斗的政党。中国共产党始终把为人类作出新的更大的贡献作为自己的使命。"③ 当今世界正处于大发展、大变革、大调整时期,正面临着百年未有之大变局,经济全球化深入发展,世界多极化进一步加强,社会信息化持续推进,文化交流、交融、交锋呈现新特点,新一轮科技革命和产业革命蓄势待发,全球治理体系变革加速推进。在这样的时空背景下,各国之间的相互联系日益频繁、彼此依存更加紧密,越来越成为你中有我、我中有你的利益共同体、责任共同体、命运共同体。在这样的时空背景下,要通过坚持和发展中国特色社会主义不断为人类作出新的更大贡献,就必须"树立世界眼光,更好把国内发展与对外开放统一起来,把中国发展与世界发展联系起来,把中国人民利益同各国人民共同利益结合起来,不断扩大同各国的互利合作,以更加积极的姿态参与国际事务,共同应对全球性挑战,努力为全球发展作出贡献"④。正是遵循这样的发展思路,党的十八大以来,以习近平同志为核心的党中央紧紧围绕民族复兴和人类进步这一主题主线,统筹国内国际两个大局、两种资源、两个市场,大力推动

---

① 习近平.在哲学社会科学工作座谈会上的讲话[M].北京:人民出版社,2016:24.
② 习近平.在哲学社会科学工作座谈会上的讲话[M].北京:人民出版社,2016:17.
③ 习近平.决胜全面建成小康社会 夺取新时代中国特色社会主义伟大胜利——在中国共产党第十九次全国代表大会上的报告[M].北京:人民出版社,2017:57-58.
④ 习近平.论坚持推动构建人类命运共同体[M].北京:中央文献出版社,2018:3.

构建人类命运共同体和"一带一路"倡议。人类命运共同体理念的提出，共建"一带一路"国家的早期获利，从理论和实践的维度为破解和平赤字、发展赤字、治理赤字作出了中国贡献。展望未来，一方面，世界经济可能继续低迷，大国地缘政治博弈还会加剧，世界面临的不稳定性、不确定性短时间内难以根除，推动构建人类命运共同体和"一带一路"倡议可能会遭遇可以预见和难以预见的风险挑战。只有培养造就一大批具有全球胜任力的时代新人，才能把构建人类命运共同体和"一带一路"倡议维护好、发展好。另一方面，只有培养造就一大批具有全球胜任力的时代新人，才能从统筹中国大事和世界大势的战略高度，不断提出解决全球性问题的新理念，不断创设解决全球性问题的新机制，不断贡献维护世界和平、促进共同发展的中国智慧和中国方案，为人类发展作出新的更大贡献。因此，培养时代新人全球胜任力是为人类作出新的更大贡献的必然选择。

二、培养时代新人全球胜任力呼唤高校思政课"课堂革命"

如果说中国日益走近世界舞台中央、对外阐释解决人类问题的中国智慧和中国方案、为人类作出新的更大的贡献要求我们培养时代新人全球胜任力，那么集中体现我国大学最鲜亮底色的高校思政课义不容辞地承担着培养时代新人全球胜任力的使命和荣光。然而对高校思政课来说，培养时代新人全球胜任力则是一个新生事物，需掀起"课堂革命"。

（一）将培养时代新人全球胜任力纳入高校思政课的教学目标、教学过程、教学环节

20世纪80年代，为了更好地迎接和推动全球化，西方国家开始将全球胜任力纳入人才培养体系。由于全球胜任力的理论和实践研究刚刚兴起，目前学术界对于全球胜任力的科学内涵仁者见仁，智者见智。2017年5月，经济合作与发展组织发表的《为了一个包容世界的全球胜任力》将全球胜任力界定为："从多个角度批判地分析全球议题及跨文化议题的能力；理解差异如何影响观念、判断以及自我和他人的认知能力；在尊重人类尊严的基础上，与不同背景的人进行开放、适宜、有效互动的能力。"[1] 有的在此基础上将"为了集体的福祉和全人类的可持续发展而采取行动的能力"[2] 纳入全球胜任力范畴。从科学内涵来看，全球胜任力包括对全球性议题和知识的理解与分析能力、对跨文化问题

---

[1] 具春林，邵晶晶. 三重维度综合评估全球胜任力 [N]. 中国教育报，2018-01-26（7）.
[2] 胡敏. 全球胜任力：未来大学生的标配 [N]. 中国教育报，2018-07-05（11）.

的分析和批判能力、与不同国家的人的交往沟通能力、为集体的福祉和全人类的可持续发展而采取行动的能力。全球胜任力的科学内涵是新时代高校思政课培养时代新人全球胜任力的基本遵循。因此，需将培养时代新人的科学内涵纳入高校思政课的教学目标，融入高校思政课的教学过程，体现在高校思政课的教学环节。要通过新时代高校思政课"课堂革命"，培育时代新人具备全球知识、国际视野、跨文化交流和应对未来挑战的能力，习惯于面对和思考日趋复杂的全球性议题，并开创性地探求解决全球性议题之道。

（二）将培养时代新人全球胜任力纳入高校思政课教学内容

将全球胜任力纳入高校思政课教学不是在高校思政课之外另起炉灶，而是要将培养时代新人的要求融入高校思政课的教学目标、教学过程、教学环节之中，融入课堂教学、网络教学、实践教学之中。要按照知识传授、能力培养、价值塑造三位一体的培养模式，构建全球胜任力培养体系，努力提高时代新人在国际和多元文化条件下有效学习、工作以及与他人和谐相处的能力。从知识传授的维度来看，培养时代新人全球胜任力需要在新时代高校思政课"课堂革命"中增加全球经济、全球政治、全球文化、全球社会、全球环境等方面知识的专题讲座。从能力培养的维度来看，培养时代新人全球胜任力需要在高校思政课"课堂革命"中以培养时代新人的对全球性议题和知识的理解与分析能力、对跨文化问题的分析和批判能力、与不同国家的人的交往沟通能力、为集体的福祉和全人类的可持续发展而采取行动的能力为旨归。从价值塑造的维度来看，培养时代新人全球胜任力需要在新时代高校思政课"课堂革命"中加强对时代新人的价值引领与价值塑造，不断提升其道路自信、理论自信、制度自信、文化自信的能力与水平。

（三）大力推动时代新人全球胜任力高校思政课海外社会实践

在丰富培养时代新人全球胜任力的高校思政课教学内容的同时，还需改进高校思政课的教学方式，开展时代新人全球胜任力高校思政课海外社会实践。要以马克思主义发展史、国际共产主义运动史、世界各国共产党的历史为经，以马克思主义发展史、国际共产主义运动史、世界各国共产党的历史中的主要人物和历史事件为纬，构建时代新人全球胜任力高校思政课海外社会实践教学基地，为时代新人寻访海外红色革命历史遗址和文化创造条件。要以我们正在做的事情为中心，紧紧围绕提高时代新人全球胜任力，有目的有计划地将时代新人送到海外陷入"拉美陷阱"的国家、中亚地区、非洲地区参观访问游学，让时代新人走出校门、走向世界，通过体验式、参访式、讨论式等实践教学增进对世界的认知，培养全球视野，提高跨文化交流沟通能力，进而坚定道路自信、理论自信、制度自信、文化自信。通过海外社会实践课程，让时代新人在走出中国看中国、走出中国观世界中拓宽观察中国与世界的视角，感知中国力量，坚定永远跟党走的信心与决心。

三、道路认同是高校思政课"课堂革命"培养时代新人全球胜任力之本

道路问题至关重要。"无论搞革命、搞建设、搞改革，道路问题都是最根本的问题。"① 时代新人道路认同包括对中国革命、建设、改革道路的认同。掀起和推动高校思政课"课堂革命"，必须把道路认同作为培养时代新人全球胜任力之本。

（一）道路认同是时代新人对全球性议题和知识的理解与分析能力之根

随着中国日益走近世界舞台的中央，随着经济全球化、世界多极化、文化多样化、社会信息化的深入发展，肩负民族复兴大任的时代新人将会更加广泛深入地接触到许多全球性议题和知识。在经济全球化、世界多极化、文化多样化、社会信息化迅猛发展的时代条件下，人类历史将长期处于社会主义制度和资本主义制度既斗争又合作并斗而不破的发展阶段。在这样的历史阶段，各种全球性议题和知识的背后会或隐或现地蕴含"主义之争""道路之争"。值得注意的是，这种隐藏在全球性议题和知识中的"主义之争""道路之争"往往是有意脱离具体的社会历史条件而作的抽象演绎，具有很强的蛊惑性，稍有不慎可能就会被带偏。因此，高校思政课"课堂革命"，培育时代新人全球胜任力，必须坚定时代新人的道路认同。"古今中外的历史都告诉我们，世界上没有一个民族能够亦步亦趋走别人的道路实现自己的发展振兴，也没有一种一成不变的道路可以引导所有民族实现发展振兴；一切成功发展振兴的民族，都是找到了适合自己实际的道路的民族。"② 因此，道路认同是时代新人对全球性议题和知识的理解与分析能力之根。

（二）道路认同是时代新人对跨文化问题的分析和批判能力之基

伴随中国日益走近世界舞台中央的时代新人，将会生活在一个多元多样的国际文化环境之中。这种多元多样的文化之间的交流交融也会日趋激烈。由于

---

① 习近平在中共中央政治局第七次集体学习时强调 在对历史的深入思考中更好走向未来 交出发展中国特色社会主义合格答卷［N］.人民日报，2013-06-27（1）.
② 习近平.在纪念孙中山先生诞辰150周年大会上的讲话［M］.北京：人民出版社，2016：5.

制度属性不同和意识形态对立，加之西强我弱的现实，在国际舆论和文化交流中往往会出现西方话语霸权。"历史终结论""马克思主义失灵论""社会主义失败论""中国崩溃论""中国殖民非洲论"等各种错误言论充斥着国际文化舆论场。因此，提升时代新人在这种文化场域中对跨文化问题的分析和批判能力必须立基于道路认同。唯有对中国道路的坚定认同方能不会被各种奇谈怪论所蒙蔽，方能站稳中国立场，方能认清既不走封闭僵化的老路也不走改旗易帜的邪路而坚定不移走中国特色社会主义道路的科学性和真理性。因此，道路认同是时代新人对跨文化问题的分析和批判能力之基。

（三）道路认同是时代新人与不同国家公民的交往沟通能力之脉

随着中国日益走近世界舞台的中央，担负民族复兴大任的时代新人与不同国家公民的交流合作将越来越多、越来越频繁。这种与不同国家公民的跨文化交流沟通，并非彬彬有礼就可以，而是要在深刻理解对方文化内涵的基础上，灵活运用一些技巧激励对方积极配合，进而恰当高效地与人沟通，达到求同存异、聚同化异、互利共赢。"值得强调的是，全球胜任力离不开脚下的土壤与大地，孩子留学也好，出国也罢，都不能忘记曾经照耀过我们的明霞秀浦、日月星辰。有着强烈的民族身份认同、民族自尊心的人在国外才会受到尊重。请提醒孩子，任何时候都要记住自己是中国青年的一员，要以行动为祖国母亲增添荣耀。"① 中国道路是科学社会主义的理论逻辑和中国社会发展的历史逻辑的辩证统一，是立基于中国大地、反映中国人民意愿、适应中国和时代发展进步的要求，是实现民族独立、人民解放、国家富强、人民幸福的必由之路。没有道路认同，时代新人在与不同国家公民的交流沟通中将失去根基和血脉。因此，高校思政课"课堂革命"，道路认同是培育时代新人与不同国家公民的交往沟通能力之脉。

（四）道路认同是时代新人为世界谋大同的能力之魂

中国共产党是一个使命型政党。为中国人民谋幸福，为中华民族谋复兴，为世界人民谋大同，是中国共产党的崇高使命。为中国人民谋幸福、为中华民族谋复兴是为世界人民谋大同的基础。在为中国人民谋幸福、为中华民族谋复兴、为世界人民谋大同的伟大征程中，中国共产党团结带领全党全国各族人民探索出"农村包围城市、武装夺取政权"的新民主主义革命道路、适合中国特点的社会主义改造道路，而后又成功开辟了中国特色社会主义道路。中国特色

---

① 胡敏. 全球胜任力：未来大学生的标配 [N]. 中国教育报, 2018-07-05 (11).

社会主义道路是在改革开放中逐步形成的。"改革开放之初,我们党发出了走自己的路、建设中国特色社会主义的伟大号召。从那时以来,我们党团结带领全国各族人民不懈奋斗,推动我国经济实力、科技实力、国防实力、综合国力进入世界前列,推动我国国际地位实现前所未有的提升,党的面貌、国家的面貌、人民的面貌、军队的面貌、中华民族的面貌发生了前所未有的变化,中华民族正以崭新姿态屹立于世界的东方。"① 改革开放40年的实践充分证明,中国特色社会主义道路是当代中国大踏步赶上时代、引领时代发展的康庄大道,是实现"两个一百年"奋斗目标、实现中华民族伟大复兴、引领中国日益走近世界舞台中央、为人类贡献中国智慧及中国方案的必由之路。面向未来,日益走近世界舞台中央的中国要不断为人类作出新的更大贡献,需培养时代新人为世界谋大同的能力,而道路认同是时代新人为世界谋大同的能力之魂。"全球胜任力不是数典忘祖、崇洋媚外,而是秉持自己的尊严和风骨,扎根于中国文化生发的顶天立地的力量。这种力量将构建属于未来的大格局观,帮助孩子们兼善天下,以山海般的胸襟和抱负,为人类命运共同体作出贡献。"② 我们有理由相信,拥有道路自信的时代新人,在掌握全球知识的基础上,带着对不同文化开放尊重包容的态度,带着宽广的全球视野,带着参与全球事务的能力,一定会使中国走近世界舞台中央的步伐更加稳健,一定会为人类发展进步作出新的更大贡献。

(本文原载于《思想教育研究》2019年第2期)

---

① 习近平. 决胜全面建成小康社会 夺取新时代中国特色社会主义伟大胜利——在中国共产党第十九次全国代表大会上的报告[M]. 北京:人民出版社,2017:10.
② 胡敏. 全球胜任力:未来大学生的标配[N]. 中国教育报,2018-07-05(11).

高校思想政治理论课"课堂革命"与时代责任

谢玉进

中央财经大学马克思主义学院

摘要：新时代落实时代新人培育任务，帮助青年学生理性认知时代责任、高度认同时代责任、自觉践行时代责任是新时代思想政治理论课"课堂革命"亟待回应的重要课题。在思想政治理论课课堂教学时空中加强时代责任培育，应着力提升责任认知，解决对时代责任"知与不知"的问题；着力强化责任认同，解决对时代责任"信与不信"的问题；着力引导责任践行，解决对时代责任"行与不行"的问题。同时，做好理论研究、整体设计、精致实施、立体架构，全面保障育人实效。

高校思想政治理论课（以下简称"思政课"）以育人为根本目的，新时代思政课课堂教学改革应紧密围绕时代新人的培育目标，充分挖掘课堂时空的育人功能，掀起以时代新人素质要求为导向的新时代思政课"课堂革命"。习近平总书记指出，"青年兴则国家兴，青年强则国家强。青年一代有理想、有本领、有担当，国家就有前途，民族就有希望"①，"中华民族伟大复兴的中国梦终将在一代代青年的接力奋斗中变为现实"②，"时间之河川流不息，每一代青年都有自己的际遇和机缘，都要在自己所处的时代条件下谋划人生、创造历史。青年是标志时代的最灵敏的晴雨表，时代的责任赋予青年，时代的光荣属于青年"③。这对时代新人肩负的时代责任提出了殷切期望和明确要求。显然，勇于

---

① 习近平. 决胜全面建成小康社会 夺取新时代中国特色社会主义伟大胜利——在中国共产党第十九次全国代表大会上的报告 [M]. 北京：人民出版社，2017：70.
② 习近平. 决胜全面建成小康社会 夺取新时代中国特色社会主义伟大胜利——在中国共产党第十九次全国代表大会上的报告 [M]. 北京：人民出版社，2017：70.
③ 中共中央文献研究室. 十八大以来重要文献选编：中 [M]. 北京：中央文献出版社，2016：2.

担当民族复兴的时代责任是时代新人的重要标识，如何培育时代责任理应成为时代新人培育的核心内容。培育时代新人的时代责任，思政课责无旁贷，如何让青年学生理性认知时代责任、高度认同时代责任、自觉践行时代责任是新时代思政课"课堂革命"亟待回应的重要课题。

一、时代责任的内涵

时代责任，顾名思义就是时代赋予的责任要求，不同的时代对不同的人会提出不同的责任要求，而本文所指的时代责任特指在中国特色社会主义进入新时代，在中华民族实现伟大复兴的关键时刻，青年学生所应承担的新时代赋予的重任。诚如习近平总书记所说："展望未来，我国青年一代必将大有可为，也必将大有作为。这是'长江后浪推前浪'的历史规律，也是'一代更比一代强'的青春责任。广大青年要勇敢肩负起时代赋予的重任，志存高远，脚踏实地，努力在实现中华民族伟大复兴的中国梦的生动实践中放飞青春梦想。"[①] 时代责任是新时代青年学生的使命与任务，勇担时代责任是新时代青年学生的重要特质。

时代责任不是抽象的口号，尤其在时代责任培育的语境中，必须将时代责任这一概念具体化。时代责任之于新时代的青年学生至少应包含如下三方面的内涵。一是时代责任的理性认识，即青年学生要在认知层面理性地知道时代责任到底是什么。不同的时代赋予的责任要求不同，中国特色社会主义进入新时代，面对"两个一百年"的奋斗目标，面对实现中华民族伟大复兴的重任，青年学生身处其中如何把握时代际遇，成为时代需要的一代新人，一是要求在认知上具体明确责任是什么。二是时代责任的高度认同，即青年学生要在情感意志层面坚定地认同时代赋予的责任要求和价值号召。青年学生知道自己该做什么仅仅解决了"知与不知"的问题，认知需要与一定的情感意志相结合，才能转化为真知、真信，即认知之后形成认同，对时代赋予的责任要求的认同与接受。三是时代责任的自觉践行，即青年学生知道时代责任是什么并深度认同和接受之后，存在是否具备践履时代责任的能力，能否转化为实际行为的问题。如果说时代责任的认同解决的是"信与不信"的问题，那么时代责任的践行解决的就是"行与不行"的问题，只有外化为有效的行动，青年学生担当时代责任才能转化为推动中华民族伟大复兴的实际力量，也只有通过行动才能从根本

---

① 中共中央文献研究室. 十八大以来重要文献选编：上 [M]. 北京：中央文献出版社，2014：278.

上检验时代责任培育的实效。综上，我们可以说时代责任是时代责任认知、时代责任认同、时代责任践行的集合，时代责任的培育要解决的是"从不知到知""从不信到信""从不行到行"的综合问题，需要系统的设计和宏观的架构。

二、时代责任与思政课课堂教学的内在关联

（一）课堂教学承载培育时代责任的工作要求

工作要求是实现工作实效的前提。《新时代高校思想政治理论课教学工作基本要求》明确指出，思政课承担着对大学生进行系统的马克思主义理论教育的任务，是巩固马克思主义在高校意识形态领域的指导地位，坚持社会主义办学方向的重要阵地，是全面贯彻党的教育方针、落实立德树人根本任务的主渠道和核心课程，是加强和改进高校思想政治工作、实现高等教育内涵式发展的灵魂课程。从"重要阵地""主渠道""核心课程"到"灵魂课程"的新定位，我们不难看到，思政课承载的核心使命有着鲜亮的特色，思政课作为"灵魂课程"，在育人过程中培育的也应当是时代新人的"灵魂素养"，主要解决的不是知识能力的问题而是"灵魂"的问题，即思想政治素养的问题。言下之意，聚焦时代新人思想政治素养的要求，应成为新时代思政课目标确立和改革发展的基本出发点，也应成为思政课"课堂革命"的基本遵循。而思想政治素养的培育主要通过课堂教学实现，课堂教学是系统进行思想政治教育的主要方式，是思政课完成使命的主要抓手。因此，培育时代新人时代责任的重任自然地就落到了课堂教学上，课堂教学承载了培育时代责任的工作要求。

（二）课堂教学具备培育时代责任的基本要素

习近平总书记在全国高校思想政治工作会议上的讲话，对高校思政课建设提出了"坚持在改进中加强"的总体要求，为加强高校思政课建设提供了理论指导和实践指南。办好思政课的关键是要有好的教材、好的教师和好的教法，而教材、教师、教法恰恰就是思政课课堂教学系统中的核心要素，这三大核心要素也是培育青年学生时代责任的基本要素。从教材来看，本科生思政课要求统一使用国家统编教材，这保证了教材的价值导向，充分体现了国家意志、民族情怀，是向青年学生传递时代责任的有效载体。从教师来看，思政课教师要求具备较高的思想政治素质、扎实的马克思主义理论功底、高尚的道德品质和仁爱之心，是自觉践履时代责任的代表，因而他们也具备向青年学生进行时代责任教育的初心和能力。从教法看，时代责任教育有别于一般的知识教育，对教法提出的要求也比较高，当前国家高度重视思政课建设，随着对思政课整体投入的提高，教法研究和实践也取得了长足的进步，这为落实时代责任培育任务提供了方法保障。

（三）通过课堂教学进行时代责任培育契合了青年学生的内在需求

课堂教学要发挥其预期的教育功能，不能一厢情愿，而应从学生出发，成为满足学生需求的方式。时代责任培育是国家的期待，思政课的要求，其实也是青年学生自身成长成才的内在需求。党的十九大报告指出，从机遇来看，新时代为大学生成长成才、勤学报国提供了广阔的舞台和无限的机遇。现在20岁左右的大学生，到2035年社会主义现代化基本实现时，还不到40岁；到21世纪中叶全面建成社会主义现代化强国时，刚过50岁。当代大学生是民族复兴伟大进程的见证者和参与者。这表明当代青年学生正处在近代以来中华民族发展的最好时代，这个时代为他们提供了无限的机遇和广阔的舞台，而他们怎样才能真正拥抱这一美好时代，怎样才能把握住机遇，获得成长发展的舞台，则必须自觉担当时代责任。因此，接受时代责任的教育是他们成长的内在需求，思政课课堂教学落实时代责任培育任务是满足他们需求的重要方式。

三、思政课课堂教学培育时代责任的着力点

如果说担当时代责任是时代新人的重要标识，那培育时代责任也应成为新时代思政课的重要标识。聚焦时代责任培育，思政课教学需要明确其着力点，并进行专门设计，以实现新时代思政课功能的拓展与实效的提升。

（一）着力提升责任认知：解决对时代责任"知与不知"的问题

时代责任是时代赋予的要求，不同时代对不同人有不同的要求，因而时代责任是具体的，需要通过学习才能理解和掌握。中国特色社会主义进入新时代，这是中国发展新的历史方位，理性认识这个历史方位是准确把握时代责任的前提和关键。习近平总书记强调，要从"四个正确认识"上加强对学生的教育。这"四个正确认识"首先是正确认识世界和中国发展大势，从我们党探索中国特色社会主义历史发展和伟大实践中，认识和把握人类社会发展的历史必然性，认识和把握中国特色社会主义的历史必然性，不断树立为共产主义远大理想和中国特色社会主义共同理想而奋斗的信念和信心；其次是正确认识中国特色和国际比较，全面客观认识当代中国、看待外部世界；再次是正确认识时代责任和历史使命，用中国梦激扬青春梦，为学生点亮理想的灯、照亮前行的路，激励学生自觉把个人的理想追求融入国家和民族的事业中，勇做走在时代前列的奋进者、开拓者；最后是正确认识远大抱负和脚踏实地，珍惜韶华，把远大抱负落实到实际行动中,让勤奋学习成为青春飞扬的动力,让增长本领成为青春搏击的能量。① 这"四个正确认识"阐明了时代对青年学生提出的要求,也切合了学生成长的理论需要和学习期待。同时,"四个正确认识"与思政课课堂教学的内容高度契合。在本科生思政课课程体系中,各门课程都能够对应"四个正确认识"的不同方面,例如:"马克思主义基本原理"课帮助学生认识和把握人类社会发展的历史必然性;"毛泽东思想与中国特色社会主义理论体系概论"课帮助学生正确认识中国特色;"中国近现代史纲要"课帮助学生认识和把握中国特色社会主义的历史必然性;"思想道德修养与法律基础"课教育学生正确认识远大抱负和脚踏实地,自觉把个人理想融入国家民族事业之中;"形势与政策"课帮助学生正确认识中国特色和国际比较等。

具体着力时代责任的认知问题,思政课要在不同课程的知识讲授层面围绕"四个正确认识"进行教材内容的梳理,明确不同课程重点讲解的内容板块,避免重复,相互支持和补充,让"四个正确认识"在课堂教学中实现系统的讲解,使青年学生对时代责任有深刻认识,了然于心。

(二) 着力强化责任认同:解决对时代责任"信与不信"的问题

时代责任的认知问题可以通过知识传授的方式获得解决,思政课课堂教学同其他课程的教学一样可以较好地实现。但时代责任只停留在认知层面是远远不够的,时代新人是否能够自觉担当时代责任决定着中华民族的未来。为此,时代责任培育的关键要落实到对时代新人的行为改变上,即要实现知与行的统一,要将"知"内化于心、外化于行。在这里,由知到行重要的中间环节是学生对时代责任的情感意志培育,即时代责任的认同培育。认同的具体内容十分丰富,如青年学生对自身时代新人身份的认同、对"两个一百年"奋斗目标的认同、对个人理想与共同理想统一性的认同、对中国特色社会主义制度必然性和优越性的认同等。这些内容在不同思政课课程内容中都能找到诸多的理论讲授结合点,并可以通过课堂教学实现以理服人和以情感人相统一的实效,进而解决学生的认同问题。评价认同是否形成的一个重要标尺是学生是否通过课堂教学形成了"四个自信",即中国特色社会主义道路自信、理论自信、制度自信、文化自信。道路自信是对发展方向和未来命运的自信;理论自信是对马克思主义理论特别是中国特色社会主义理论体系的科学性、真理性的自信;制度自信是对中国特色社会主义制度具有制度优势的自信;文化自信是对中国特色社会主义文化先进性的自信。"四个自信"是认同的具体表现和印证,自信是坚

---

① 顾海良. 高校思政课:坚持在改进中加强[N]. 中国教育报,2016-12-15(5).

信不疑的信念状态，形成"四个自信"既是培育学生时代责任认同的目的，也是有效手段。"四个自信"在思政课不同课程中有诸多的结合点，能够很好地通过教学设计融入课堂教学中。

具体强化情感认同的问题，要求思政课课堂教学在讲清楚"是什么"的基础上，更着重讲透"为什么"。讲透"为什么"就不仅要求思政课教师深入进行理论研究和理论阐释，用理论的力量说服人，而且要求思政课教师充分调动自己的情感，用情感的力量感染人，用教师的"真信"带动学生的"真信"，"千教万教，教人求真"，从而实现以理服人与以情感人的统一，进而达到真正帮助学生解疑释惑、自觉认同时代责任要求的目的。

（三）着力引导责任践行：解决对时代责任"行与不行"的问题

有限的课堂时空何以助推由责任认识、责任认同到责任行为的转化，这是思政课课堂教学需要积极拓展的方面。秉持"课堂革命"的理念，需要着力在由知到信到行的转化上下大功夫，努力改革课堂教学，强化课堂教学引导实践的功能。具体到时代责任践行的引导上，可以从如下方面着力。一是加强思政课教师的行为示范。在课堂教学时空中，教师发挥着全面的主导作用，教师的思想行为对学生的影响直接而且深刻。时代责任并不是青年学生的"私责"，所有人都肩负时代赋予的责任要求，思政课教师从事教书育人的职业更应当自觉践行时代责任。思政课教师对理论是否真懂、真信，是否充分利用三尺讲台自觉担当育人使命，是否努力践行育人责任，这些都会被学生看在眼里，只有教师做到尽心尽责，才能说服学生去尽心尽责，从而切实发挥行为示范的作用。二是加强思政课教学中的时代责任案例讲授。如果说思政课教师言传身教是直接经验层面的示范影响，那么深挖"时代楷模"的相关案例，就是用间接经验影响和感化学生。中国特色社会主义进入新时代，是中国发展新的历史方位，是近代以来中华民族迎来的最好的时代，这个时代的到来，凝聚着无数"时代楷模"、时代先锋、民族脊梁的努力、血汗甚至是生命，他们都是时代责任的践行者。深挖他们的案例，呈现他们的选择历程，提炼他们的精神品质，对引导学生践行时代责任具有重要示范价值。三是做好课堂实践，提高责任践履的能力。课堂实践有两种基本类型：一种是利用课堂时空开展实践，在课堂中通过围绕时代责任主题的辩论、研讨、演讲、角色扮演等，深化学生认知，培养学生情感，提升学生能力；另一种是围绕课堂教学讲授的时代责任相关理论观念、重难点问题，设计实践主题，让学生走出校园去实践，切身了解与体悟世情、社情，继而带着实践成果回到课堂，教师做进一步的引导、回应，完成"理论到实践再到理论"的良性循环，为学生真正走上社会去践行时代责任提供有力的理论与实践能力支撑。

综上，思政课课堂教学在培育青年时代责任方面可以而且应该大有作为，在"知—信—行"的逻辑观照下，思政课课堂教学应该充分发挥其认识提升、情感强化、行为引导的功能，进而让新时代的思政课富有时代特色，有效满足国家要求和时代新人的期待。

四、围绕时代责任培育推动思政课"课堂革命"应注意的几个问题

加强青年学生时代责任培育，是新时代思政课课堂教学的重要使命。围绕"课堂革命"推进时代责任培育，彰显新时代思政课课堂教学的时代价值，并不是抛弃思政课教学原有的体系，而是顺应时代要求所做的改进与加强，以提高新时代思政课教学的实效，服务于时代新人的成长。为此，围绕时代责任培育推动思政课"课堂革命"应注意如下问题。

（一）厘清思政课与时代新人培育的关系

思政课是全面贯彻党的教育方针、落实立德树人根本任务的主渠道和核心课程，是加强和改进高校思想政治工作、实现高等教育内涵式发展的灵魂课程。实现这一功能定位，需要完备的课程体系和丰富的教学内容做支撑。我们在新时代的背景下思考思政课课堂教学如何培育青年学生时代责任的问题，并不是对思政课体系的否定或替代，而是结合时代要求，对思政课部分功能的拓展与强化，这是"坚持在改进中加强"的题中之义。同时，从时代责任培育之维思考思政课"课堂革命"也只是"课堂革命"的一个视角，全面掀起思政课"课堂革命"需要更多的理论研究和实践探索。

（二）深化时代责任的相关理论研究

时代责任培育不仅是迫切的现实要求，也是一个全新的理论命题。到底什么是时代责任？时代责任如何培育？时代责任生成的机理是什么？时代责任培育在教育领域处于何种地位？诸多的问题亟须通过理论研究获得解答。为了更好地在思政课课堂教学中落实青年学生时代责任培育的任务，需要加大相关理论研究的力度，以更好地把握时代责任培育的规律，建构时代责任培育的方法，提升时代责任培育的实效，为中华民族伟大复兴培育越来越多勇担时代责任的时代新人。

（三）精致化时代责任培育的课堂嵌入

时代责任培育之于思政课课堂教学并不是一个完全新的内容和要求，其实思政课一直以来都承载着对青年学生进行责任教育的功能。新时代加强时代责任培育是在思政课原有内容体系基础上的一种再梳理，需要专门的整体设计，以实现不同课程之间的相互衔接与观照。具体在落实过程中，要努力实现时代责任培育课堂嵌入的精致化。所谓精致化，就是把每门思政课程与时代责任培育相关的内容都梳理出来，对课程间重复的相关内容进行取舍，让最合适的课程应用最合适的方法讲解最合适的内容，以实现时代责任教育设计的精致、高效。为此，围绕时代责任培育应制订专门的专题教学计划，计划贯穿大学生思政课学习的全过程，覆盖所有相关课程，每个阶段在什么课程中解决什么问题，如何解决，阶段性的任务、要求、做法都明确体现在计划之中，精致设计，精准发力，让时代责任的培育任务真正落实落细。

（四）搭建时代责任培育的立体架构

培养时代新人是一项系统工程，落实时代责任培育任务也不是思政课的"私责"，而需要搭建体系，多方配合，以立体的架构增强育人的实效。在立体架构中，课堂教学的诸要素都存在较大整合加强的空间，都有推进立体化的可能。比如在课程上，如何充分挖掘专业课程的育人功能，在专业课程中培养家国情怀、时代担当，实现思政课程与课程思政同向同行的问题；在教育主体上，如何在大思政课格局中谋划教育主体的多元化，充分发挥知名校友、专家学者、专业教师、辅导员队伍、学生日常管理人员等的育人作用；在教育资源上，如何有效调研多方资源支撑时代新人培育，既做好资源的增量，也有效盘活资源存量，从资源上充分保障育人任务的实施；在教育环节上，如何有效利用各种平台、基地拓展育人时空，强化育人效果，如打造线上"金课"、精品实践基地等。总之，立体架构应观照育人全过程，需要结合专题育人计划进行专门设计。

（本文原载于《思想教育研究》2019年第2期）

高校思想政治理论课"课堂革命"与文化自信

宋友文
中国人民大学马克思主义学院

摘要： 中国特色社会主义进入新时代，培养担当民族复兴大任的时代新人成为新时代教育的重要使命。我们要从中华民族伟大复兴的战略高度看待新时代高校思想政治理论课的重要使命，将坚定文化自信贯穿于高校思想政治理论课建设整个过程，以此来推进课堂教学革命。在课堂教学中坚定文化自信，要把握"一脉相承的精神追求、精神特质、精神脉络"，要讲透"当代中国精神的集中体现"，要用好"中国特色和国际比较"的方法。

中国特色社会主义进入新时代，培养担当民族复兴大任的时代新人成为新时代教育的重要使命。高校思想政治理论课（以下简称"思政课"）是全面贯彻党的教育方针、落实立德树人根本任务的主渠道和核心课程，是加强和改进高校思想政治工作、培养时代新人的灵魂课程。为更好地发挥新时代高校思政课育人主渠道作用，必须深入推进课堂教学革命，不断在坚定中国特色社会主义道路自信、理论自信、制度自信，特别是文化自信上下功夫。"我们说要坚定中国特色社会主义道路自信、理论自信、制度自信，说到底是要坚定文化自信。文化自信是更基本、更深沉、更持久的力量。"① 因此，我们要从中华民族伟大复兴的战略高度看待新时代高校思政课的重要使命，将坚定文化自信贯穿于高校思政课建设整个过程，以此来推进课堂教学革命。

一、课堂教学要把握"一脉相承的精神追求、精神特质、精神脉络"

在新时代思政课教学过程中，要将文化自信贯穿于整个教学过程中，特别是"思想道德修养与法律基础"的教学过程中，这需要从继承和弘扬中华优秀

---

① 习近平. 在哲学社会科学工作座谈会上的讲话[M]. 北京：人民出版社，2016：17.

传统文化入手。中共中央、国务院印发的《中共中央、国务院关于加强和改进新形势下高校思想政治工作的意见》（〔2016〕31号）要求推动中华优秀传统文化融入教育教学。这为新时代思政课教学改革贯穿文化自信提供了基本遵循。我们知道，文化自信要建立在对优秀传统文化了解、认知和礼敬的基础之上。在课堂教学设计过程中，我们从世界文明史上的一个奇特现象出发来进行问题的导入：中华文明是世界上唯一延绵至今没有中断的文明。正如英国哲学家罗素所指出的那样："中国文明是古代唯一幸存至今的文明。自从孔子时代以来，古埃及、巴比伦、波斯、马其顿和罗马帝国都衰亡了；但中国文明绵亘不绝，生存至今。"① 其中的原因是什么呢？习近平总书记也提出这一问题并作了重要的提示："中华民族有着五千多年的悠久历史和灿烂文化，而且中华文明从远古一直延续发展到今天。为什么中华民族能够在几千年的历史长河中顽强生存和不断发展呢？很重要的一个原因，是我们民族有一脉相承的精神追求、精神特质、精神脉络。"② 在实际教学过程中我们要引导学生找出"一脉相承的精神追求、精神特质、精神脉络"的真实内涵。通过研究，我们发现"一脉相承的精神追求、精神特质、精神脉络"就是中国文化的基本精神。所谓中国文化的基本精神是指中华民族生生不息与发展壮大的精神支柱，对后世产生了广泛而积极的影响，塑造了中华民族的精神世界，为多数中国人所接受和认同，成为人们的精神追求和人生信念。目前，学术界比较认可的一个观点是，中国文化的基本精神是以自强不息和厚德载物为内核的刚健有为精神。正如习近平总书记所指出的那样："自强不息、厚德载物的思想，支撑着中华民族生生不息、薪火相传，今天依然是我们推进改革开放和社会主义现代化建设的强大精神力量。"③

我们讲文化自信，不是简单地对传统文化的认同，而是在弘扬中华优秀传统文化和传承革命文化的基础上发展社会主义先进文化。这种精神不仅体现在中华优秀传统文化中，而且还体现在革命文化、社会主义先进文化的发展之中。三种文化具有内在的一脉相承，这一脉相承就是"自强不息、厚德载物"的"一脉相承的精神追求、精神特质、精神脉络"。这种精神是先人留给我们的极其宝贵的精神财富，历来受到中国人民的高度重视。特别是中国共产党作为中国人民和中华民族的先锋队，继承和发扬这种优良精神传统，坚定对马克思主

---

① 罗素．中国问题［M］．秦悦，译．上海：学林出版社，1996：164.
② 中共中央文献研究室．习近平关于社会主义文化建设论述摘编［M］．北京：中央文献出版社，2017：119.
③ 习近平．习近平谈治国理政［M］．北京：外文出版社，2014：158.

义的信仰，坚定对中国特色社会主义的信念，坚定对实现中华民族伟大复兴的信心，在革命建设、改革的各个历史时期，领导中国人民自强不息、奋斗不止，取得了一个又一个伟大的胜利。在新民主主义革命时期，中国共产党人把自强不息、厚德载物的民族精神同马克思主义的普遍真理结合起来，使之获得现代的理论形态，化为革命的乐观主义精神。在这种充满自强不息民族精神的革命乐观主义的鼓舞下，无数革命先烈抛头颅，洒热血，前仆后继，英勇斗争，中国人民终于赢得了新民主主义革命的胜利，建立了中华人民共和国。在改革开放新的历史时期，面对"文化大革命"后中国国民经济濒临崩溃的状况，以邓小平为代表的中国共产党人拨乱反正，恢复了我们党实事求是的思想路线，及时地提出党在新时期的基本路线，主张以经济建设为中心，实行改革开放，使中国的社会主义建设事业迅速发展。在邓小平创立改革开放、推进社会主义现代化建设中，无疑也蕴含着自强不息、厚德载物的基本精神。诚如习近平总书记在庆祝改革开放40周年大会上所指出的那样："正是这种'天行健，君子以自强不息'、'地势坤，君子以厚德载物'的变革和开放精神，使中华文明成为人类历史上唯一一个绵延5000多年至今未曾中断的灿烂文明。以数千年大历史观之，变革和开放总体上是中国的历史常态。中华民族以改革开放的姿态继续走向未来，有着深远的历史渊源、深厚的文化根基。"① 因此，理解了中华优秀传统文化、革命文化和社会主义先进文化"一脉相承的精神追求、精神特质、精神脉络"，就能够深刻理解"中国有坚定的道路自信、理论自信、制度自信，其本质是建立在5000多年文明传承基础上的文化自信"②。

二、课堂教学要讲透"当代中国精神的集中体现"

社会主义核心价值观是当代中国精神的集中体现，代表了社会主义先进文化的前进方向。新时代坚定文化自信归根结底就是要坚定价值观自信，即培育和践行社会主义核心价值观。培育和践行社会主义核心价值观要抓住青年大学生这一重要群体。一方面，青年的价值取向决定了整个社会未来的价值取向，青年是人生价值观养成的关键时期，所以要抓住这一关键时期对青年进行价值引导，拧好世界观、人生观、价值观这个"总开关"，做到自觉践行社会主义核心价值观。另一方面，培育和践行社会主义核心价值观要以培养担当民族复兴大任的时代新人为着眼点，将培育什么样的价值观与培养什么的人紧密结合起

---

① 习近平. 在庆祝改革开放40周年大会上的讲话［M］. 北京：人民出版社，2018：40.
② 本报记者. 习近平谈文化自信［N］. 人民日报（海外版），2016-07-13（2）.

来，培养德智体美劳全面发展的社会主义建设者和接班人，这是新时代思政课教学改革的重要目标。

在讲授"培育和践行社会主义核心价值观"这一部分时，重点是引导学生认知认同社会主义核心价值观，因为社会主义核心价值观只有被普遍理解和接受了，才能内化为精神追求并转化为自觉行动。在教师对社会主义核心价值观进行深入研究的基础上，我们着重抓住"三个必须"的根本原则，即"一个民族、一个国家的核心价值观必须同这个民族、这个国家的历史文化相契合，同这个民族、这个国家的人民正在进行的奋斗相结合，同这个民族、这个国家需要解决的时代问题相适应"，来讲清楚社会主义核心价值观的重要意义和基本内容等。

要讲清楚社会主义核心价值观的重大意义体现了"三个必须"的原则。在这里，我们引导学生思考一个问题，社会主义核心价值观为什么被写入宪法？可以说，以宪法的形式确认社会主义核心价值观的地位非常重要。宪法的权威毋庸置疑，更要从理论上阐述社会主义核心价值观的重要意义。首先，培育和践行社会主义核心价值观是坚持和发展中国特色社会主义的重大战略任务，体现了我们国家的奋斗目标。社会主义核心价值观就是要回答中国特色社会主义向何处去这一根本问题。现在，中国特色社会主义进入了新时代，我国发展处于新的历史方位，只有把培育和践行社会主义核心价值观作为一项重大战略任务来认识、来落实，确保中国特色社会主义始终沿着正确方向胜利前进，不断展现出更加强大的生命力。其次，培育和践行社会主义核心价值观是增强国家文化软实力的客观要求，体现了对优秀传统文化的传承。当今世界国家与国家的竞争，不仅仅是经济科技和军事力量等硬实力的较量，同时也是文化软实力的竞争。一个国家的文化软实力，从根本上说，取决于其核心价值观的生命力、凝聚力和感召力。我们只有在继承优秀传统文化的基础上建构具有世界意义的中国特色价值观，才能不断增强我国的文化软实力，才能有效地应对西方价值观的渗透和传播。最后，培育和践行社会主义核心价值观是凝聚社会价值共识的必然要求，体现了时代的特征。随着改革开放和社会主义市场经济的深入发展，人们的社会生活各方面都发生了深刻的变化。由于经济成分、组织形式、就业方式、分配方式日趋多样化，人们的思想观念和价值取向也会出现多元多样多变的态势，这是社会发展的必然现象，不必大惊小怪。从积极意义上来说，人们价值取向的多元多样多变有利于激发社会活力和创造力，但也容易出现价值相对主义甚至虚无主义问题。要解决这一问题，必须建立一套与经济基础和政治制度相适应并能形成广泛社会共识的核心价值观，以此来激浊扬清，凝聚价值共识。

要讲清楚社会主义核心价值观的三个层面的内容也分别体现了"三个必须"的原则。首先，国家层面的富强、民主、文明、和谐体现了社会主义现代化事业的奋斗目标。我们知道，建设富强民主文明和谐的社会主义现代化国家，实现中华民族伟大复兴是中国人民近代以来的最伟大的梦想。今天，我们的一切奋斗归根结底都是为了实现这一伟大目标。这一价值目标回答了我们要建设什么样的国家的重大问题，揭示了当代中国在经济、政治、文化、社会和生态文明建设等方面的价值追求，正好对应中国特色社会主义的"五位一体"的总体布局。其次，社会价值取向层面的自由、平等、公正、法治。社会主义核心价值观是当代中国精神的集中体现，是当代中国的价值观念的生动体现。当代中国最鲜明的时代特征是什么？那就是改革开放。改革开放是决定当代中国命运的关键一招，我国在短短40年里摆脱贫困并跃升为世界第二大经济体，彻底摆脱被开除"球籍"的危险，创造了人类社会发展史上惊天动地的发展奇迹，使中华民族焕发出新的蓬勃生机。成就是巨大的，但问题也不少。我们必须清醒地看到社会主要矛盾已经转化为人民对美好生活的需要与不平衡不充分的发展之间的矛盾。要想解决这些矛盾和问题，推动经济社会健康发展，必须依靠全面深化改革。全面深化改革的根本目的，就是要促进社会公平正义，让改革发展成果更多更公平惠及全体人民。可见，自由、平等、公正、法治反映了人们对美好社会的期望和憧憬，是衡量现代社会是否充满活力又和谐有序的重要标志。这一价值追求回答了我们要建设什么样的社会的重大问题，与全面深化改革相契合，与要解决的时代问题相适应，揭示了社会主义社会发展的价值取向。最后，个人层面的爱国、敬业、诚信友善等价值要求充分体现了对中华优秀传统文化的传承和升华。这一价值追求回答了我们要培育什么样的公民的重大问题，涵盖了社会公德、职业道德、家庭美德、个人品德等各方面，是每一个公民都应当遵守的道德规范。

在讲清楚社会主义核心价值观的重大意义和主要内容的基础上，关键是引导学生如何自觉践行社会主义核心价值观。在这里，坚定文化自信，必须充分发挥中华优秀传统文化涵养社会主义核心价值观的作用。涵养社会主义核心价值观，要从道德理想层面继承和发扬中华优秀传统文化的精髓。我们知道，中华传统美德是中华优秀传统文化的精髓，蕴含着丰厚的思想道德资源，集中体现了向上向善的道德理想。这主要从儒家文化的"修身"思想可见一斑。按照梁启超先生在《儒家哲学》中的看法，中华传统文化及其治国理政智慧可以用八个字来做一番概括，即"修己安人、内圣外王"。所谓"格物致知、诚意正心修身"，就是修己及内圣的功夫。所谓"齐家、治国平天下"，就是安人及外王的功夫。在讲授社会主义核心价值观的三个层面的内容时，我们结合中华优秀传统文化的治国理政智慧的"修身"资源时，不难发现，社会主义核心价值观的基本内容正好是继承和发扬了中华优秀传统文化的"内圣外王、修己安人"精神："中国古代历来讲格物致知、诚意正心、修身齐家、治国平天下。从某种角度看，格物致知、诚意正心、修身是个人层面的要求，齐家是社会层面的要求，治国平天下是国家层面的要求。"① 因此，用中华优秀传统文化涵养社会主义核心价值观，要重视积极引导人们不断追求高尚的道德理想和家国情怀，为夯实中国特色社会主义的思想道德基础奠定文化根基。

三、课堂教学要用好"中国特色和国际比较"的方法

用好课堂教学的主渠道，要有世界眼光，正确认识中国特色和国际比较。今天的思想政治工作不是关起门来做工作，而是要积极面对国际发展环境深刻变化的新情况，回应世界范围内各种思想文化交流交融交锋的新形势。随着国际交流的深入开展，学生的国际视野不断开拓。学生在观察和思考中国问题的时候经常会想到国际上其他国家会怎样做，这就容易产生比较。比如，我们经常讲中国特色社会主义制度的优越性体现在集中力量办大事上。今天，面临世情、国情、社情、党情的变化，面对人民对幸福生活的期待和公平正义的诉求，中国特色社会主义的发展在保持传统优势的基础上，越来越将社会建设摆在突出的位置。一言以蔽之，在经济发展的基础上通过合理的制度安排让改革发展的成果更多更公平地惠及全体人民，促进社会的公平正义和增进人民的福祉。再比如，当今的世界是各民族、各国家文化交流和竞争的世界，综合国力的竞争越来越体现为文化软实力的竞争。文化软实力体现了一个国家基于文化和价值观而具有的凝聚力和吸引力。文化的核心是价值观，培育和践行社会主义核心价值观，是提高我国文化软实力的必然要求。拥有5000年悠久文化传统的中国应该对人类文明有更大贡献，中国越来越有文化自信向世界传播好中国声音。

在课堂教学过程中，要善于运用中西文化比较的方法。思政课不仅仅是中国的事情，还应该具有国际视野。好的、成功的思政课教学不是简单的训导课，不能只讲授现成的结论。不仅知其然，更要知其所以然。比如，从中西文化比较的视角谈论德治和法治的关系，不是厚此薄彼，而是以一种理性开放的心态正确对待我们的传统特色，更好地将依法治国和以德治国结合起来。中国人与

---

① 习近平. 习近平谈治国理政 [M]. 北京：外文出版社，2014：169.

西方人的德治与法治的差别，其实是源自文化深层的哲学理念的不同体认，导致了对行为规范的不同立场。从规范哲学的角度讲，中国传统文化中的道德传统更多是一种美德伦理学，主张依靠自己的内在超越追求至善的境界。而西方文化则是外在超越，西方人一方面用上帝这个"超越世界"来反观"人间世界"的种种不圆满甚至罪恶，另一方面又用"超越世界"来促使人精神境界的不断提升。只是在现代社会，外在超越的法治文化居主导地位，但并不妨碍内在超越成为个人修养的至圣追求。这样，弄清楚了中西文化内在的机制和特色，有助于我们清醒地认识自己文化传统的特质，有利于学习并理解西方文化和制度，从而更好地实现中华传统文化的创造性转化和创新性发展，在不断汲取各种文明养分中丰富和发展中国文化。

实现中华传统文化的创造性转化和创新性发展，必须坚持以马克思主义为指导，辩证地分析中华文化的理想性与现实性之间的关系。从总体上看，中华优秀传统文化为中华民族生生不息的发展壮大提供了丰富滋养和精神支撑，孕育了中华民族的宝贵精神品格，培育了中华民族的崇高精神追求，体现了中华民族团结奋斗的思想基础，这是文化的理想性和超越性一面，即我们通常所说的传统文化的"根"与"魂"。同时，根据历史唯物主义的基本原理，我们还要引导学生清楚地看到，中国传统文化的产生与发展是基于自然农耕经济和宗法血缘关系而产生和发展的，因此不可避免地打上了时代的烙印，带有历史的局限。从社会现实的角度看，中国传统文化与社会主义市场经济、民主政治、先进文化、社会治理等还存在需要协调适应的地方，必须进行创造性转化和创新性发展。我国目前正处于社会转型时期，即从熟人社会向陌生人社会转变，传统文化中重人情轻法治的因素还在一定程度上对社会运行机制发挥作用，影响国家治理体系和治理能力现代化的顺利开展。纵观世界各国国家治理和社会治理的发展现状，国家治理和社会治理不再依靠传统型和魅力型，而是走向法理型，这是国家治理现代化的一般趋势。"一些国家虽然也一度实现快速发展，但并没有顺利迈进现代化的门槛，而是陷入这样或那样的'陷阱'，出现经济社会发展停滞甚至倒退的局面。后一种情况很大程度上与法治不彰有关。"① 法治强调对法律的敬畏和信仰，真正的法治是良法和善治。我们知道，培育和践行社会主义核心价值观是国家治理的重要途径。在这方面，我们通过社会主义核心价值观入宪入法的历程可以看到我们党治国理政的重要创新。2016年12月，

---

① 中共中央文献研究室. 习近平关于全面依法治国论述摘编 [M]. 北京：中央文献出版社，2015：12.

中共中央办公厅、国务院办公厅印发了《关于进一步把社会主义核心价值观融入法治建设的指导意见》，旨在运用法律法规和公共政策向社会传导正确价值取向，具体部署了社会主义核心价值观融入法治建设的相关工作。2018年3月，"国家倡导社会主义核心价值观"被载入宪法，从此，社会主义核心价值观成为国家意志的体现。2018年5月，中共中央印发《社会主义核心价值观融入法治建设立法修法规划》，明确提出着力把社会主义核心价值观融入法律法规的立改废释全过程，确保各项立法的价值导向更加鲜明、实践要求更加明确、具体措施更加有力。这些有益的探索，彰显了法律法规的社会主义核心价值观导向，为进一步推动实现良法善治指明了方向和路径。因此，我们可以得出一个结论：党的十八大以来，中国共产党在深入总结历史经验和深刻把握治国理政规律的基础上推进社会主义核心价值观入宪入法，是实现中华优秀传统文化的创造性转化与创新性发展在治国理政方面的重要典范，也是当代社会主义先进文化自信和价值自信的集中体现和制度保障。

（本文原载于《思想教育研究》2019年第2期）

高校思想政治理论课"课堂革命"与开放意识

杨增崟

北京师范大学马克思主义学院

摘要：高校思想政治理论课因特定的性质和价值目标，决定了其发挥着培养担当民族复兴大任的时代新人的主渠道作用。全方位培养时代新人的要求，催生着思想政治理论课课堂的深刻变革。时代新人之"新"内在地蕴含着对学生树立开放意识的要求。当今中国发展日益走近世界舞台的中央，不断为人类作出新的更大贡献，不论个体未来的胜任力，还是国家、民族的振兴发展都离不开开放意识，其在不断孕育新的变化发展的新时代重要性更为凸显。当代大学生开放意识是一种自立自信、积极向上和大气包容的主体自觉意识，以"五个认同"和"四个自信"为基础和前提。应积极推进思想政治理论课"课堂革命"，从多方面优化和改进课堂教学，以提升青年大学生的开放意识，进而增强当代大学生的全球胜任力。

高校思想政治理论课（以下简称"思政课"）是立德树人的主渠道，对于培养担当民族复兴大任的时代新人具有特殊意义。中国特色社会主义进入新时代，在更为开放（全面开放新格局）的背景中如何使青年大学生有效担当起民族复兴大任，对高校思政课教学提出了新的要求。这一新要求体现为要通过更有效的课堂教学来培养学生更富有时代性的素质和能力，包括新时代的全球胜任力。不论对个体还是对群体，在越发开放的历史条件之下谋求更大作为、寻求更大发展、担好更新责任，都需要具备开放意识和宽阔视野。高校思政课所面临的这种历史机遇和所承担的历史使命以及一定意义上体现出来的这种与时俱进是"革命性"的。本文以开放意识这一时代新人的重要素养要求为切入点，探讨思政课课堂变革与大学生开放意识培养的内在关系，并从加强和改进课堂教学的角度阐发培养大学生开放意识的积极进取之路。

一、开放意识：作为时代新人之"新"的内在要求

习近平总书记在党的十九大报告中提出了"培养担当民族复兴大任的时代新人"① 的新要求。这一重要思想观点，深刻回答了我们党在新时代"培养什么样的人、如何培养人、为谁培养人"等根本问题，为新时代中国特色社会主义的新人才培养指明了方向。时代新人的"新"，蕴含着对人才素质能力等方面的要求，而开放意识作为有别于"唯我独尊""妄自尊大"自我思维的一种适应性调整意识，是通过积极的自我学习拓宽视野，并在保持自我特色的基础上不断超越自我的一种超前思维，在个体的能力素质结构当中同样至关重要。之所以说开放意识是时代新人之"新"的内在要求且在新时代的今天尤其重要，理由有三点。

一是中国人的开放意识总体是常态。中国人的开放意识正是习近平总书记在庆祝改革开放40周年大会上的重要讲话中提到的"改革开放精神"的具体表现。习近平总书记指出："中国人民具有伟大梦想精神，中华民族充满变革和开放精神……自古以来，中华民族就以'天下大同'、'协和万邦'的宽广胸怀，自信而又大度地开展同域外民族交往和文化交流，曾经谱写了万里驼铃万里波的浩浩丝路长歌，也曾经创造了万国衣冠会长安的盛唐气象。"② 习近平总书记强调："以数千年大历史观之，变革和开放总体上是中国的历史常态。中华民族以改革开放的姿态继续走向未来，有着深远的历史渊源、深厚的文化根基。"③ 我们不能因为清代以来闭关锁国进而不可避免走向衰落就误以为我国在漫长历史长河中都是自我封闭的。实际上，之所以未能展现出完全开放的图景，主要是因为历史条件的局限，也可以说是当时人类实践能力的限制，但中华民族所展现出来的开放精神，在历史上是可圈可点的。一定程度上，开放意识作为个体之开放精神的一种现实的具体化表达，不论过去历史上，还是当今现时代，都是深深根植于中国人的内心的。改革开放40年带来经济飞速发展的同时，也将开放的思想意识带到社会各个领域，从而也生发出了对于改革开放精神的"集体记忆"。

---

① 习近平. 决胜全面建成小康社会 夺取新时代中国特色社会主义伟大胜利——在中国共产党第十九次全国代表大会上的报告 [M]. 北京：人民出版社，2017：42.
② 习近平. 在庆祝改革开放40周年大会上的讲话 [J]. 求是，2018（24）：3-12.
③ 习近平. 在庆祝改革开放40周年大会上的讲话 [J]. 求是，2018（24）：3-12.

二是当代中国发展离不了开放意识。"开放带来进步，封闭必然落后"①，"开放是国家繁荣发展的必由之路"②。近代以来我国不断遭受西方列强的欺凌，最主要的原因就是封闭导致了国力的衰退。改革开放极大改变了中国的面貌、中华民族的面貌、中国人民的面貌、中国共产党的面貌，我国发生了翻天覆地的变化。可以说，开放是一场最深刻、最鲜明的改革，"改革开放成为当代中国最显著的特征、最壮丽的气象"③。当今中国日益走近了世界舞台的中央，不断地为人类作出新的更大贡献，中国在国际上的影响力越来越大。"我们积极推动建设开放型世界经济、构建人类命运共同体，促进全球治理体系变革，旗帜鲜明反对霸权主义和强权政治，为世界和平与发展不断贡献中国智慧、中国方案、中国力量。我国日益走近世界舞台中央，成为国际社会公认的世界和平的建设者、全球发展的贡献者、国际秩序的维护者！"④ 正是在开放的环境之下，我国取得了令世人瞩目的发展成绩。实际上，一方面，我国的改革开放所带来的历史性成就与历史性变化已经把世界各国带入一个全新格局之中；另一方面，今天中国在这种全新格局之中也越发全面开放。不论从国家、社会、民族，还是个体来说，开放已经成为一种常态、一种趋势，未来也必须依靠开放才能带来社会的全面文明进步。

三是个体成长发展需要树立开放意识。开放是一种现代意识。社会现代化的核心是人的现代化，而人的现代化的内涵包含着开放意识的维度。从个体角度说，开放意识与个人的进步发展同样高度统一，开放同时也表征着个体的发展进步状态。不论作为精神层面的思想意识，还是作为现实层面的存在状态，"开放"本身都是人自由全面发展的题中之义。马克思把人在孤立的地点和狭窄的范围内的现实活动视为人的生存发展不充分的一大依据，将其理解为以人对人的依赖关系为特征的一种前资本主义的社会形态，阐发了人的交往、开放状态与社会进步发展的统一性。人没有开放意识也就无所谓进步发展。开放带来交往的扩大和思想交流碰撞，激发不同思维方式，形成合作共赢对等的理性关系；开放也带来竞争和合作，促进社会公开透明，有利于形成宽阔的人生格局。

---

① 中共中央宣传部. 习近平新时代中国特色社会主义思想三十讲［M］. 北京：学习出版社，2018：149.
② 中共中央宣传部. 习近平新时代中国特色社会主义思想三十讲［M］. 北京：学习出版社，2018：150.
③ 习近平. 在庆祝改革开放40周年大会上的讲话［J］. 求是，2018（24）：3-12.
④ 习近平. 在庆祝改革开放40周年大会上的讲话［J］. 求是，2018（24）：3-12.

"人类的历史就是在开放中发展的。"① 在未来,改革开放的大门只会越开越大,也就需要更多具有开放意识和时代担当的青年,才能肩负好实现社会主义现代化强国和民族复兴的重任。青年大学生只有树立开放意识和全球观念,学会在开放的环境中既竞争又协作,摒弃零和博弈思维,才能赢得更为广阔的人生前景。

开放意识作为时代新人之"新"的内在要求,要准确理解其确切意涵,应明确以下认识。

其一,自信是开放的基础,开放则是认同的前提。开放意识是建立在"五个认同"和"四个自信"基础之上的,即只有基于对伟大祖国、中华民族、中华文化、中国共产党、中国特色社会主义的认同和对中国特色社会主义道路、理论、制度和文化的自信而展现出来的由内及外的开放意识,才是理性的开放意识。缺乏自信,就无法有开放意识,也不可能有真正的开放精神,只能是虚妄。同样,只有建立在"五个认同"和"四个自信"之上的开放意识,才是有根基、有灵魂、有质量的开放意识,这种意识汇聚而起的精神才有力量。其二,开放耻于自满、止于自傲,更不可相等视之。历史上的许多大国强国往往孕育出不同程度的所谓"大民"心态,一定意义上,这似乎有逻辑必然性,但从当今全球时事来看,自满和自负往往是一个民族最不理智的情绪。即使是处于国家发展最好的时期,也需要居安思危,不可伐功矜能,而要树立责任担当意识。从国与国之间、人与人之间两种关系的角度理解开放意识,都应该怀着平等相待、合作共赢的立场。其三,开放意识应是自觉、积极的开放,而不是被动、消极的。开放精神或开放意识,说到底是一种主体自觉意识的体现,从唯物史观的角度说,是一定社会存在的反映,因此,开放意识以现实社会进步力量为基石。这一点,正像 19—20 世纪西方自由民主思想得以在世界产生深远影响一样。一个国家、一个民族,包括个体,如果自身没有实力,就会失去主动性和自决性,开放自然不可能是正向、积极的,只能是被动、消极的。其四,开放意识不是放弃自我的特色和个性,而是在保持自我特征的同时不断吸收和融合其他领域、行业以及他人的优点和长处,做到博采众长、为我所用。其五,开放意识不等于消弭意识形态差异,淡化政治,走向不问"姓资姓社"或"资社趋同论"。开放并非忽略不同社会制度之间的本质,不区分资本主义还是社会主义,相反,两种社会形态之间的许多根本问题的差异依然存在而且斗争会此消

---

① 中共中央宣传部. 习近平新时代中国特色社会主义思想三十讲[M]. 北京:学习出版社,2018:158.

彼长，在此历史条件下，开放意识的养成意味着需要首先巩固社会主义制度认同，正视社会主义制度的根本属性，不能用抽象人性论替代唯物史观使之成为社会发展的哲学基础。

总而言之，以思政课课堂作为主渠道培养青年大学生的开放意识包括更具体一步的改革开放精神，不仅对青年本身发展大有裨益，而且对国家经济社会发展也同样具有重要作用。

二、高校思政课课堂与开放意识培养的内在联系

通常情况下，人们往往认为思政课课堂教学更多是讲中国特色，或者说"四个讲清楚"，培养大学生的当代中国认同。实际上，一方面，中国特色并非"悬空"的，中国是世界的一部分，中华文明是人类文明的一部分，理解中国特色和增进中国认同必须在开放比较的全球视野中才能得到巩固和提升。离开了对世界的审视与观照，也就无法理解当代中国的道路和奇迹。另一方面，无论从历史还是从现实来说，中国都是一个世界性的大国，是黑格尔所说的拥有"世界精神"的世界民族，理应更具有开放性。只有在开放的思想意识中才能客观准确地理解和体会当代中国的文明进步状况及其世界意义。当代大学生的开放意识培养与高校思政课课堂教学之间存在密切关系，突出体现在四方面。

一是从与课程性质的关系来看，思政课不是封闭的课程，本身就具有综合性、实践性，而综合性和实践性本身蕴含着开放性。思政课有别于一般意义上的知识型教育，而是知识性和价值性相统一的课程。就实际教学方法和形式来说，目前也更加多样和开放。我们可以看到近些年来，线上线下、校内校外，社会各方面力量全方位全过程协同参与，诸多富有成效的新探索，都体现了思政课课程本身的开放性特点。可以说，思政课课程的综合性、开放性要求尽可能博采众长，汇聚社会资源，凝聚多方力量，使之优化课堂教学，激发学生学习兴趣，构建开放型课堂。

二是从与教学内容的关系来看，思政课教学内容本身是历史地形成的，需要我们用发展的眼光去看待。课程内容涉及文史哲经法政甚至生态地理等诸多方面，这在4门本科生课程体系中都有不同侧重的体现，课程内容从来源上讲就具有开放性。此外，掌握思政课的有关内容，特别是理解中国特色社会主义道路、理论、制度和文化，讲好"三个故事"，即中国共产党治国理政的故事、中国人民奋斗圆梦的故事、中国和平发展合作共赢的故事，同样需要有开放的视野，需要以开放的态度对待教与学的交互关系。

三是从与教育对象的关系来看，当代大学生主体是"95后"和"00后"，

这一代青年学子伴随着改革开放所带来的巨大社会进步以及互联网技术的深入发展应用而成长，他们有着鲜明的代际特征——"朝气蓬勃、好学上进、视野宽广、开放自信"①，他们往往不拘泥于传统，敢于打破固有思维模式。正是这些鲜明的群体特点，促使思政课教学需要更多考虑学生的现实，贴近他们实际，改变教师"一讲到底"的观念和做法，强化课堂开放性、互动性、启发性和探究性的设计理念；需要坚持以学生发展为中心，强调教为学服务，通过教师的教学改革创新激发学生学习兴趣，将课堂教学过程变成师生合作探究、平等交流的过程。在这一意义上，思政课课堂在新时代的今天正悄然孕育和发生着一场"革命"。从当下思政课课堂教学改革的实际情况来看，思政课课堂也正事实性地变得更具有开放性。

四是从与教学目标的关系来看，教育对于提高人民综合素质、促进人的全面发展、增强中华民族创新创造活力、实现中华民族伟大复兴具有决定性意义。思政课教学的目标在于提升人的综合素质尤其是思想政治素质，丰富和开阔学生的眼界，引导学生学会运用科学的理论、方法、立场来分析和解决问题。课堂教学目标内在地包含培养学生理性开放意识的要求，特别在推动形成全面开放新格局的时代背景下，开放意识已经成为学生提升履职胜任力、赢得未来的必然要求，培养学生的开放意识也已经成为高等教育创新与发展的现实要求。

需要补充的是，从课堂教学在引领和塑造民族精神的角度看，思政课课堂需要弘扬改革开放精神，而培养学生的开放意识，也是新时代弘扬和践行改革开放精神的本质要求。改革开放精神就是我们的时代精神，我们党在团结和带领人民进行伟大的改革开放的实践过程中体现出来的精神风貌和优良品格，是激励我们民族奋发图强、振兴祖国、实现中国梦的强大精神动力。开放意识，是改革开放精神所包含和倡导的。

总而言之，当代大学生的开放意识培养与思政课课堂教学之间具有密切联系，从教与学、内容与形式、事实与价值三种内在关系中，可以看到二者内在的统一性。新时代大学生开放意识包括改革开放精神的培养，思政课有着其他课程所不能比拟的条件和优势，当然这也是思政课课程的一种使命与责任。

三、高校思政课课堂培养学生开放意识的总体设想

新时代高校思政课培养时代新人，内在地要求积极培养大学生的开放意识，提升大学生的全球胜任力。同以往任何时期相比，开放意识的重要性已经空前

---

① 本报记者. 习近平首次点评"95后"大学生［N］. 人民日报，2017-01-03（2）.

凸显，这一定意义上也是推动思政课"课堂革命"的客观需要。立足于思政课课堂，有效培养当代大学生的开放意识，应在课堂教学设计中遵循新时代"课堂革命"的理念，着力从以下方面入手。

一是注重国内与国际比较，在讲述当代中国辉煌成就和坚定"四个自信"的过程中提升学生的开放意识。在当代中国，真正的开放意识的树立，必须建立在树立"五个认同"和坚定"四个自信"的基础上，而有效"树立"和"坚定"必然涉及从历史与现实的角度对比分析世界与中国的相关问题，这是课堂教学设计首先要考虑的。教师应注重理论结合实际讲述我国现实的伟大变革与伟大成就，从历史、理论、现实的三重维度向学生讲清楚为什么正是因为始终坚持党的集中统一领导我们才能实现伟大历史转折，开启改革开放新时期和中华民族伟大复兴新征程，为什么中国特色社会主义道路是当代中国大踏步赶上时代、引领时代发展的康庄大道，为什么我们能够用几十年时间走完发达国家几百年走过的工业化历程，等等。通过"三重维度"和"两个大局"的分析和比较，清晰展现中国特色社会主义道路、理论、制度和文化的优越性、独特性及其对世界文明进步所作出的重要贡献，增强学生对我国历史和国家发展的充分自信，使之在自信中生发出开放意识。

二是设计开放式全球性的案例，在启发式教学和师生互动过程中拓宽学生的理论视野，提升学生的开放意识。实施启发式教学，引导探究式学习，增强学生的探索意识和全球眼光，进而在师生互动中增强学生的开放意识，有效案例的选择及运用尤为重要。教师可结合教材内容，针对学生的兴趣点，有针对性地搜集体现中外不同政治、经济、文化、社会等相关方面的素材，激发学生讨论兴趣，调动学生课堂参与，在不同案例讨论中拓宽学生视野。与此同时，目前思政课多为跨专业合班教学，教师在备课时可以有意识设置开放式议题，在授课过程中鼓励和组织不同专业背景的学生交流互动，从各自学科特点出发围绕同一问题表达自己的观点，以形成对同一问题的不同视角的理解，进而达成思想共识。这些案例教学的精心设计，有利于提升课堂对学生开放意识的影响力。

三是从学生思想实际出发，在引导和激发学生自主性学习和探究的过程中培养创新精神，提升学生的开放意识。新时代思政课课堂教学必须从"以教师教为主"转向"以学生学为主"，关心学生，坚持以学生发展为中心，强调教为学服务，促进协作学习，充分激发其学习的积极性和主动性，并在此过程中不断培养其自主性、独立性和创新精神。思政课改革要真正让大学生成为课堂的主体，需要教师有充分的职业自信的同时有意识地更新观念，主动成为教学过程的辅助者、引导者和解疑者，通过开展探究式、混合式、参与式和合作式教学，充分激发学生的学习兴趣，让学生在自主学习探究过程中不断成长，在团队合作中增强团队意识和包容意识。在探究式教学过程中，教师作为教学过程的引导者和参与者，应该给学生提供多样的思考问题的方式，作为课堂教学资源的整合者，应该在对学生的回答进行总结的基础上给出正确的观点，引导学生完成价值观的自主塑造。一方面，这一过程本身体现的正是教师教学的包容气质，这必然会对学生的开放意识的形成产生潜移默化的影响；另一方面，这种自主性探究式教学也符合"95后""00后"大学生的实际特点，有利于培养他们的创新精神，提升课堂教学效果。

四是有针对性开展实践教学，引导学生在考察感知我国历史性成就中领会改革开放精神，提升学生的开放意识。学生开放意识的培养离不开丰富多样的实践教学环节，应积极利用近年来党和国家事业取得的历史性伟大成就来教育感召学生，增强他们的自信心，引导学生深刻领会改革开放精神。目前思政课社会实践基地从全国来看已初具规模，实践教学的形式也趋于相对稳定，可供学生走出校门考察社情民意的客观条件也越来越充分。教师可以通过开展基于课堂内容的调研，让学生通过访谈、问卷调研、参观浏览等方式亲身感受中华人民共和国成立70年特别是改革开放40年以来的沧桑巨变，在感知党和国家事业发展的过程中体会变革与开放精神的伟大，增强开放意识。有条件的学校可以为学生提供一定的出国交流和学习机会，让学生在亲身实践中增进对国外发展现状的了解，并在对比中感知中国的成功智慧与方案，进一步增强对国家发展前景的信心。此外，还可以邀请了解和熟悉中国的国际友人来举办思政课讲座，这可能也会激发学生的深层思考，增强开放意识。

总之，新时代的今天，培养担当民族复兴大任的时代新人内在地要求高校思政课必须培养大学生的开放意识。高校思政课课堂在新时代的"自我革命"中实现了自身的开放性变革及教育对象开放意识的培养，二者是一个同一互促的过程。

（本文原载于《思想教育研究》2019年第2期）

高校思想政治理论课"课堂革命"与协作学习

李 蕉
清华大学马克思主义学院

摘要： 高等教育普遍关注的"课堂革命"，既是针对中国教育现存问题提出的整改方案，也是面对未来全球化发展趋势所作的战略部署。为此，清华大学思想政治理论课以"协作学习"为抓手，依托翻转课堂促进师生协作、生生协作，在"知识传授、能力培养、价值塑造"三位一体的教育理念下重新定位、升级思想政治理论课，从而让学生真正感受到"获得感"，让课堂真正体现出"时代感"。本文以当前清华大学思想政治理论课的教改为例，深入剖析新时代思想政治理论课融入"协作学习"的理念、路径及趋势，探寻思想政治理论课打造"金课"的实现路径。

自 2017 年 9 月教育部部长陈宝生在《人民日报》撰文提出"课堂革命"之后，如何"努力培养学生的创新精神和实践能力"，已经成为当前高等教育普遍关注的议题。应该说，这场"课堂革命"，既是针对中国教育现存问题提出的整改方案，也是面对未来全球化发展趋势所做的战略部署。它号召教育工作者从课堂入手，培养能够担当民族复兴大任的时代新人；而思想政治理论课（以下简称"思政课"）作为高等教育人才培养体系中的排头兵，则更需要用高站位和新角度去破解自身的教育难题。在过去的 3 年中，清华大学的思政课一直在探索以"协作学习"为抓手的革新模式，它依托翻转课堂促进师生协作、生生协作，通过联手建构"思想坐标系"的方法，引领学生在全球化的视域下思考"中国道路"的历史与未来。本文以清华大学"中国近现代史纲要"课程为例，探讨思政课融入"协作学习"的理念、路径及趋势，以期为当下思政课的"课堂革命"提供一种可能的借鉴。

一、思政课为何需要"协作学习":在全球化时代对"中国"再定义

"协作学习"(Collaborative Learning)是 20 世纪 70 年代初于美国兴起,并在 20 世纪 80 年代中期取得实质性进展的一种教学理论与策略。它是通过小组或团队的形式组织学习、进行学习的一种策略,强调用对话、商讨、辩论等形式对问题进行充分研讨,通过个体分享,实现集体学习。① 由此可见,这一学习模式非常强调学习者之间的合作,而非竞争;而这一特性与近半个世纪全球化浪潮的演进和互联网思维的勃兴相得益彰,因此,"协作学习"已经逐步成为一种显性的教育模式,被广泛应用于当前教育的各个领域。那么,"协作学习"能否有助于思政课的教学呢?笔者认为,面对新时代的新挑战,我们有必要在"知识传授、能力培养、价值塑造"三位一体的教育理念下重新定位、升级思政课,而"协作学习"恰能提供一条解题路径。

(一)从知识传授来讲,新时代的思政课不仅要让学生认识"中国",而且要在全球化语境中认识"中国",这种内容上的延展,需要"协作学习"

在传统的教学中,教师与教材多从"中国视角"出发,回溯中国近现代以来的发展道路,尽管我们也会描述这一过程中的蜿蜒曲折,但这条道路背后的坐标系只有"中国"和"时间轴"两个维度,因此所呈现出来的仍是一幅 2D 画面,而学生的学习也难免会陷入一种对历史的线性理解。但真实的历史是中国不断融入世界、与世界各国紧密相连的历史,尤其是在今天,我们已日益走近世界舞台的中央,传统的 2D 视角已很难讲好"中国故事",它需要从 2D 升级到 3D、4D 甚至更多维度,才能通过"高维空间"实现对当今"中国"的精准定位。在"升维"的背后,需要教师对教学内容进行大幅的延展。例如,我们讲"抗战",就不能只讲共产党、国民党的抗战,还应论及德、美、苏等国参与的"中国的抗战",而这种海量信息单凭教师课上的 50 分钟是很难完成的,因此我们需要依托"协作学习"。"协作学习"最明显的优势是可以大大提升学习的广度,"中国与世界"的宏大图景可以在分工、协同、共享的前提下化解为一个个子课题,由学生共同拼接完成,联手构建起一个高维的知识谱系。事实上,这样的高维知识谱系对新时代的青年尤为重要,因为它是我们认识复杂现实的思维起点,亦是我们探索创新发展的理论工具。由此而言,思政课有必要摆脱固有的对知识的平面论述,借助"协作学习",实现思政课在知识传授上的升级。

---

① 余文森. 论自主、合作、探究学习[J]. 教育研究,2004(11):28.

(二)从能力培养来讲,新时代的思政课不仅要让学生理解"历史是什么",还要激发学生思考"历史为什么",这种批判性思维的养成,需要"协作学习"

从"是什么"到"为什么",是历史课从高中到大学的一个重要转变,因为只有讲清"为什么",学生才有可能学会"渔",而不只是记住了"鱼"。同样是讲战争,在高中我们更多地在讲"战争"本身,大学的教育则需从低阶思维上升至高阶思维,更多地去讲"如何看待这场战争"。当全球化的时代来临,这种"看待"还要进一步提升至多个主体:在国家层面,除了中国视角,还有作为盟友的美苏视角;在社会层面,除了政府和政党,还有普通民众,甚至包括西方民众和社会团体的视角。只有我们把多方观点摆在一起的时候,才有可能让学生在深层意义上理解,我们今天该如何看待这场战争以及抗战为何是中国近代史上浓墨重彩的一笔。然而,在传统的教学中,教师大多通过"一言堂"的方式去讲"历史为什么",可即便老师讲得再逻辑缜密、清晰透彻,学生也往往半信半疑,究其原因,是传统的教学方式没有让学生自己去探究,所以很难认同老师之"渔"便是最好之"渔"。事实上,高等教育所注重的批判性思维,往往是通过"思想交锋"养成的,它从本质上要求我们的学习要从原有的"师—生"这种单向度的传输,转向"师生+生生"的多向度争鸣,而这种转变同样可以依托"协作学习"。"协作学习"不仅能让学生体验"思想交锋",还能让学生分辨"消极对抗"与"积极沟通"的界限,这种互助共赢的学习模式比以往教学中所采取的"辩论"更进一步,因为它创设了师生、生生之间积极的同伴关系。[①] 事实上,在全球化时代,我们不仅要直面争论,更要学会沟通,批判性思维的积极取向正在深度影响人的社会行为。由此而言,当前的思政课有必要重视学生批判性思维的养成。学生只有养成批判性思维,才不会被乱花迷眼,也不会被浮云遮眼,思政课也能依靠"协作学习"实现在能力培养上的升级。

(三)从价值塑造来讲,新时代的思政课不仅要让学生对"中国道路"产生内在认同,还要让他们在未来有意识地去发展和创新"中国道路",这种主人翁精神的培育,需要"协作学习"

从被动认知到主动创新,是学习者对学习目标和自身定位的一个重要转变,也是当前中国高等教育所面临的普遍性挑战。但对思政课而言,理论讲授若不

---

① 李克东. 信息技术环境下基于协作学习的教学设计[J]. 电化教育研究,2000(4):7-13.

能转化为未来学生的自主实践,便会大大折损思政课的价值。近30年来,由于"协作学习"能明显提升学生的学习自主性,所以教育学中的建构主义理论对其倍加推崇。建构主义认为,"协作学习"有利于将过去的知识和当下的现实联系起来,形成一种真实的学习情境;在这一情境中,学生需要积极地从已有的理论体系中汲取营养,最大限度地掌握知识,与教师和同伴进行充分互动,同时可以自由地发展出与教师不同的知识结构,进而解决当前的真实问题。① 基于这一模式,学生的学习主动性会被大大激发出来,因为他们不单是知识的传承者,还是未来的创造者,而我们的课程也会由此真正转变为"以学生为中心"。在过去多年的思政课教改中,尽管我们也会尝试主题辩论、角色扮演以及实践参观等方式来进行激励和引导,但相对而言,这些方式依然是外在的、形式上的激励,它会让思政课变得"有趣";但"协作学习"所强调的是内在的、本质上的激励,它要让学生真实感受到这一领域的学习"有用",学会之后可以让"我"变得更加睿智或能解决更多的问题。当前,中国与世界的频繁交往日益加深,从这一视角来看,思政课所承担的"价值塑造"功能应该具有一定的开放性,不仅要深化"认同",还要培育"创新"。从这一角度来看,当前的思政课有必要激发学生作为"未来中国"的主人翁精神,树立世界眼光,把握时代脉搏,借助"协作学习"实现对思政课在价值塑造上的升级。

二、思政课如何融入"协作学习":师生共建历史坐标系

"协作学习"作为一种新兴的教育模式,有助于推动新时代思政课的"课堂革命",但要令这场"革命"产生实效,在理念之外,还需要复杂而精心的教学设计。经过连续3年的反复探索,清华大学在这一领域中积累了宝贵的实战经验。就笔者所执教的"中国近现代史纲要"课程而言,我们通过"师生共建历史坐标系"的方式,实现思政课与"协作学习"的有机融合,进而深化全球化背景下的"课堂革命"。具体来讲,这种"协作"是一个不断细化的过程,它体现于16周教学过程的方方面面,无论是教师、助教还是学生,都是构建这个"历史坐标系"的重要主体。

(一)对于教师,要能化整为零,将课程的大目标分解为一系列的小目标

依据教学大纲,"中国近现代史纲要"课的教学目标是讲清历史上的"四个

---

① 申克. 学习理论:教育的视角[M]. 韦小满,等译. 南京:江苏教育出版社,2003:24.

选择"（选择了马克思主义、选择了中国共产党、选择了社会主义的道路、选择了改革开放），然而，这些"选择"均非抽象空洞的概念，皆有复杂真实的历史语境。在这里，我们继续以"抗战"为例，简述清华大学用"大课+小课"展开"协作学习"的具体做法。首先，是师生之间的目标分解。一方面，老师在"大课"上讲授历史的"骨架"，为学生们勾勒起一幅"抗战"的宏观图景；另一方面，学生在"小课"上展示历史的"血肉"，为"抗战"补充诸多具体的历史细节。这样一来，教学被拆解为宏观与微观两个层次，同时它们互为表里、互为补充。其次，是生生之间的目标分解。为了让学生感受到历史的不同侧面，我们设计了依托6本著作、3个议题来详解"14年的抗战"的教学模式，包括：(1) 依托中国社会科学院近代史研究所黄道炫老师所著的《张力与限界：中央苏区的革命1933—1934》和哈佛大学历史系教授柯伟林所著的《德国与"中华民国"》，来探讨20世纪30年代国共两党面对抗战所进行的区域建设；(2) 依托共产党1939年发刊的《共产党人》和北京大学王奇生教授所著的《党员党权与党争：1924—1949中国国民党的组织形态》，来反思20世纪40年代国共两党面对抗战所推行的自我革新；(3) 依托英国学者拉纳·米特所著的《中国，被遗忘的盟友：西方人眼中的抗日战争全史》和美国学者胡素珊所著的《中国的内战：1945—1949的政治斗争》，来对比这场抗战在国际、国内所产生的政治影响。"抗战"是让学生们理解"历史和人民为何会选择中国共产党"的关键章节，"3×2"的议题设计正是对"微观抗战"这一子目标的进一步分解。依据课程安排，这6本书将对应6组学生分别阅读，随后他们会在"小课"上为该书作者"代言"；而我们不难预见，当6组学生的课堂展示各有侧重却连贯呼应时，全班学生对"抗战"的认识都会在广度和深度上有所拓展。由此可见，要实现思政课与"协作学习"的有机融合，任课教师则要厘清"每一堂课"与"这一门课"的内在关系，才能在拆解目标时做到既统筹兼顾又层次分明，从而构建起"师生共建历史坐标系"的平台。

（二）对于助教，要能推动探究，将小目标落实为小组内部的协同并进

由上可知，清华大学在推动"协作学习"的背景下，要求学生直接阅读大量历史文献，这对许多非文科的大一学生来讲，具有一定的挑战。为此，清华大学为这一教改模式配备了多名助教，他们将在课下负责引导学生的文献阅读，为"小课"上的课堂展示提供助力。例如，前文提到的《德国与"中华民国"》一书，作者利用美国、德国、中国和中国台湾的历史档案，论述了1928—1938年中德亲近关系建立后德国对国民政府的政权建设、军事制度、工

业经济以及意识形态发展产生的重要影响。该书不仅议题广、史料多,而且其历史背景对大部分学生来说都较为陌生;然而,它又能为我们理解国民党为何在1928年后转向精英政治、军事独裁提供一个独特视域,并能引发学生深入思考国民党的外交、内政与其选择如何抗战的内在关系。面对这些难度较大的文献,助教要通过"文献导读"和"引导反馈"两种方式来不断激励学生,引起他们的探究兴趣。在清华大学,任课教师制订了详细的《助教手册》来引导助教的工作:首先,助教需要与任课教师协商拟定一份"导读提纲",为学生提供一个由问题链组成的"阅读地图";其次,在阅读不断深入的过程中,助教需要依托线下"读书微沙龙"和线上"读书微信群",推动小组内的争论与反思,使学生的学习在"查阅—分析—请教"中循序渐进。事实上,"协作学习"是通过培养学生解决问题的能力来达到对知识的内化,学生是否能够主动探究将直接影响最终能否构建起我们所预想的"历史坐标系",从这一角度来讲,助教的角色至关重要,因为他们既是连接教师与学生之间的桥梁,也是整合教学内容与方法的载体。由此可见,要实现思政课与"协作学习"的有机融合,助教需要清晰认识课程的目标并深度掌握文献的主旨,才能推动学生的回旋思考,从而深化对这一师生共建的"历史坐标系"的认识。

(三)对于学生,要能充分倾听,营造信息共享的学习共同体

"协作学习"的核心,是组织内部成员的彼此依赖,所有被拆解出来的小任务都有内在的关联性,因此,这一模式要求学生不仅要能读、能说,还要学会倾听。我们从清华大学的教改经验中发现,如果只强调学生要读好自己小组的那本书,不足以支撑"历史坐标系"的构建,因为就算这个"点"被描绘得再细致,它依然是一个孤立的"点";而"坐标系"的价值,更体现于点与点之间的连线。所以,我们在后期的教学改革中大力推动了组与组之间的"上下联动",要求他们不仅能"讲清楚"自己小组所读的一本书,还要"听得懂"相关小组与自己小组在逻辑上和时间上的深层联系。例如,上文提到的《德国与"中华民国"》一书,本身的研究对象是20世纪30年代的国民党;但是当我们将其放置于"抗战"一节的"议题1:国共两党的区域建设"之下,它便自然与《张力与限界:中央苏区的革命1933—1934》这本书形成了对比。通过连续两组的课堂展示,学生可以更直观地认识到国民党对外求援助、共产党对内做革命的两种迥然的社会改革路径,尽管他们皆有许多显著的成绩,但又同时犯下了片面和激进的错误,引发了各自党内的政治危机。这些逻辑上的异同点,让两个小组各有侧重却彼此依赖,无论他们研究国共哪一方,都离不开另一方

的视角和观点。除此以外,在课堂的既定议题之外,《德国与"中华民国"》还会与其他组别产生互动,例如,它与英国学者拉纳·米特所著的《中国,被遗忘的盟友:西方人眼中的抗日战争全史》一书有时间上的连续性。从德国到英美,中国的抗战在西方人的眼中呈现出复杂的面貌,而这不能简单归罪于"西方中心论"的论调,回溯历史可知它与国民党自20世纪30年代初所推进的外交政策不无关系。从这一角度来讲,《德国与"中华民国"》是《中国,被遗忘的盟友》一书的先导,而这两个小组所形成的前后呼应,能够帮助学生超越狭隘的民族观念,从世界的视野看待中国的地位,进而探究中国贡献被遗忘的深层原因,这对学生们未来在国际舞台上讲好中国故事、传播好中国声音具有重要意义。由此而言,清华大学"中国近代史纲要"课推荐学生协作阅读的30本书,构成了一个复杂而结构化的信息网络,学生们虽然只"精读"一本书,但在深耕其思想背景的过程中,同时"听懂"了许多历史道理。这种"协作"导向的学习模式,令整个班级在16周中不知不觉形成了一个学习的共同体,除了师生互动,还有激发深度思考的生生互动,大家合力最终构建起一个共赢共享的"历史坐标系"。

三、思政课融入"协作学习"的趋势展望:打造"金课"的一条路径

当前,"课堂革命"已经为新一轮的思政课改革吹响了号角。2018年6月,教育部部长陈宝生在新时代全国高校本科教育工作会议上发表《坚持以本为本,推进四个回归,建设中国特色、世界水平的一流本科教育》一文,要求"高校教师要把育人水平高超、现代技术方法娴熟作为自我素质要求的一把标尺"[①];同年9月教育部发布的《关于加快建设高水平本科教育全面提高人才培养能力的意见》再次强调,要积极引导学生自我管理、主动学习,激发求知欲望,提高学习效率,提升自主学习能力。近期,教育部高等教育司司长吴岩在2018年11月举行的第十一届"中国大学教学论坛"上再一次明确提出,高等教育要"打造金课、消灭水课",提升课程本身的高阶性、创新性和挑战度。[②] 不难看出,这接连推出的一系列政策,将思政课的教改推向纵深,它的目标不仅仅是让学生"坐到前排来、把头抬起来、提出问题来",而是要在"培养社会主义的建设者和接班人""培养民族复兴的时代新人"上贡献自己的应有之力。从这一

---

① 陈宝生. 在新时代全国高等学校本科教育工作会议上的讲话 [J]. 中国高等教育, 2018 (Z3): 8.
② 吴岩. 建设中国"金课" [J]. 中国大学教学, 2018 (12): 5.

方面来讲，倡导积极沟通、合作共赢的"协作学习"，或能让思政课在"课堂革命"中焕发新一轮的生机。

打造思政课的"金课"，就要让学生真正享受到"获得感"。为此，无论是在学习的长度、广度还是深度上，思政课都可依靠"协作学习"来实现自我革新：16周的协作式学习，让教师、助教和学生为反思"中国"的历史与未来走到了一起，这是一个以知识拼接为基础、批判性思维为路径，最终形塑时代新人"主人翁意识"的教育过程。从这样的思政课堂走出去的学生，能够更立体地认识现实，并且有意识地承担起新时代的青年的使命。

打造思政课的"金课"，还要让课堂真正体现出"时代感"。而思政课融入"协作学习"，不仅能够有助于引领学生站在中国的视角看待世界，还可以促使学生站在世界的视域中反思中国。这一模式所强调的师生协作与生生协作，映射在思维上也是一种辩证的扬弃。从近代到现代，"世界"对中国来讲，既是需要被效仿的，又是需要被改变的，"协作学习"让我们更深刻理解到，"中国道路"与"人类命运共同体"本身就互为参照、互为表里。

教育即生活，生活即教育。当我们面对当下不断更新的生活方式和思维模式的时候，思政课与"协作学习"的融合既是自然的，也是必要的。面对正在不断深化的"课堂革命"，我们要探索的不仅仅是师生之间的角色定位，还有课程与时代的共进关系。越来越多的事实证明，经济全球化是一把"双刃剑"，它让国际矛盾和斗争更加尖锐，但也为中国的发展带来了大有可为的重要战略机遇，从这一角度来讲，打造思政课的"金课"，并不仅仅关系到一场教育的"革命"，也深远地影响着未来中国的战略布局。当我们与世界走向互利合作和互联互通时，我们的思政课也应由此走向"协作学习"。

（本文原载于《思想教育研究》2019年第2期）

教学比赛比什么：从"一堂课"看思想政治理论课的"课堂革命"

李 蕉

清华大学马克思主义学院

摘要：伴随中国高等教育改革的不断深入，当前思想政治教育领域正尝试以教学比赛为抓手，提升青年教师的教学能力，铸牢立德树人的教育理念，深化思想政治理论课的"课堂革命"。毋庸置疑，教学比赛在探索"金课"、培育名师等方面发挥了重要作用，但亦不可否认，当前比赛也出现了"重形式而轻内容""重表演而轻教学"等危险。基于此，从教学比赛的评判标准入手，通过对困境原因的分析，尝试提出通过重塑"内容为王"的评价标准，提振思想政治理论课的高度、深度、广度与温度，从而让教学比赛与"课堂革命"互为表里、同向同行。

"育才造士，为国之本"，而新时代的发展更为高等教育的改革提供了重要契机。2017年，教育部部长陈宝生在《人民日报》撰文阐释"课堂革命"；2018年，教育部高等教育司司长吴岩在全国教育大会上号召"打造金课"；2019年，国家更明确提出"全面振兴本科教育"，中国高校应超前识变、积极应变、主动求变。近3年来，伴随中国高等教育的革新发展，各类教学比赛如火如荼、迅速升温，由于思想政治教育领域对青年教师后备人才的需求较为显著，因此有关思想政治理论课（以下简称"思政课"）的比赛更为密集、更为频繁。毋庸置疑，教学比赛在提升高校重视度、调动教师积极性、增强教学有效性等方面发挥了重要作用；但亦不可否认，在各级各类教学比赛遍地开花的情势下，一些赛事也不同程度地出现了"重形式而轻内容""重表演而轻教学"等危险。为此，有学者发文反思"为什么唯独中国有众多教学比赛"①，亦有选

---

① 郭英剑. 为什么唯独中国有众多教学比赛 [N]. 中国科学报，2019-06-05（7）.

手因挣扎于教学科研的双重考核中而叫苦不迭;"以赛促教"是否只为镜花水月,教学比赛为何出现发展瓶颈……这些都引发了高等教育领域乃至社会各界的普遍关注。以笔者前后两年亲身经历的5个级别的比赛来看,教学比赛诚然有其时段、场地、对象的特殊性,但当前舆论中的简单否定恐怕亦失之偏颇;当前教学比赛之困,并非比赛本身,而是优劣之标准未能清晰稳定。本文以教学比赛的评判标准为切入点,分析"比赛"与"教学"相背离的原因,并尝试回答如何通过"比好一堂课"反哺真实教学中的"课堂革命"。

一、"一堂课"的困境:教学比赛的双面效应

用20分钟赢得专家的肯定,是教学比赛对每位参赛选手提出的严峻挑战。在各地现行的教学比赛中,组织方大多会对标每两年一次由中国教科文卫体工会全国委员会组织的"全国高校青年教师教学竞赛"(以下简称"全国青教赛"),不仅由于这一赛事级别最高,而且更重要的是它目前采用选拔赛制,其参赛选手需通过校赛、省赛的重重比拼之后才能获得国赛的入围资格。因此,全国青教赛历年来的评价标准不单单是教育部改革的风向标,还是各级省赛、校赛的重要参照。2018年,第四届全国青教赛首次在文、理、工3个组别之外单设"思政专项";2019年,第十一届北京市青年教师教学基本功比赛在评分标准中特别新增"凸显立德树人和思想政治工作的要求"一项,且将其置于10项评价指标之首,这些既体现了当前中央对思想政治工作的高度重视,也成为锻炼和培养青年思政课教师的重要抓手。然而,依现行赛制,选手最终呈现于评委面前的是一个或多个20分钟的教学节段,如何在20分钟里体现"立德树人+专业育人",的确是一个极大的挑战。

标准高、难度大,一方面促使青年教师埋头钻研教学规律,但另一方面也引发了选手为获得高分而采取各种权宜之计。以2019年第十一届北京市青年教师教学基本功比赛为例,其总分100分包括3个部分,即教学设计30分、现场教学65分以及教学反思5分。其中,20分钟的现场教学环节占比最大,也最容易拉开差距,它需要评委对3个维度进行综合考量,包括教学内容35%、教学组织45%以及教学效果20%。尽管评分标准对这3个维度皆有细则说明,但因其主观性较强,在实际操作过程中这20分钟的评判标准往往显得多少有些"飘忽不定":在评委眼中,这20分钟需要体现选手对教学内容与教学组织的深度理解和熟练运用;但在选手眼中,这20分钟最重要的是要达到具有吸引力和感染力的教学效果。由于参与者和旁观者对评分标准理解不同,教学比赛衍生出了冰火两重天的双面效应:一面是热热闹闹、众人参与,另一面是冷眼旁观、谨慎批评。

　　双面效应何以产生，探其根源，应该说是当前高等教育改革从"理念"尝试"落地"的一种折射。自教育部党组将 2017 年定为"高校思政课教学质量年"以来，"用好课堂教学这个主渠道"这一理念带动了思想政治工作一系列的深度改革。3 年中，在多个部门多方力量的协同推动下，思政课的"课堂革命"取得了丰硕成果，不仅大幅度提高了学生的出勤率、抬头率和点头率，也激励了一批青年教师不断创新、锐意进取。在此背景下，2017 年之后思想政治教育领域的青年教师比赛受到了广泛关注，教学改革中的许多新做法也被第一时间应用于比赛之中，如利用雨课堂、超星学习通等智慧教学工具，又如注重启发式、互动式教学，再如加入贴近学生、贴近热点的音视频……这些做法不仅增强了思政课的亲和力和针对性，也的确为比赛增光添色。然而，伴随思政课教学改革的不断深入以及思政课比赛的水涨船高，通过单方面改换教学手段和形式以提升教学效果的方式渐显瓶颈，专家学者开始呼唤继续深化有关教育理念和教学内容的深层改革。由此可见，教学比赛的"热"与"冷"皆根植于此，当教育界对"一堂好课"的标准从"抬头率"进阶为"获得感"，我们便不难理解为何在 2019 年一边是评委面对比赛现状深感"不满"，而另一边是选手面对比赛动员吐槽"太多、太难"。

二、反思"课堂革命"：课堂之迭代与比赛之考评

　　新时代的教学改革推动了教学比赛迅速升温，而对教学比赛的冷静批评也促使我们反思改革。从 2018 年起，教育部开始陆续对多所大学进行"本科教学审查评估"，"拿什么尺子"去衡量当前的现状并引领未来的发展，"课堂革命"再次引起了学界的热议。参与此次评估的别敦荣教授发文指出，"课堂革命"的根本目的是两个，一是完善人才培养规则，二是提高人才培养质量；而这个"革命"的突破口就在于"教师培训"。① 的确，教师是将现代课堂理念、技术、方法和要求带向讲台的主要渠道，只有让教师转变教学思想观念，改善教学方法，完善教学活动组织，优化学生学习过程，才能进一步推动深层次的"课堂革命"。然而，尽管从根本上来说进行大范围的教师轮训是解决上述问题的主要方式，但通过教学比赛在专业领域内树立具体的"对标"榜样，则会为改革提供更清晰、更便捷、更具影响力的实施路径。由此而言，教学比赛之考评标准

---

① 别敦荣. 大学课堂革命的主要任务、重点、难点和突破口 [J]. 中国高教研究，2019 (6)：1-7.

应伴随着高等教育改革的进程而不断变化,因为它的作用不仅在于选拔人才,还在于引领未来的"课堂革命"。

新时代的高等教育改革是守正与创新的辩证统一。面对新时代的挑战,中国高校要着力培养"创新创业能力强、应用动手能力强、品德修养综合素质高"的"两强一高"人才;落实于教学比赛的考评之中,就是要体现对"立德树人+专业育人"的价值引领。尽管比赛的现场教学只有浓缩的20分钟,但它仍是一个完整的教学节段,同样需要进行"导入、讲授、总结、布置作业"全流程的教学设计,这与真实的课堂教学思路一致。因此,评判每一个20分钟孰优孰劣,不单要从"教学内容""教学组织""教学效果"3个显性指标去考量,更要追问这一节段是否达到了"立德树人+专业育人"的教学目的。在过去的两年中,笔者分别以选手、评委、教练的不同身份参与过各类比赛20余场,就笔者目力所及,胜出者多在"立德树人+专业育人"方面有所思考、有所钻研,并非一味追求"效果"而忘却了"目的"。教学比赛究竟比什么?事实上,比的不是形式,而是内容——以"高度、深度、广度和温度"奠基的课堂,才是真正能够打动评委的课堂,也是学生眼中具有生命力的课堂。

首先,坚持"内容为王",要让思政课有"高度"。所谓"高度",就是政治站位要高、家国情怀要深,要把思政课小课堂同社会大课堂结合起来,教育引导学生立鸿鹄志,做奋斗者。毋庸讳言,思政课的讲台不仅要"讲知识",还要"讲使命";落实到教学比赛中,便是每一个20分钟是否体现了思政课的政治性、方向性,这一点应是评委的重要考量。例如,五四运动一贯是教学比赛中的热题,而2019年恰逢百年纪念,这一议题更是在各级比赛中多次出现。然而,尽管很多选手把五四运动讲得跌宕起伏,现场气氛也亲切有趣,但以评分结果而论,评委对此似乎不尽认同。我们或以为,这是专家评审与大众评审的审美不同;但事实上,这归根于上述20分钟只停留于知识传授,而没有进行价值引领——五四运动之所以会成为思政课教材的重点篇目,其原因在于五四运动之后中国的无产阶级登上了历史舞台,青年成了革命的先锋。因此,即便视角不同、论证不同,也均应透过五四运动去培养学生为党、为国、为人民的深厚情怀和担当意识,这是思政课的应有之义,此为"守正",再论"创新"。正如刘建军教授在介绍"北京高校思政课高精尖创新中心"的近年经验时所说:"在'高、精、尖'的序列中,'高'具有前提和基础性意义。它讲的是立场和站位的问题,如果立场不正确,站位缺少高度,就不可能实现后面的'精'和'尖'。"[①] 的确,思政课是高校坚持社会主义办学方向的核心课程,而马克思主义理论更是中国特色社会主义大学的"鲜亮底色",政治高度是思政课改革创新的重要前提。

其次,坚持"内容为王",要让思政课有"深度"。所谓"深度",就是洞察经典文献背后的思想,不仅讲知识,还要讲知识的"来处"。同样以五四运动为例,小学、中学均会讲"五四运动是新民主主义革命的开端"这一论题,而在大学,教学则应向纵深发展,讲透论题的"来处"。"什么是新民主主义""为何无产阶级会登上历史舞台""为何要反帝"……,这一系列的"为什么"帮助学生探寻事物的本质,提升思维的深刻性,只有将"史实"与"史识"联系起来,教学才能进入深度理解和深度反思。然而,在传统的讲述中,思政课偏重宏观叙事,较少进行具体而微的逻辑论证以及历史流变的动态分析;延伸至比赛,不少教师担心20分钟容量有限,因此,在讲到概念、理论时一带而过,不去深究,仅仅成为"知识的搬运工"。事实上,未触及事物本质的教学则会严重缺乏教学作用力,正如连续多年担任北京市教学比赛评委的李芒教授所言:"在多数场合,学生并非厌恶一般意义上的学习,也并非因为懒惰而厌学,而是因为课堂教学淡而无味、弃而无憾,没能给予学生精神突围的快感,没能激发学生振臂欲搏的豪情,没能营造让学生体验自我价值的氛围而对课堂失望。"[②] 因此,在"打造金课"的目标指引下,思政课还需进一步提升"课程挑战度",而教学比赛更要以高标准进行探索,在20分钟之内深入浅出地讲理论,兼顾"复杂"与"清晰"。一堂好的思政课,应该做到政治性与学理性相统一,它需要从学生的知识盲点出发,以透彻的学理分析回应学生,以彻底的思想理论说服学生,用真理的强大力量引导学生。正所谓不破不立、不塞不流、不止不行,只有在批判与辩证中讲透理论,才能让学生真正理解"中国共产党为什么能赢"。

再次,坚持"内容为王",要让思政课有"广度"。所谓"广度",就是要体现思维的广泛联系,注重转换视角和启发性教育,让学生能够举一反三、实现创新。面对当前"世界百年未有之大变局",青年不仅要"守正",还要能"创新"。从这个意义上说,思政课不应当是由教师简单地将知识传授给学生,

---

① 刘建军. 论高校思想政治理论课建设的"高、精、尖"[J]. 思想教育研究, 2018 (4): 88.
② 李芒,李子运,刘洁滢. "七度"教学观:大学金课的关键特征 [J]. 中国电化教育, 2019 (11): 1.

而应当引导学生在更复杂的语境中思考中国，在更长的历史中解析中国，只有激发学生的主动思考，才有可能让"中国道路"与时俱进。五四运动亦是一个典型的例子。五四运动并非囿于"1919年的中国"：从空间来讲，它是同一时期世界民族解放运动在中国的一个折射；从时间上来讲，它既是近代以来思想启蒙运动的延伸，也是此后青年运动不断演进的动力。在教学设计上，打通时空的"起承转合"，其实是为了引导学生发现问题、分析问题、思考问题。让青年学习五四精神，不是令其躺在历史的功劳簿上无所作为，而是通过回溯历史上的"新青年"去反思今天的"新青年"所承担的时代使命。由此而言，"在中华文明5000年、世界社会主义运动500年、中国近代170年、中国共产党成立100年、新中国成立70年、改革开放40年"的广阔视野中讲理论，才能提升学生旁征博引、触类旁通的思维能力，才能启发学生体会当下中国特色社会主义事业，实现过去、现在与未来的内在连续。

最后，坚持"内容为王"，还要让思政课有"温度"。所谓"温度"，就是要有共情意识，要能够触碰学生的心灵，真正以做一名"人类灵魂的工程师"为志业。社会主义教育培养的是中国特色社会主义事业的建设者和接班人，这要求学生真正树立主人翁意识，将自己当作历史的主人而不是看客。然而，今天大学课堂中的"旁观者"并不在少数，这样的课堂看似冷静中立，却遮蔽了苏霍姆林斯基所说的教育是"一个心灵唤醒另一个心灵"这一重要属性。然而，增加课堂的"温度"亦不可简单理解为"有泪光、有笑声、有歌颂、有愤慨"，教学比赛中的20分钟更不能演化为"作秀"，大学课堂是严肃神圣的学术殿堂，大学教师是学者而非演员，高等教育应是在平淡中求深刻，在严谨中求批判，在苦行中求快乐。著名教育学家石中英教授认为有温度的教学，是在学术感动、人格感动的基础上"促使灵魂转向"，从而实现"将灵魂向上拉"的功用。① 由此而言，思政课的教师不应当只是知识的传授者以及检验学生知识掌握程度的评判者，而应当是学生求知的引导者——或用对学术求真求解的不懈奋斗，或用对弱势群体的温暖关怀，或用为家国忘我献身的壮烈选择，或用为人类作贡献的高远志向，引导学生主动思考在时代大潮之中，如何做一个奋进者、开拓者、奉献者。

"淘汰水课、打造金课"是当前高等教育改革的关键一环，这一方针也应同步体现于教学比赛中。"内容为王"，以课堂的高度、深度、广度和温度赢得评

---

① 石中英.简论教育学理论中的隐喻［J］.北京师范大学学报（社会科学版），1997（2）：43.

委,不仅是获胜之正途,更是教学之正道。尽管青年教师要在20分钟的时间里体现对上述维度的思考与探索殊为不易,但也正是通过比赛的高压锤炼,青年教师才会得到迅速成长并爱上讲台。让教师有获得感,是教学比赛能够生生不息的基础;而让课堂之迭代与比赛之评估同步更新,才能提振教师的主动性,不断推进"课堂革命"。

三、比赛如何"反哺"课堂:实现理念与评估的内在统一

消除"教考分离",推行"教考合一",是当前各高校落实全国教育大会精神的重要举措,对学生的考试如此,对教师的评估亦当如此。思政课的教学比赛如火如荼,但业界各方对其评价不一,应该说,这是由于课堂教学与教学比赛在一定程度上出现了"教考分离",它使得比赛变成一场精心准备的"表演",逐步脱离了课堂教学,远离了"课堂革命"。由此,我们便不难理解为何部分参赛选手会抱怨比赛浪费时间、意义不大,这是因为备赛的过程并未观照现实教学的痛点,教师的投入无法"反哺"教学,进而消减了参赛带给他们的获得感。

教学比赛比什么,反映的是大学教学的价值观。进入新时代,打造新课堂,首先要引领教师这一群体对"金课"的理解,而教学比赛恰恰是解决问题的一个抓手,它的评估标准不仅能促进青年教师基于新时代的变化去探索教学,还能够显性枚举"金课"多维度的观测点。正所谓"教无定法,但教必有法",一场高质量的比赛不但是选手展现其风采的平台,而且是切磋技艺、以赛促教的通道。教书育人是高校的核心使命,而青年教师则是教书育人的主力军,笔者所在的清华大学正是以青年教师比赛为平台,连续20年薪火相传探索教学,培育出清华大学"春风化雨、课比天大"的教学价值观[1]。其间,这一平台不仅培养出多位教学名师,更重要的是凝聚了一批爱教学、讲奉献的教师,他们形成合力、"反哺"课堂,让更多的清华学子受益,从而实现了培养人才的最终目的。当青年教师走下教学比赛的赛场,回到自己真实的课堂,那些通过备赛而领悟的教育理念、锻造的教学技能都会引领更深层次的"课堂革命",而新时代高等教育的面貌也借由教师的践行变得焕然一新。

教学比赛比什么,反映的也是中国高等教育的路线图。2019年2月,中共中央、国务院印发了《中国教育现代化2035》,为中国高等教育发展作出了顶

---

[1] 清华大学工会. 春风化雨、课比天大、薪火相传、不忘初心:清华大学"青教赛""以赛促教"助力提升[J]. 工会博览, 2019 (13): 52.

层设计,并明确部署了面向教育现代化的十大战略任务,其中之一便是"建设高素质专业化创新性教师队伍"。由此可见,高校教师"立德树人+专业育人"的职业角色将更加突出,高校讲台上正在发生的"课堂革命"也更应该坚持"内容为王"。正如习近平总书记所说,"好老师不是天生的,而是在教学管理实践中、在教育改革发展中锻炼成长起来的"①,教学比赛则会促使广大青年教师反复体会什么是"一堂好课",如何实现"内容为王"。事实上,扎根中国大地办教育、坚持社会主义的办学方向,都有赖于教师队伍的不断建设;而作为新时代的思政课教师,不仅需要有亲切感和吸引力,还要不断拓展课堂的高度、深度、广度和温度,立足时代讲思想,真正做到"虚"功"实"做,逐步实现我国教育现代化的战略愿景,培养造就新一代社会主义建设者和接班人。

让教学比赛"反哺"课堂,重在落实教学理念与评估标准的内在统一。尽管比赛只是短短的 20 分钟,但依然需要体现当前以"内容为王"为探索方向的"课堂革命"。所谓"金课",并非一般意义上的提升教学效果,而是通过具有"高度、深度、广度和温度"的课堂让学生真正感受到探索知识的乐趣,实现分析能力的提升,并树立"做社会主义建设者和接班人"的远大志向。因此,当"课堂革命"从对教学形式的改革深化到对教学理念和教学内容的改革,锻造青年教师的教学比赛也应随之转变,由此提升青年教师备赛、参赛的获得感,提速由比赛延伸至课堂的教育革命,从而让大学课堂焕发出新的活力。

(本文原载于《思想教育研究》2020 年第 1 期)

---

① 习近平. 做党和人民满意的好老师——同北京师范大学师生代表座谈时的讲话 [N]. 人民日报,2014-09-10 (2).

如何让思想政治理论课有高度："课堂革命"与情怀培育

王赟鹏

北京科技大学马克思主义学院

摘要：爱国主义既是贯穿思想政治理论课教学情怀培育的主旋律，也是落实立德树人根本任务的重要体现。高校思想政治理论课"课堂革命"，需要充分发挥教学理念、教学内容、教学方法等方面铸魂育人的合力。通过建构"问题导向、内容重构、流程再造、效果评价"的情怀培育提升路径，在师生之间实现认知共进、情感共进、意志共进、行动共进，通过思想政治理论课课程共育、思政课程与课程思政共育、大中小一体化共育，搭建起全方位、立体化的情怀培育协同框架。

"情怀"一词，概指人们心中所怀有的某种情绪或情感。高校思想政治理论课（以下简称"思政课"）中的情怀培育涉及人文情怀、理想情怀、法治情怀、敬业情怀、家国情怀等方面的内容。其中，爱国主义情怀的培养和教育既是贯穿高校思政课情怀培育的主旋律，也是落实立德树人根本任务的重要体现。党的十八大以来，习近平总书记多次阐述爱国主义情怀在立德树人过程中的重要性。在学校思想政治理论课教师座谈会上的讲话中，习近平总书记特别指出，思政课作为落实立德树人根本任务的关键课程，要"厚植爱国主义情怀，把爱国情、强国志、报国行自觉融入坚持和发展中国特色社会主义事业、建设社会主义现代化强国、实现中华民族伟大复兴的奋斗之中"①。近几年来，"课堂革命"引发了广泛关注，为高校思政课的改革创新提供了全新的思考方向。那么，

---

① 习近平主持召开学校思想政治理论课教师座谈会强调 用新时代中国特色社会主义思想铸魂育人 贯彻党的教育方针落实立德树人根本任务［N］.人民日报，2019-03-19（1）.

在"课堂革命"的背景下,如何通过情怀培育落实立德树人根本任务,如何提升高校思政课的情怀培育有效性,需要进一步展开探讨。

一、情怀培育:思政课落实立德树人根本任务的重要基础

爱国主义作为一种道德情怀,是贯穿思政课教学的重要内容,充分体现了思政课所应该达到的思想高度、情感高度与理论高度。思政课教学通过情怀培育立德树人,主要体现在情感、价值、行动三方面。爱国主义情怀培育是锻造忠诚爱国者的情感基础,是培养中国特色社会主义道路认同者的价值基石,是造就中华民族伟大复兴奋斗者的行动指引。

(一)情怀培育是锻造忠诚爱国者的情感基础

情感在认知转化过程中起着重要的基础作用。"没有'人的感情',就从来没有也不可能有人对于真理的追求。"[①] 可见,如果没有情感的交流和传递,情怀培育就很难达到预期效果。一是情怀培育有助于提高学生的爱国之德。习近平总书记在北京大学师生座谈会上的讲话中指出:"爱国,是人世间最深层、最持久的情感,是一个人立德之源、立功之本。……我们常讲,做人要有气节、要有人格。气节也好,人格也好,爱国是第一位的。"[②] 思政课目标一是培养忠诚的爱国者,使学生有大爱、立大德,忠诚担当、无私奉献。二是情怀培育有助于学生树立为国家民族奋斗之志。爱国主义在道德体系中价值位阶更高,古今中外诸多先贤均将爱国视为一种最高的道德。由认知到践行,情感是转化的关键要素。没有情感培育的立德树人无异于无的放矢,当然也就不会有爱国之德、强国之志。三是情怀培育有助于学生辨别现实生活中的大是大非。道德是判断是非、善恶、美丑的重要依据,反映到情感上,爱国情是面对历史虚无主义等错误思潮时正确判断的情感基础。这种情感体验正是将爱国情、强国志转化为报国行的重要前提。

(二)情怀培育是培养政治认同者的价值基石

在全球化时代,思政课培育政治认同面临多重挑战。从外部环境来看,全球化引发广泛的价值认同危机。大学生的国家观念和国家意识受到冲击,"世界公民"越来越多,削弱了大学生的社会责任意识。在现实生活中,就有人提出"爱国主义过时论""爱国主义口号论",认为在全球化时代爱国主义已经过时,

---

① 中共中央马克思恩格斯列宁斯大林著作编译局. 列宁全集:第 25 卷 [M]. 北京:人民出版社,1988:117.

② 习近平. 在北京大学师生座谈会上的讲话 [N]. 人民日报,2018-05-03 (2).

爱国主义只是一句空洞的口号，等等。从思政课自身定位来看，在高校课程体系中，专业课程偏重培养"职业者"，最基本的目标在于使学生获得一技之长；通识课程的目标在于使学生了解现代社会的多元价值观念；在思政课的思想性、政治性、理论性中，政治性是思政课的根本属性。换言之，培养社会主义核心价值体系的认同者是思政课的首要价值。高校思政课教学如何增强针对性与实效性是巨大挑战。思政课若要增强满意度和获得感，促进社会主义核心价值体系从认识到认可再到践行，最重要的是要确立价值认同。价值认同包括在社会实践活动中形成的共同价值观念和能够自觉内化于心的价值取向。此外，高校思政课的情怀培育受到信息化、网络化、碎片化以及各种后现代主义、"后真相"时代等的消解。增强爱国主义情怀培育就是要解决好"培养什么人、怎样培养人、为谁培养人"这个根本问题，夯实价值认同的基石。

（三）情怀培育是造就新时代奋斗者的行动指引

爱国主义情怀不仅要内化于心，而且要外化于行。"爱国，不能停留在口号上，而是要把自己的理想同祖国的前途、把自己的人生同民族的命运紧密联系在一起，扎根人民，奉献国家。"① 实现中华民族伟大复兴中国梦，是近代以来中华民族最伟大的梦想，需要一代又一代人的不懈奋斗。爱国主义情怀是广大青年树立为中华民族伟大复兴不懈奋斗理想信念的行动指引，是激发行动的不竭动力。爱国主义情怀有利于培养大学生的民族自尊心和自豪感，是大学生个人实现人生价值的力量源泉，有助于增进社会主义的道路认同、制度认同、理论认同和文化认同。价值认同最终要落实到情感层面，如果没有情感认同，即使在理论上了解了某种正确的价值观，也无法转变成行动。对某种价值观的认同，最终是要通过情感认同转化为行动认同。② 通过情怀培育，使爱国主义情感转化为真正的爱国行动，使学生做爱国情怀的践行者。通过厚植爱国主义情怀建构起来的价值认同，才有持久而深厚的生命力，才能不断激发大学生的强国志、爱国情、报国行，促进大学生将个人价值与社会价值统一起来，为实现中华民族伟大复兴而行动起来。

二、"课堂革命"：高校思政课情怀培育有效性的提升路径

高校思政课的"课堂革命"需要实现教学形式与内容的相辅相成，充分发挥教学理念、教学内容、教学方法、教学技术等方面铸魂育人的合力。情怀培

---

① 习近平. 在北京大学师生座谈会上的讲话［N］. 人民日报，2018-05-03（2）.
② 吴宏政. 思想政治教育中价值认同的三个环节［J］. 长白学刊，2017（4）：48.

育目标具有"高""远""大"的特点，如何使学生感到"真""近""实"，是解决有效性的重要抓手。传统教学模式以概念讲授、理论灌输、案例陈述等为主，说服力不足，很难产生情感共鸣，从而导致学生课堂获得感不足。这就要求我们以"课堂革命"为契机，重新审视当下的教育观、教学观、教师观、学生观和课堂观，从知、情、意、行合一的角度出发，建构以"问题导向、内容重构、流程再造、效果评价"为核心的情怀培育提升路径。

（一）坚持问题导向，精确发现思想困惑

发现问题是情怀培育有效性的前提。问题导向就是要深入挖掘新形势下爱国主义教育所面临的主要问题和困境，发现学生面临的真问题、真困惑。目前，高校思政课所面对的对象基本是"95后""00后"，这些学生思维活跃、观点鲜明。教师需要深入了解学生在理解爱国主义方面的基本思想状况及问题成因，进而对症下药、直面解决。

一是可以利用课堂调查、课程作业、课下交流等形式查找问题，针对学生心态进行分析。比如，存在"事不关己、高高挂起"的远离心态、"爱你在心口难开"的害羞心态、讲求"爱的代价"的功利心态等。出现这些问题的原因，一方面是共性的，不仅在高校学生中，而且在整个社会爱国主义教育过程中都会存在，受到如前文所述的经济全球化、思潮多元化、信息网络化、情怀市场化等方面的冲击；另一方面则是个性化、差异化，尤其需要重点关注。

二是要注意不同院校、不同专业类别学生关注点的差异。比如，外语专业类学生特别关注"出国与爱国"方面的问题，学生会提出"如何看待出国""出国留学为什么""如何看待名人、明星加入外国国籍"等疑问。我们在传统教学模式中，惯常的讲授方式是援引清末留洋、五四时期知识分子的家国情怀，以及中华人民共和国成立初期知识分子，如钱学森、邓稼先、彭恒武等老一辈科学家放弃个人优渥生活、毅然归国的例子。但在经济全球化背景下，需要思考如何贴近学生实际，如何讲清楚"出国与爱国"的关系，以一种更深入、更有效、更新鲜的方式回应学生困惑。比如，在课堂中设计"爱国心重于行、爱国行重于心"等主题辩论，结合近些年留学归国人员的真实经历，引发学生对当下时代出国与爱国关系的深度思考。

三是通过小组研讨、课堂展示等形式，引导学生将爱国情感充分表达出来。通过安排以"全球化视野下的爱国主义：《战狼2》和《红海行动》的观影感受"为题的小组讨论，促进学生反思经济全球化与爱国主义的关系。比如，有的学生就表示："一个人只有了解了其他国家的文化，才会更理解也更认同自己国家的文化；一个人只有了解了其他国家的历史，才会更自觉地对比自己国家的历史；一个人只有出国感受别国的生活后，才会更加感动于自己的文化和国家。""永远不要忘记自己是一个中国人，永远不要丢弃自己身上的文化印迹，要一直奋斗，要让国家因你而更光明一分。"在此过程中，学生的爱国情感得到了充分表达，对全球化进程中个人与国家关系也有了更加深入的理解。

（二）依托"三个转化"，精心做好内容重构

发现问题是基础，如何解决问题是关键。坚持"内容为王"，可以从认知、情感、评价三方面精心设计爱国主义教学内容，做好教材体系向教学体系转化，知识教育向情感教育转化，灌输话语向对话话语转化。

一是扩展教学资源，促进教材体系向教学体系转化。教材是授课的重要参考和依据，但是教材的内容具有高度的抽象性、概括性和理论性，缺乏生动性、灵活性，不易被学生接受。因此，爱国主义情怀培育不能照本宣科，必须具体化、生动化、个性化、时代化。这就要求教师能够根据授课对象的差异，合理制定授课方案，并将授课内容作出符合授课对象接受特点的时代变化。这种变化既是避免教学内容教条化、定型化的课程需要，也是提升思政课教师铸魂育人精度的需要。在实践中，优秀传统文化、党史国史、红色家书、影视作品、音乐舞蹈等，在仔细甄选后均可成为情怀培育的教学资源，可以更有效地促进教材体系向教学体系的转化。

二是创设情境，促进知识教育向情感教育转化。高校思政课教学面对的是不同专业的学生，其价值不在于灌输更多的知识，而是通过培育更深厚的情感，促进知识体系向价值体系、信仰体系的升华。情感教育包括创设环境、情感体验等，新媒体时代影音作品、情景剧、VR、AR、MR等方式的有效运用，均可以起到增强情感体验的效果。

三是共同探究，促进由"灌输"话语向"对话"话语转化。传统课堂以灌输为主的教学方式，使学生获得感不强。对话话语的运用就是要激发学生主体意识，积极进行对话，增强获得感。教师存在的意义在于帮助学生建构新知，进而启发学生探究未知。比如，为充分理解不同历史条件和文化背景下爱国主义的历史性和具体性，我们在教学中指定《毛泽东传》《邓小平传》《习近平的知青岁月》等作为基本阅读书目，要求学生自行分组、确定主题，以情景剧、微电影等形式进行课堂展示，使教学内容更加贴近学生，使爱国主义精神更加生动具体。学生通过挖掘毛泽东、邓小平、习近平等党和国家领导人的爱国主义精神，加深了对不同历史时期爱国主义不同表现的理解。

（三）多元方法并举，精细设计教学流程再造

要实现内容重构，需要教学流程的精细设计，从而真正激发学生的主体意识。如果说内容重构是将人们熟知的故事改编为一个有吸引力的剧本，那么流程再造就相当于将剧本变成一部精彩大戏。教师就是这部"大戏"中具备娴熟拍摄艺术的总导演。在传统课堂上，过度的讲授甚至一讲到底很难取得情怀培育的预期效果，教师讲得辛苦，学生听得乏味。为激发学生的主体意识，使学生真正提升主动性，教师从教学目标的确定、教学内容的转化到教学素材、教学方法的选择以及课后作业的布置等，均需要精心设计。

一是从教学目标来说，情怀培育的真正目的在于激发学生对爱国主义的感知力。情怀培育不只是要传授更多的爱国主义知识，更要激发学生对爱国主义情怀的感知和践行的主体意识。

二是从教学内容来说，要将爱国主义情怀有机融入思政课教学。爱国主义不仅是"思想道德修养与法律基础"课中的一节内容，还需要贯穿"中国近现代史纲要""马克思主义基本原理概论""毛泽东思想与中国特色社会主义理论体系概论""形势与政策"等多门思政课课程。

三是从教学方法来说，有必要采用多种教学方法，从而实现教学流程的优化。教师可以根据特长和授课对象的差异，采取一种或几种最适合的形式和方法，比如，实践教学方法、探究式教学方法、互动式教学方法、协作学习方法等。形式上可以采取校园访谈、校园调查、情景剧、微电影、辩论赛、小组讨论、案例评析等。比如，可以通过"师生共建历史坐标系"的方式，实现思政课与"协作学习"的深度融合，从而深化全球化语境下的"课堂革命"①。通过小组协作学习的方式，将教学内容分解，使学生主动交流、自主学习，形成师生、生生、组内、组与组、师助生之间的对话交流状态。在此过程中，学生从课堂的静听者变成参与者与阐释者，变被动倾听为主动阐释；教师从台前退居幕后，变成课堂的引导者和导演者。教学流程再造的目的就是要将教师从课堂的主讲者转变为主导者，使沉默单向的课堂转变为交流互动的场所，最终达到将知识转化为情感、将情感升华为信仰的效果。

（四）优化效果评价，精准保障情怀培育落地生根

从发现问题、直面问题，再到分析问题、解决问题，情怀培育效果如何需

---

① 李蕉. 高校思想政治理论课"课堂革命"与协作学习［J］. 思想教育研究，2019（2）：84.

要收官问效。传统课堂上，通过统一考试或者"平时成绩+期末考试成绩"的评定方式，学生的应试能力逐年提高，情怀培育效果却无法衡量。为促进爱国主义情怀的落地生根，可以从课堂之内和课堂之外两方面优化效果评价体系。

一是在课堂之内以项目化运作方式，加强成果转化。比如，结合国家重大主题纪念活动，在思政课课堂上组织例如"我和我的祖国"的主题实践，可以包括"校园访谈：共和国故事汇""爱国爱党主题微电影""爱国主义课堂情景剧""中华人民共和国成立70周年和改革开放40周年以来巨变展示""演讲大赛：我和祖国共成长"等项目类型。加强教学互动和教学效果等方面的综合评价，将学生的实践教学成果作为平时成绩的有机组成部分，根据主题选择、团队合作、展示效果等设定评分比例，并以适当形式予以资助。通过项目化运作的形式，使爱国主义主题教育成果得到有效转化，可以激发教师和学生参与实践教学的积极性和主动性。

二是在课堂之外拓展平台，延展情怀培育的深度和长度。比如，利用爱国主义教育基地、参与地区红色文化发现及推荐优秀作品参加全校竞赛、全国大赛、挑战杯等，将情怀培育从课堂有限的45分钟延伸到学生的生活乃至生命之中，使爱国主义精神成为精彩人生永不褪色的主旋律。此外，从学校、学院层面为思政课提供情怀培育延展的体制机制，比如通过组织假期社会实践，重点选择红色基地和红色文化的发掘，搭建爱国主义情怀的重要平台，使爱国主义情怀培育在课堂之外得以有效延展，进一步提升思政课情怀培育的效果。

三、共进共育：打造高校思政课情怀培育的协同框架

在"课堂革命"背景下，共进共育的情怀培育模式可以为高校思政课厚植爱国主义情怀、落实立德树人根本任务提供一种框架和可能：一方面，从思政课本身来说，师生之间的知行共进可以达到教师职业幸福感和学生获得感的统一；另一方面，从共同育人的角度来看，可以打通思政课程与其他渠道立德树人的有机联系，相互配合、凝聚合力，搭建起全方位、立体化的情怀培育框架。

（一）共进：从知到行的有效提升

情怀培育不仅是单向的传递，还是双向、多维的情感激发，需要师生之间共同努力才能实现。为实现教学相长，需要从认知、情感、意志、行动等几方面加强师生共进。

一是在认知层面，师生之间在认识和理解爱国主义方面要"相互理解"。受教育者对教育者所教授的价值观不能"相互理解"，那么，这种教育活动就成了

"灌输","灌输"容易导致知识的重复和职业的倦怠。只有在价值观上做到相互理解,才有可能真心践行。

二是在情感层面,通过建构共同的情感场域,可以把课堂变成共情的场所。真正做到让有信仰的人讲信仰,让懂情怀的人培育情怀,让具有爱国心的人诠释爱国。

三是价值认同是一个由外到内、由认知经由情感再到意志、由观念到行为的连续推进过程。单纯的情感教育是短暂的,如果不能在师生之间产生情感的共鸣,不能把这种爱国情怀自觉上升到理性层面,爱国情怀就无法持久。

四是情怀培育既要内化于心,又要外化于行。在行动层面,正是为了实现把理性认同的价值观转化为实践行动,才有必要提出情感教育,以此作为加强爱国主义情怀培育的一个重要环节,通过教师与学生之间的认知共进、情感共进、意志共进、行动共进,从而达到教师职业幸福感和学生获得感的统一,最终实现爱国主义情怀培育的有效提升。

(二)共育:从各自为战到有效协同

如果说"知行共进"是为了解决思政课教师职业幸福感和学生获得感相统一的问题,那么多方共育则是为了解决情怀培育资源的有效协同问题。只有实现教育资源的同向同行,才能更好地落实思政课立德树人的根本任务。情怀培育资源的有效协同可以从以下三方面着手。

一是多门思政课程的共育。将爱国主义情怀培育作为思政课程的主旋律与主线索,突出爱国主义内容,深入挖掘各门思政课程中蕴藏的爱国主义元素,以爱国主义为核心的民族精神和以改革创新为核心的时代精神理解爱国主义的多重维度,以党史、新中国史中的历史事件作为情感激发的有效资源,以世情、国情的体察作为诠释"四个自信"的理论基础,自觉将爱国主义情怀培育主线贯穿始终。

二是大中小学思政课一体化的共育。一方面,需要区分不同阶段情怀培育的侧重点,如小学阶段重在启蒙爱国情感,引导学生形成爱党、爱国、爱社会主义、爱人民、爱集体的情感,初中阶段重在打牢思想基础,强化爱国意识,高中阶段重在提升政治素养,形成政治认同,大学阶段重在增强使命担当,引导学生践行奋斗;另一方面,需要考虑情怀培育的连续性,让爱国主义的认知、情感、价值、行动的培育要求在不同阶段都有所体现。

三是思政课程与课程思政的共育。爱国主义情怀培育不是思政课可以独自完成的重任,需要各类课程之间的有效协同。思政课程与专业课程同向同行,才能起到良好的情怀培育效果。比如,在开设专业课程时,可以依据不同专业课程内容将中华优秀传统文化、中国古代科技文明、文化自信等爱国主义元素有机融入课堂教学,注重把爱国主义、家国情怀贯穿渗透到专业课教学中,将"思想价值引领"贯穿教学方案、教学计划、备课授课、教学评价等教育教学全过程,激发青年学生的爱国主义情怀和民族自豪感。

(本文原载于《思想教育研究》2020年第1期)

如何让思想政治理论课有深度："课堂革命"与文献利用

崔春雪

中央财经大学马克思主义学院

摘要：高校思想政治理论课的"课堂革命"要实现形式、内容和理念上的改革创新，更要回归教学本身，处理好教师本职工作教书育人与学生第一任务即读书学习之间的关系。文献利用既是教书育人的准备工作，也是读书学习的必然要求。高校思想政治理论课的"课堂革命"要重视文献利用的基础地位，通过分工协作让文献与教材相互补充、教师与学生相互配合，实现教学相长、师生共进。文献利用能增加教学深度，让教师讲清未来之学，让学生担负起开辟"未来之路"的责任。

近年来，"课堂革命"成为高校思想政治理论课（以下简称"思政课"）普遍关注的问题。高校思政课的"课堂革命"并不是完全推翻传统的教学，而是要回归教学本身，在教学内容和形式上不断探索，处理好教师本职工作（教书育人）与学生第一任务（读书学习）之间的关系。① 教书育人和读书学习是教与学的本质内容，在教学中是一体两面的关系。高校思政课如果能处理好二者的辩证关系，就能承担起并完成好加强理论教育、落实立德树人的根本任务。笔者认为，高校思政课教学的"课堂革命"在注重知识获取途径和传授方式的根本性变化的同时，要重视文献利用在教学中的基础性作用，加强高校师生的文献利用能力，增加教学深度，提升教学实效。

---

① 陈宝生. 在新时代全国高等学校本科教育工作会议上的讲话［J］. 中国高等教育，2018（Z3）：6-7.

一、文献利用的基本地位：教师教书育人、学生读书学习的必由之路

对于科研工作者，文献利用并不陌生，它不仅是掌握基础知识的重要手段，还是把握最新科研动态的必要途径，能够帮助研究者了解前人研究的终点，从而确立自己研究的起点。在前人研究成果不断累积的基础上，推进研究的深度和高度，从而取得创造性成果。文献利用对于开展学术研究至关重要，同样对于高校思政课的"课堂革命"也不可或缺。

（一）文献利用是教师教书育人的准备工作

网络科学技术迅猛发展，必然要求思政课教学要适应现代化的学习环境和媒介，采取如翻转课堂、慕课等教学形态的变革方式。与之相匹配的是高校思政课课堂需要追求高品质的教学内容和高品位的教学文化。在打造"金课""内容为王"的共识下，教学内容的更新和教学文化的革新是推动高校思政课"课堂革命"的本质要求。从教师方面来说，一堂高质量的思政课，有赖于教师在讲解中以系统的逻辑、实在的内容、可靠的论证来征服学生。教师的讲授工作要完成得如此顺利，需要教师通过文献利用，对每讲的问题有专业、学术而系统地掌握。在现实的教学实践中，教师在课程供给方面，常常存在一些不足和问题，主要表现在以下几方面。

一是教师因研究领域所限、时间和精力的差别，对部分授课内容存在一定的知识盲点。目前，各个高校新上岗的青年思政课教师，大都是刚毕业的博士研究生，在有限的读博期间，其精力大都放在了专业研究领域和自己博士论文写作上。经过专业学术训练，相较其出色的研究能力，教学能力却稍显不足，如教材没有吃透、对部分内容不够熟悉，甚至个别教师所授课程与此前研究方向并不一致，对不同方向、不同时段、不同视野下的课程知识掌握不够。以"中国近现代史纲要"课为例，教师可能对马克思主义基本原理中的世界历史理论、世界革命理论的认识似是而非，研究领域为党史、新中国史的可能对晚清甚至鸦片战争前的传统中国不甚了解，可能因课程名称中"中国"的国别限定而忽视了在整体史观和全球史观下对"中国"近现代历史的检审。

二是因缺乏教学经验、教材掌握不够、备课时间有限等，部分教师把"借鉴"前辈或同行们的教案、网络课件与资源作为思政课资源供给的一个捷径。依照教材和相关教学要求，教师制定每周教学安排，细分每节的课程内容，用借鉴的资料串讲相应主题的知识。这种做法看上去似乎无可厚非，知识是已成的不可更改，教材是规定的不能脱离，套路是固定的无须改变，教与学似乎就是按规定输入和输出的一个过程。但是，相互借鉴、照本宣科的讲法也有不足，散碎而不系统、混乱而无逻辑，并不能真正抓住教学重难点、学生疑惑点和兴趣点。

以上两点集中暴露了一个问题，即教师因文献利用能力不足而限制了课前准备工作，直接导致思政课思想性和理论性的资源供给不足、教学效果有限。新上岗的青年教师固然受困于知识体系不够完备、教材体系掌握不够、缺乏与教材体系相适应的学术体系向教学体系的转换、教学实战训练和教学经验欠缺、阅历不足等现实因素，但要讲好思政课，必须正视困境、迎难而上、打破困局。其根本途径就是要加强文献利用能力：一方面，吃深吃透教材，熟悉掌握教材体系；另一方面，拓展阅读视野，建构完整的大知识体系，具备全方位解决学生疑问的能力。

此外，加强思政课思想性和理论性的资源供给成为当前思想政治工作的一大重心。① 新形势下，高校思政课的教学资源供给，如果脱离了对文献的深度耕犁，就容易走向表面化和碎片化。只有通过两方面的文献利用，教师才能练好内功，发现自己曾经的知识盲点、文献的内容重点可能就是学生疑惑点和兴趣点，使高校思政课真正有"魂"、有"理"、有"情"、有"趣"。② 如此，教师才会明确思政课要输出的是一个完整的知识体系、真理体系和价值体系以及这一综合体系的正确性。

总之，无论从教育的客观要求，还是从当前思政课的现实要求来看，文献利用都是思政课教师做好教书育人本职工作的必然要求。讲好思政课，青年教师绝无捷径可走，必须回归常识、回归本分，重视文献的作用。否则，新上岗时若没有过硬的内功为教学开好头，随着日后科研任务的考验、事务性工作的增加和教学热情的减退，就更难将教书育人这一要务紧抓起来。更何况，如果教师在教书之前不读书，如何要求学生读书学习呢？

（二）文献利用是学生读书学习的必然要求

教师把每讲内容讲清、讲透，使课堂具有穿透力、洞察力、感染力和吸引力，自然会让学生听得起劲。但是，听得起劲并不意味学得有效。综合对比学生的平时课堂表现情况和期末考评成绩，笔者发现：在思政课上，无论是认真听、"佛系"听还是不愿听的学生，仅在课堂的出勤率、抬头率、点头率和参与

---

① 中共中央办公厅　国务院办公厅印发《关于深化新时代学校思想政治理论课改革创新的若干意见》［EB/OL］.新华网，2019-08-14.
② 艾四林.领航理想信念　落实立德树人［N］.中国纪检监察报，2019-05-16（6）.

率上有所差异,在教学实效上差别并不大。哪怕是最认真的学生,也简单地误以为所谓学习等于对照课本认真听讲加期末背书考试。就算是认真记了笔记,对具体知识的遗忘率依然很高,课后极少翻看笔记,且对整体内容的消化吸收不够系统和深入,期末考试也变成了背诵并简单复述课本知识。极少有学生愿意多花时间去读思政课上教师推荐的阅读材料,甚至期末复习时也不看课本,而是看别人整理或网上流传的备考要点。

须知,真正的"学习"并不是听讲和考试的简单相加。在高校思政课上,出现了学生不"学习"的问题,原因是在以自主学习、专业学习为主要特征的大学阶段,学生因对思政课存在误解或偏见而不那么重视,同时也部分教师并不重视学生在思政课方面的读书学习。对个别教师而言,问心无愧地做好教书育人工作是自己的本职,至于教学效果与学生收获如何,无暇顾及也无力提升。学生能否领会教学内容的逻辑、内容和深意,是学生自己要去操心的事,而且这件事自然由期末考试来做。

总之,师生各自狭隘地理解教书与读书,教师把教书育人的本职工作视作本分,把学生的第一任务即读书学习当成学生的私人事务,而学生把思政课的学习简化为上课听讲、期末背书考试,不把读书学习的第一任务贯彻于思政课,这就造成思政课知识性不高、学理性不强、说服力不够的困局。

因此,思政课的改革创新并不在于提高学生的出勤率、抬头率、点头率和参与率,而在于提升其动脑率。所谓动脑,不是动如何让教师以为我认真听的脑,也不是动如何对教材过目不忘而考高分的脑,而是让学生在大知识体系上动脑。具体来说,就是让学生切实贯彻读书学习的第一任务,不但要复习教材,还要阅读或了解其他文献,明白知识并非原以为的那般简单。鉴于学生在思政课方面不会主动利用文献,教师需要在教学中加以要求、督促和引导,逐渐培养学生在思政课课堂上利用文献的习惯和能力。

二、文献利用的核心目的:以协同配合实现教学相长、师生共进

在剖析当前高校思政课教与学中存在的问题后,笔者将文献利用看作实现师生回归教学的重要路径,通过对教与学的共同介质"书"来实现教学相长、师生共进。将文献利用引入高校思政课教学中,需要教师重构教学,对课堂进行创新性设计,改变教师的讲授内容和方式,更新教学内容,改变学生的学习过程,创新考核方式。为此,笔者进行了如下探索。

（一）以文献的专业性、学理性和多样性，配合教材的通俗性、政治性和价值性

教师所教与学生所读之"书"不应该仅仅局限于教科书。凡是从事思政课教学的教师应该都知道这是无可争辩的事实。在现代信息社会，高校学生的知识结构、学习和思维方式都呈现极大不同，任何课程的教与学并非一本教材就完全足够，"中国近现代史纲要"课尤其如此。相匹配的教材仅有一本，作为提纲挈领地概括核心要点的教材，它做到了全面、通俗、可靠，但也不可避免地暴露出单一、宏大而空泛的问题。思政课的改革创新要求教师做到"六要"，就必须多读文献，不断拓宽视野，抓住研究前沿，更新教学内容。要实现"八个统一"①，就需要在坚持教材的政治性、价值性等的基础上，用丰富的文献来增强课程的知识性、学理性。当面临教材单一而宏大的叙事难以说服学生时，专业化的学术文献恰能增加多样化的叙述，以深度知识来增加课程深度，促进学生深度学习。

（二）以教师对文献的广泛占有、多方甄别，辅助学生对文献的深度阅读和拓展思考

作为教学中的主导者教师和主体者学生，应该读哪类书、哪些书，要求和标准应该是不一样的。教师主导、设计并组织课堂，在如何以"教"来实现学生"学"的过程中发挥着重要作用，在一定程度上决定着学生学什么与怎么学。教师要全方位地把控学生的"学"，进一步要求教师要对自己所教内容、学生所学内容有全面的了解和掌握。② 因此，教师的文献利用重于广泛地占有丰富的文献，对传统典籍、马克思列宁主义经典著作、资料汇编、研究专著、学术论文等都有涉猎，真正搞透问题，建构起大知识体系，在授课时才能有内容、有底气。

教师的责任并不仅仅是"上好课"，还要给学生提供挑战高水准学习的机会。③ 学生有必要经历一个简单的文献利用过程，将读书学习提升为课堂听讲、阅读文献和拓展学习、综合考核的深度挑战。同时，教师在布置学生读什么书、

---

① 习近平主持召开学校思想政治理论课教师座谈会强调　用新时代中国特色社会主义思想铸魂育人　贯彻党的教育方针落实立德树人根本任务［N］．人民日报，2019-03-19（1）．

② 王策三．论教师的主导作用和学生的主体地位［J］．北京师范大学学报，1983（6）：70-76．

③ 佐藤学．学校的挑战：创建学习共同体［M］．钟启泉，译．上海：华东师范大学出版社，2010：1．

引导其如何读书、怎样读懂书、如何思考的过程中发挥着重要作用。笔者在"中国近现代史纲要"课教学中，要求学生以团队协作形式，主要对学术专著、个别传记和回忆录进行深度阅读。具体实践探索如下。

一是教师做好"把关人"，根据教材章节、主讲专题或教学板块的需求，严选与教学体系契合度较高的著作。根据学期周数安排教学内容，去除学期首尾各2周，在不同课堂的10~12周里，挑选与每周内容相契合的5本著作。根据课堂人数，要求学生组成20~24组团队，每组4~6人。每周安排2组，从5本著作中任选2本，负责该周的阅读、研讨、展示和交流。

二是课堂外，以线上线下的读书沙龙、教师辅导、交流讨论的形式展开对书籍的深度阅读。① 同时配以一些作业，如在通读的基础上，将中央财经大学马克思主义学院探索的问题链教学方法②应用到读书中，分工完成整本书在章节不同层级上的问题链作业，搞清楚整本书论述的核心问题是什么，每章又在讨论什么问题，是如何讨论的，避免读书变成泛泛而谈、囫囵吞枣。在细读的基础上，合作完成该书的思维导图，把握事件的来龙去脉和前因后果。在深度协作的基础上，个人独立完成自己的读书报告，呈现阅读过程中的笔记、体会、疑问和思考。

三是课堂上，以师生的深度配合展开学习。如针对洋务运动这一专题，教师用2节课时间，系统梳理洋务运动产生的内外背景、内容和意义、失败原因等。教师提供5本从传教士、中兴名臣、地方时局、现代中西学者等不同维度讨论洋务运动的书籍：丁韪良的《花甲忆记》、梁启超的《李鸿章传》、周锡瑞的《叶》、朱荫贵的《国家干预经济与中日近代化——轮船招商局与三菱·日本邮船会社的比较研究》、方德万的《潮来潮去海关与中国现代性的全球起源》。安排2组学生从中任挑2本，带着洋务运动如何开展以及为何失败的核心问题，完成课前阅读和相关作业，在半节课的时间里展示著作的核心内容和重点。随后，听众与其互动交流，教师点评并简单介绍学生未读的3本，剖析洋务运动失败的原因及其独特视角，以此来引起学生的兴趣和课后读书欲望。

教书育人和读书学习的共同介质是"书"，当把"书"理解为包含教科书在内的丰富文献后，师生才能全方位地理解历史原来如此及何以至此。通过对国内外专业著作的利用，可以以学生的深度"学"督促教师的深度"教"：选

---

① 李蕉. 高校思想政治理论课"课堂革命"与协作学习[J]. 思想教育研究，2019（2）：85.

② 冯秀军. 用"问题链"打造含金量高、获得感强的思政课[J]. 中国高等教育，2017（11）：22.

取文献和建构知识体系要具备广阔的知识视野、国际视野、历史视野，扎实修炼内功，深入而具体地进行纵横比较，把中国近现代探索过程中的一些道理讲清楚、讲明白，用真理的力量感召学生，以深厚的理论功底赢得学生。同时也可以以教师的深度"教"引导学生的深度"学"：当学生读完一本书，就某一历史事件有了全面而深刻的知识掌握，就会真正听懂教师在课堂上所讲的观点和逻辑，会使此种知识发生迁移，以同样或类似的历史思维来探究彼种事件，从而超越单纯感叹教师学识渊博的层面，发现读"书"也可以使自己丰富起来。相反，如果仅仅按照教材思考题的模式来解读洋务运动的历史作用、失败原因和历史教训，不仅没有在高中基础上实现循序渐进和螺旋上升，而且缺乏新意和理论深度。因此，文献利用并不是纸上谈兵，而是一条可以促进教与学的切实之路，不仅有利于教师的教学和发展，也有利于学生的学习和成长。

三、文献利用的根本宗旨：认识过去、理解当下、面向未来

思政课的内容是知识，而指向是价值、信仰。好的思想政治教育是培养学生掌握知识，确立价值和信仰，观照社会。秉持这一目的，今天要培养时代新人、社会主义建设者和接班人，使其具备改造社会、创造未来的责任和能力。改造社会须先认识社会。认识社会既是认识当下的社会，又需要了解决定当下的过去。每一个过去都是曾经的当下，决定了现时当下的状况，而现时的当下又会成为未来的过去，决定着未来的命运。创造未来须先知道今天从何而来，各种制度、文化和行为从何而来，探索朝未来方向发展的可能性，以期改善未来的制度、文化和行为等。因此，思政课是以已走之路推导未走之路，是一门"未来之学"，重在帮助我们认识过去、理解当下、面向未来。

（一）教师承担着讲清"未来之学"的重任，文献利用能帮助其全面、深入、及时地掌握知识资源，加大思政课思想性、理论性资源供给

对教师来说，讲清"未来之学"就是要通过文献利用切实增强自身的业务能力，稳扎稳打、洪厚功力。再以洋务运动为例，教材内容侧重于洋务运动的性质、失败原因与教训，呈现为结论性的观点。结论性的观点看似简单，但讲清讲透就很不容易，让学生真学真信的前提是自己真研真信。文献利用的目的就是要让教师在丰富的文献中掌握洋务运动的全部景观，包括历史原貌、研究状况甚至历史虚无主义的错误观点等；在广阔视野中全面掌握1861年后的政局变化、民间动乱和条约背景，清政府变革的痛点、内容及其重点，国家内外、上下与朝野方面的反应，取得成就、不足以及失败原因与教训；在历史思维中考量百年大变局里全面现代化的内涵，从而全面理解今日中国特色社会主义现

代化的伟大事业。文献利用是加大思政课思想性、理论性资源供给的有效途径，可以让教师依托资源丰富的"一片海"，在课堂外扎实地灌满"一桶水"，在课堂上有效地传递"一滴水"。

（二）学生担负着开辟"未来之路"的责任，文献利用能训练其扎实、科学而深度的阅读、思考、探索能力，培养高素质的时代新人

对学生来说，要认清世界百年未有之大变局以及党和国家事业发展全局，成为掌握"未来之学"、探索"未来之路"的时代新人，要借助文献利用实现知识增长、能力养成、价值塑造。

一是文献利用能促进深入的学习研究，掌握可信的史实，构建专业的知识体系。当前高校学生是网络"原住民"的一代，生活的世界基本被网络世界影响或占据，呈现出不够耐心和不能完整地阅读书籍、碎片化阅读、被网红文章侵扰的状况。以课程任务的形式要求学生以团队形式、有目的地读书，能使学生深入认识重大历史事件，在教材知识以外发现其他知识，形成大知识体系。让学生明白，课程的内容有理有据，课程的叙述科学专业。教师的讲授不是兴之所至，而是言之有据、听之可信；若自己要提出观点，也须言之有物、言之成理，经得起推敲和质疑。"中国近现代史纲要"课的学习并不是简单地掌握由年月日构成的时间线里中国发生了什么事情，更重要的是让学生深度体悟多维的国际时间轴里事情如何相互作用，发展过程为何如此复杂，影响为何如此深远。

二是文献利用促进深度的翻转协同，培养可靠新人，实现能力的全面提升。学生文献利用的过程包括阅读、概括、讨论、展示、答疑、总结六个环节，阅读文献不是终点，而是起点。在教师指导下，学生阅读书籍后要梳理书籍内容，了解核心观点，全面系统地掌握课程知识；也需要不同组员间展开充分的交流讨论，交换观点和看法；还需要团队结合该主题宣讲，在规定的时间里，合理设计展示内容与重点，并回答听众的疑问和困惑；更需要厘清作者叙述的逻辑，发现其高明之处与不足。文献利用涉及每个学生的阅读、表达、思考能力，不仅考查单兵作战能力，也考查团队分工协作能力，还考查与教师的协同配合能力。

三是文献利用促进深刻的思考辨别，坚定可敬的价值，塑造科学的价值认同。文献利用是在具有广度的知识世界中，让学生阅读专业书籍，在学术思维、科学论证的浸染中养成批判性思维能力，甄别可信的史实，认识真实的历史。真实的历史是有温度的，自然会触发学生的原始情感。一部近代史就是中华儿女砥砺奋进、不懈探索的历史，就是中华民族实现伟大复兴的历史。历史教育

就是最好的政治教育。深度的历史学习会让学生从 100 多年来中华民族艰难历程中凝聚敬畏之感，从民族英雄艰苦奋斗中产生敬佩之情，从中国共产党艰辛探索中迸发敬仰之意，自觉投身于未来的社会主义建设事业。

（本文原载于《思想教育研究》2020 年第 1 期）

如何让思想政治理论课有广度:"课堂革命"与视角转换

夏 清

清华大学高校德育研究中心

摘要:在"课堂革命"口号倡导下,如何落实课堂"内容为王"成为讨论的一大焦点。为消除学生的知识疲惫感,打通课堂既有结论与知识探索历程之间的壁垒,实现思想政治理论课与学生个体间的融通,"视角转换"可以成为其重要途径之一。"视角转换"是在保证既定问题与既有关怀不变的情况下,通过拓展空间、切换主体,重点是使抵达结论的过程复杂化、"陌生化"。课程通过"视角转换",力图填补并压实原有教学内容中的缝隙与空虚,意在引导学生用马克思主义的方法来思考与分析问题,培养社会主义建设者和接班人。

自 2017 年教育部部长陈宝生提出"课堂革命"以来,如何实现高等教育内涵式发展,使学生主动地"坐到前排来、把头抬起来、提出问题来"等议题受到普遍关注。[①] 其中,如何"消灭水课、打造金课",真正落实课堂"内容为王"则成为讨论的一大焦点。本文拟从"视角转换"这一维度来探讨高校思想政治理论课(以下简称"思政课")课堂讲授的改革与创新,通过深化课堂内容与拓展课程广度,以期为当下开展的这场"课堂革命"提供参考。

一、思政课为何需要"视角转换":让课堂"有温度、有触感、有质量"

无论意识到与否,人们对外界的认识总是受视野所限。人的眼界和视角如同一盏探照灯,投射之处才见光明。被照亮的地方才有可能被纳入思考。可以说,视角几乎决定了我们能够看到什么。视角不同,看到的场景、关注的问题、展开的分析、主导的方法都不一样。视角如此重要,高校思政课进行"视角转

---

① 陈宝生. 努力办好人民满意的教育 [N]. 人民日报,2017-09-08 (7).

换"就极有必要。陈宝生部长在谈及思政课的软肋时曾总结:"学生在听'死理论'时,没有温度、没有触感、没有质量,这样的课学生不愿意听。"① 究其原因,主要有以下两方面。

一是在经历小学、初中、高中的学习后,学生容易对大学思政课所讲授的内容产生知识疲惫感。以"中国近现代史纲要"课为例,该课程主要讲述1840年以来中国的历史。具体论述上,一般包括鸦片战争、太平天国、戊戌变法、辛亥革命、中国共产党成立、大革命、长征、抗日战争、解放战争与中华人民共和国成立等重大事件。虽然不同阶段的课堂对中国近现代历史的讲授粗细不同、深浅不一,但无论是粗笔勾勒还是工笔细描,都离不开由这些重大事件构成的基本框架。学生面对同一框架下的主体内容难以产生好奇,自然"不愿听"。

二是知识产生方式与学生的认知习惯存在差异,而这一差异体现在思政课课堂上尤为明显。知识来源于真实生活。人类探索新知的历程,充斥着丰满立体的个人及其活泼的经历。过去的人们被问题困扰,由好奇驱使,开展一代代人的追问、摸索与试错。这些生动的历程,往往极具吸引力。但是,后人继承前辈们的经验成果自然不会照原路重走一遍,而是集中于"学校"这一场所在较短的时间内直接获取既定的答案。一方面,如此高密度地吸收前人留下的文化遗产,是对已有成果最高效的获取方式;另一方面,这种方式又存在内在的弊病。事实上,所有的知识都源自前人对他们当下的提问与回答,后人在短时间内直接接收答案,极大可能略去了前人提问的具体场景、求索过程的艰难及此后多代人不断修正的历程。这些被略去的背景和过程,往往都是后人理解这些问题"为何重要"、结论"何以如此"的重要凭借。再加上长期以来学校检验学习效果多考查学生对结论的掌握,所谓的学习能力略等于记忆能力;对某一问题的理解与认同,便化约为对某一正当表述是否熟稔。原本源自生活、与个体相关的活脱脱的知识便呈现为结构严整、文字流畅同时却也枯燥的结论。前人张着嘴的好奇、抬着头的求知成了今人的埋头死记。

在现代教育下,这些问题或许不可避免;而在高校思政课课堂上,课程内容与个体生活间的距离使得这一问题尤为明显。今天的学生多是互联网"原住民"。他们几乎无日不网,无处不网,有问题就百度,大多已经习惯了每天扑面而来的讯息和碎片化的阅读。因为兴趣的多元,他们大多也有自己的群落。而

---

① 焦以璇. 思政课堂点亮青年信仰:高校思政课教学质量年专项工作述评 [N]. 中国教育报,2018-02-27 (1).

在这样的环境中成长起来的学生,可能对如民族、国家层面的宏大叙事并不关注。这样的课堂或许不能自然而然地打动学生。由于学生的日常生活缺少对那些产生课堂结论的"前知识"的认知,一些如"革命""主义""阶级"等词,在脱离了它原初语境之后,对学生而言,或已成为一个个抽象的符号。对于课堂讲授的一些重大的理论问题,学生也时常处于一种"差不多明白教师在说什么,却又经不起二次细问"的状态。这样"没有温度、没有触感、没有质量"的课堂,自然难以做到内容的入脑入心。

基于此,"课堂革命"通过"视角转换",一方面,力图焕新旧有知识体系,消除学生的知识疲惫感;另一方面,打通既有结论与探索历程之间的壁垒,实现思政课宏大叙事与学生个体间的融通。

二、思政课如何实现"视角转换":拓展空间、切换主体,深入理解历史大势

"视角转换"是在保证既定问题与既有关怀不变的情况下,通过拓展空间、切换主体,重点是使抵达结论的过程复杂化、"陌生化"。这里借用文学批评理论中"陌生化"这一概念。该概念由俄国文艺理论家什克洛夫斯基提出。他强调艺术通过破坏那些支配人们日常生活的习惯化过程,从而把司空见惯的事物变得陌生、新鲜,进而使人对其产生兴趣。这种方式通过切换视角,展示那些我们误以为已经了解而实际上仍旧陌生的层面,进而获得对世界或人生的新认识。① 本文以"中国近现代史纲要"课为例,从国家、政党与个人三个层面,探讨该课程所进行的"视角转换"。

(一)全球视野解读中国,从中国与他国的互动与博弈中展开近现代历史

习近平总书记在学校思想政治理论课教师座谈会上谈到"六要",其中"视野要广",是强调扩展"知识视野、国际视野、历史视野","通过生动、深入、具体的纵横比较,把一些道理讲明白、讲清楚"②。的确,近代以来中国问题的产生发展往往涉及面广,停留于就中国而论中国,不免有就事论事之感。"视野转换"尝试在全球这一尺度来洞察中国近现代史。中国近现代史的主题与任务是在西方入侵之下,实现半殖民地半封建社会的民族独立与富强。正是这样的主题决定了该课程的讲授不能脱离世界来理解中国。

---

① 李根.史料考证·心智考察·情境表现:卡罗·金兹堡的历史修辞问题辩说[M]//陈恒,王刘纯.新史学:第18辑.郑州:大象出版社,2017:303.
② 习近平主持召开学校思想政治理论课教师座谈会强调 用新时代中国特色社会主义思想铸魂育人 贯彻党的教育方针落实立德树人根本任务[N].人民日报,2019-03-19(1).

一是在全球视野下解读中国,深化理解"中国近现代史纲要"课的起点之一——"殖民"。殖民侵略本身是一项全球行动。在以往的讲述中,鸦片战争仅被认作"落后闭关的传统中国"与"先进的现代化的英国"之间的战争。当我们把观察的视角转向英国,便会产生这样的疑问:英国何以能够驱船跨越大半个地球来到中国,从何处获取支撑它开展这场战争的补给,又如何支撑战争结束之后漫长的谈判?如果将对中英两国交战的分析,简单归咎于"落后"与"先进"之间的差距,无形中便将复杂的历史进程简单化。既不生动,也难以解释以上问题,更无法呈现中国近现代史展开的一个重要基石——"殖民"。我们可以将中英两国的争端,扩展理解为两个体系间的碰撞,了解到英帝国主导的全球殖民体系如何将其他国家卷入其中,具体而言,如何通过推广鸦片、棉花的种植使印度深深嵌入英国的贸易体系之中,继而使其在中英冲突中提供物资支持、兵源供给甚至鼓动英国议会通过"对华战争议案"。这样在对中国问题的世界性把握中,深入理解"殖民"。

二是在全球视野下,进一步细化对他者的观察,呈现殖民者之间的矛盾与争斗,凸显近代中国"半殖民地"的特性。在一般讲授中,甲午海战后,俄国主导的联合德国、法国"三国还辽"一事时常被忽略或者作为边缘事件一语带过。而当我们从全球视野来审视其对中国的意义时,便可以得出更深的认识。如果清楚长久以来俄国、英国在亚欧大陆西部的争夺,了解到英国希望借力日本抑制俄国在亚欧大陆西岸的扩张,用以维护其在东亚的势力范围,那么,"三国还辽"自然不会归功于李鸿章等人的外交胜利,相反,会在一个更广阔的视野下呈现其本质。中国近现代史的"世界"充满了列强间的交换、争斗与博弈,清政府鱼肉刀俎的处境得以呈现。在这一基础上,"半殖民地"这一抽象描述得以具体化、生动化,因此也更有温度和触感。

三是在全球视野下,凸显在马克思主义指导下中国道路的穿透力与科学性。一定的世界形势总会生产与之相匹配的理论。马克思主义正是在对当时资本全球扩张的深刻批判中发展而来。马克思主义对问题的分析从来不停留于现象,而是深入其本质;从来不停留于一时一地,而是在世界视野下思考问题。马克思主义对半殖民地中国问题的分析及其给出的解决方案,自然也是建立在如此广度之上。

中国近现代史的特征、主题及其任务决定了中国近代革命道路的选择。中国的问题既然是世界的问题,那么对中国问题的思考也不应该局限于一时一地。马克思主义指导下的中国共产党,从成立伊始,便具备较大的理论格局。一面深切关注中国人民与中华民族的命运,一面又着眼世界,从无产阶级发展的世界潮流入手解决问题。在这样的理论特性下，无论是在大革命中反对帝国主义，还是对军阀性质的批判，无论是对农村包围城市革命方式的选择，还是对日本侵略者性质的判断，中国共产党从来都秉持这一特性。

"转换视角"既是在深层次上洞察中国近现代历史主题，又是对中国近现代历史任务及革命方式的深入把握。除此之外，在新时代这一特定历史方位上，思政课应该有更高的站位，从而实现"课程与时代的共进"①。新时代的思政课不仅要求学生理解过去的中国，还要把握与中国密切互动的世界。基于此，突破拘泥于中国这单一视角，将视角拓宽至在人类命运共同体的意识下开展思政课，应当成为"课堂革命"的题中之义。

（二）观照对手方，多方对比凸显中国共产党的道路优势

"中国近现代史纲要"课重点讲述中国人民为救亡图存、为实现中华民族伟大复兴而英勇奋斗、艰苦探索的历史，着重强调在中国共产党的领导下，通过新民主主义革命和社会主义的革命、建设、改革，把旧中国变成一个走向繁荣富强、充满生机与活力的社会主义新中国的历史。②但是，烘托主题、把握主流，并不意味着只讲中国共产党。"视角转换"强调观照对手方，通过多方对比凸显中国共产党的道路优势，在比较分析中坚定"四个自信"。

一是观照对手方所展开的探索，更能凸显中国共产党面对问题之复杂与解决之艰难。历史舞台上同时存在多个主体，在历史的同一时间轴上也不止一个角色。任何一个主体都生长在活的网络之中，其活动的成与败都在对照中得以判定。值得注意的是，对手方不等于对手。轻视或者矮化中国共产党的对手方，实际也是将中国共产党所面对的现实困难简单化。同一个时代的各个主体大多面对同样的难题。这些难题从来不是那些"一抓就灵""一蹴而就"的简单问题，而是那些极端复杂以至于所涉及的每一方都是利益相关方，触动其中一个点便会带来整个网络中各点的变动与震荡等复杂问题。真正将其他主体纳入课堂的讲授，有助于回到中国共产党开展革命、领导建设的历史场景。正是在如此现实面前，中国共产党筚路蓝缕，砥砺前行。

二是道路只有通过比较才能赢得人心；重视其他主体的探索历程，才能发掘现实难题的痛点与其他选项的软肋。一个政党之所以赢得民心，并不体现在

---

① 李蕉. 高校思想政治理论课"课堂革命"与协作学习[J]. 思想教育研究，2019（2）：86.

② 《中国近现代史纲要》编写组. 中国近现代史纲要[M]. 北京：高等教育出版社，2018：1.

其每次都能作出正确的决定。一个政党的伟大或许更体现于，在面对异常艰难的棘手问题时，当其他主体对难题的痛点选择漠视或者避重就轻，或者无力解决选择放弃时，它还能迎难而上、向自己开刀，坚持探索，走出自己的道路。例如，讲中国共产党领导的抗战，如果只谈中国共产党的"持久战"，便难以理解"持久"这一因为敌我力量悬殊而被迫作出的选择为何如此重要，又凭何得以坚持，"持久"又如何能取胜这些问题。实际上，同一时期，国民党、各民主党派、美国、苏联等都就对抗强敌这一难题给出了他们的方案。问题的关键在于，不论是蒋介石口中的"持久作战"，还是日本战略布局中通过总体动员对中国持久作战，只有中国共产党真正能够落实——通过发动民众、动员民众真正达成"军民一体"，最终实现持久抗战的胜利。

真正正视对手方的作为，更能推进我们进一步思考与讲述中国共产党领导中国革命道路的缘由及其意义，凸显中国人民作出四个选择是在所有道路探索过后的历史必然。

（三）理解个体，更要跳出个人，深入把握中国近现代史的大势

一方面，仅仅侧重于国家与政党这两个层面的讲授，可能难以避免"宏大叙事"。这自然不是说宏大叙事价值不大，而在于宏大叙事难以与学生个体形成直接的连接。没有共鸣，便少了兴趣。另一方面，部分网络媒介善于利用个体经验性材料来推翻主流历史结论。部分网络文章以"重写××""××的另一面"类似题目博人眼球，抹黑或洗白某些历史人物，可能会冲刷学生以往对历史的认知。一旦浸染此种历史虚无主义，学生可能对课堂的历史教育产生不信任感。实际上，在历史舞台上最生动的是人。"视角转换"主张思政课教学中既要有"上层"，也要有"下层"，既要有关注国家与民族的"宏大叙事"，也应该有个体的"微观见著"，从而实现课程内容主体的立体化与多层面。"视角转换"强调课堂应该培养学生深入理解他人，同时也要正确引导学生跳出个体，把握中国近现代史的大势。

一是课程应当关照个体，避免简单审判。过往的部分讲授中，历史中的人往往忠奸善恶、黑白分隔。这样脸谱化的人物形象，将历史中的人变得不可理喻，以致学生产生过于简单的结论。但是，扪心自问，过去的人就愚昧、道德低下？显然，事情并不如此简单。这样讲授的历史也禁不住进一步推敲。相反，思政课应该提醒学生不能轻易漠视、随意品评、粗暴审判"历史中的人"，应当培养学生对过往保留一份尊重。这样的尊重当然不是给过往的历史翻案，而是通过推动学生对过去开展更深入的思考。毕竟，当我们越是简单地给历史中的

人物贴上标签，给自己余下的思考空间便越小。如此，历史也难以再给今天的我们以更多滋养。

二是课程也应当引导学生跳出个体，正确把握历史大势。陷入个体，停留于个人的视角是不可取的。对过往的讲述不能仅仅停留在对个人命运的唏嘘与慨叹上。依据个人经历得出的认知，往往是片面的，历史认知如果如浮萍将找不到根基，是非常危险的。观照个体，并不是指对几个典型个案或以举例的方式，或作为论据浅显提及，而应当围绕个案，在辩证唯物主义与历史唯物主义的指导下，展开深度剖析。"视角转换"要求学生既能深入理解个体，又要超出个人，对过去进行反思。思政课正应该提供这样反思的根基。以李鸿章为例，近现代历史对这一人物的描绘有多个面向，一面为腐朽落后愚昧的晚清官员，另一面是主张变革、出访各国且极有魄力的中兴名臣。当对晚清70年的历史作一个结构化的分析，把林则徐、奕䜣、慈禧、奕譞、翁同龢、张之洞、左宗棠、徐桐等人放入历史的情境中，在一张处处充满张力的网络之中，这些人之间的南北派系纷争、帝后矛盾、满汉之争都得以显现。无论能力大小，个体的有限性决定了李鸿章无法摆脱晚清官僚体系内部的权力争斗，难逃其作为一名"糊裱匠"的哀叹。如此，通过深入个体，同时又跳出个人，将其放置在社会网络之下，便能更好地透析晚清70年各式变革无法振兴的原因，进而证明"告别革命说"只能是一种幻想。总之，"中国近现代史纲要"课如果能将整体结构与个体经验辩证地看待，对二者同时展开反思，对学生的教育意义或将更为显著。

三、"视角转换"带动视野扩展、价值传递，推进"课堂革命"

"课堂革命"不仅仅是对当前课程内容所作的调整，还是响应新时代思政课发展理应作出的主动探索。

"视角转换"下的课堂，通过获得一个非固定性的叙述视角，为解释原有的问题提供新的内容，以此促使学生就以往听过、学过、考过、以为已经熟悉的内容提问，通过反问—思考—解答的形式，压实原有教学中的空隙，帮助实现思政课价值观入脑入心。"视角转换"下的课堂不是停留于对旧有知识的重复，而是在一个新的高度上推动学生思维的深化。习近平总书记曾提出："思维要新，学会辩证唯物主义和历史唯物主义，创新课堂教学，给学生深刻的学习体验，引导学生树立正确的理想信念、学会正确的思维方法。"① 从中国到世界，从个体到整体，从现在到未来，其背后是思维方法的转变。通过课程的"视角转换"，学生得以从具体历史场景中深入理解辩证唯物主义的矛盾、联系等方法，掌握用马克思主义的方法论来思考分析问题。

高校思政课进行"视角转换"，最终是为了解决好在新时代"培养什么人、怎样培养人和为谁培养人"这一根本问题。新时代高校思政课要实现改革创新，发挥立德树人的主渠道作用，便是要为国家培养社会主义的建设者与接班人。那么，哪些能力是作为建设者与接班人所不可或缺的，同时又是应当在大学校园里培养起来的？这一问题值得认真思考。

思政课的教育要培养学生成为"建设者"，除了要求学生具备一定的专业技能外，还需要帮助学生培养透析复杂现实的能力、把握问题实质的能力、养成科学的思维习惯等。当然，这些能力的培养或许不可能在课堂内甚至校园内完成，但教学应该为此埋下种子。思政课还要培养"接班人"，使学生树立正确的价值观和坚定的信仰。这样的价值信仰不能仅仅停留于认同结果或认同教材结论，还应该深入价值层面，观照未来。如果高校课堂停留于讲授已有的结论，即使获得了学生的认同，这样的认同也不一定能惠及未来。在课堂中，如果一味地讲授结果"如何好"，而不揭示过去探索的艰辛与挫折、抉择的艰难；那么，过去所经历的波折的意义及其对当下的启发也得不到彰显。认同结果，往往还是指向现在；而我们的培养目标是让学生认同价值以及这种价值背后所蕴含的分析问题的立场与方法。

总之，"视角转换"通过对已有的课程内容作"陌生化"处理，压实原有教学中的空隙，其深意在培养学生掌握用马克思主义的方法论来思考分析问题，最终为国家培养社会主义的建设者与接班人助力。

（本文原载于《思想教育研究》2020年第1期）

---

① 习近平主持召开学校思想政治理论课教师座谈会强调 用新时代中国特色社会主义思想铸魂育人 贯彻党的教育方针落实立德树人根本任务［N］. 人民日报，2019-03-19（1）.

如何让思想政治理论课有温度:"课堂革命"与共情意识

赵紫玉

北京理工大学马克思主义学院

摘要:高校思想政治理论课要想实现"课堂革命",需要全方位升级,其中提升共情意识以增强课堂温度就是一个重要维度。"共情"本来是一个心理学概念,意指从情绪和认知上理解他人。当前思想政治理论课教学中存在的种种问题均与共情意识的缺失有关。具体而言,思想政治理论课课堂中的共情体现在两个层面:一个层面是教师对学生的共情,另一个层面是学生对教学内容中的历史人物的共情,简称历史共情。剖析共情理论的基本原理及其在思想政治理论课课堂中的具体应用可以看到,通过教师的关怀引导、学生的主动参与以及教学境界的多层次革新,以共情促共鸣,是实现思想政治理论课"课堂革命"的必由之路。

随着实现高校思想政治理论课(以下简称"思政课")"课堂革命"的呼声越来越高,学界从理论和实践双重层面对如何提升思政课教学实效进行了深入探索,力图全方位升级思政课课堂。其中,习近平总书记在学校思想政治理论课教师座谈会上提到要提升课堂的"亲和力",意在强调要将思政课打造为有温度的课堂。那么,如何让思政课有温度?本文拟借鉴共情理论就这一问题进行尝试性探索。

一、增强共情意识是思政课"课堂革命"的内在要求

推动思政课"课堂革命"有多个切入点,跨学科就是其中一个重要的突破口。思想政治教育学科是一个综合学科,除了以马克思主义理论为基本立场和主要内容外,还涉及与教育学、伦理学、经济学、政治学、历史学乃至心理学等多种学科的交叉融合。其中,心理学的相关理论和方法已经被许多研究者纳

入研究视野。"从某种意义上讲，人的思想品德的形成和发展，也是一种心理活动过程。只有掌握了心理学的有关理论和方法，才能更好地去揭示人的思想品德形成和发展的规律，从而更有针对性地开展思想政治教育。"①

心理学是一门内容极广、流派众多的学科，本文选取了人本主义心理学中的共情理论为切入点。"共情"（Empathy）又称"同理心""同感""移情"等，《牛津心理学辞典》将之定义为"理解并进入另一个人的感觉和情绪的能力"②，即我们通常所说的"换位思考"。从成分上看，共情不仅包括情感上的共享，还包括认知上对他人的理解（注：关于"共情"的成分与内容，学界主要有三种观点。第一种认为共情仅仅是一种情绪上的、非认知层面的共享体验；第二种认为共情的重点在于理解别人的情感，而不仅仅是与他人共享情绪情感；第三种则认为共情既包含情绪情感，也包括认知。本文主要采用第三种观点，认为"共情"至少包括情绪和认知两个层面上的共享与理解)，并以促成行动上的改变为最终目标。在现实应用中，共情理论已被运用于医学、教育学等多个领域。以共情理论为思政课的革新寻找学理依据，既有必要，也有可能。

（一）当前思政课教学存在的种种问题大多与共情意识的缺失有关，这使得在高校思政课的"课堂革命"中增强共情意识成为必要

从情感层面看，当下部分学生对思政课抱有抵触和怀疑情绪，不仅部分教师教学热情不高，而且即便教师讲得很投入，台下也总有部分学生不爱听，课堂抬头率低。因此，直面学生乃至教师的情绪，了解其负面情绪的来源，解决部分师生对思政课的抵触心态，是我们实现"课堂革命"所面对的第一个关卡。

从认知层面看，思政课还存在一些问题，比如，个别教师把学生当作没有感情和个性的灌输对象，教学内容教条化、僵硬化，以及部分学生的认知水平和所学内容存在脱节，对思政课的教学目标和教学内容不甚认同，等等。这些问题本质上是教师和学生之间、师生和教学内容之间的认知隔阂，是推动高校思政课"课堂革命"的第二个重大障碍。

正是这种情绪和认知上的双重隔阂，使得部分思政课课堂氛围死气沉沉，教师单向输出，许多学生上课去了不听、听了不学、学了不做。这种严峻形势使得思政课"教学革命"中增强共情意识成为必然，抓住学生的"痛点"和兴趣点，让思政课不再是枯燥的、抽象的、生硬的、符号化的课程，真正使之入

---

① 张耀灿，陈万柏. 思想政治教育学原理［M］. 武汉：华中师范大学出版社，2012：39.
② COLMAN A M. A Dictionary of Psychology［M］. Oxford：Oxford University Press，2001：241.

脑入心。

（二）共情理论与思政课教学具有多层面的相通性，这使得在高校思政课的"课堂革命"中增强共情意识成为可能

一是共情的基本成分与思政课的教学内容相似相通。正如上文所说，共情至少包括情感和认知两个层面。而这恰好与思政课的教学内容存在相似之处。思政课本身属于人文社科类课程，除了像数理学科等注重严密的逻辑演绎和扎实的理论知识（"认知"）之外，还要有温度、有情怀（"情感"），习近平总书记提出的要提升思政课的"亲和力"，坚持"价值性和知识性相统一"[①]，表明思政课要实现情感和认知上的双重认同。因此，二者在内容和成分上的相通性决定了思政课可以借鉴共情的相关理论和方法。

二是共情的作用层次与思政课的教学目标不谋而合。共情发生作用呈现出层层递进的特点，有学者提出的"俄罗斯套娃"模型就对此作了生动的阐释，即共情最基本的功能在于理解他人的情绪和状态，并在此基础上实现关心他人和换位思考，以期最终提供有目标的帮助。[②] 可见，共情的过程是包含知、情、意、行各个层面的统一体。而这与思政课的教学目标恰好一致。思政课本质上是做人的思想工作和心理工作，是一个沟通过程，目的正是促进学生与教师及教学内容之间在认知和情感上达成共识，并最终促使学生在实践行为上的变动，即思政课的教学目的在于"全面提升学生思想政治理论素养，实现知、情、意、行的统一"[③]。因此，了解共情的作用过程并将之引入思政课教学，能够对提升教学效果起到较大作用。

三是共情的发生机制与思政课的教学实际相辅相成。关于共情的发生机制，有人认为，共情是一种天性，即"恻隐之心，人皆有之"（《孟子·告子章句上》）；也有人认为，共情是一种后天培养的能力。神经学家和心理学家从其各自领域对这一问题进行了剖析。神经学家利用功能性磁共振成像技术（fMRI）发现，共情的发生以一定的大脑机制为基础，至少有10个相互关联的脑区参与了共情，但面对相同的情境时，不同人的大脑可能呈现出不同的脑活动特征，

---

① 习近平主持召开学校思想政治理论课教师座谈会强调　用新时代中国特色社会主义思想铸魂育人　贯彻党的教育方针落实立德树人根本任务［N］.人民日报，2019-03-19（1）.
② 德瓦尔.共情时代：一种机制让"我"成为"我们"［M］.刘旸，译.长沙：湖南科学技术出版社，2014：233.
③ 中办国办印发《意见》　深化新时代学校思想政治理论课改革创新［N］.人民日报，2019-08-15（1）.

表明共情的发生是因人而异的。从发展心理学的角度看,共情的发生受到社会因素的深刻影响,包括情绪刺激、情景语境、共情者的性格特征及其与共情对象的亲疏关系等①,并且人们的共情能力有高有低,大致上呈现正态分布②。尤其值得注意的是,研究者在利用共情量表测试人们的共情能力时发现,主修人文学科的师生比主修自然科学的师生得分略高。③ 这些研究结果表明:一方面,共情能力是可以通过有意识地培养和创设条件来增强的,思政课教师和学生可以而且应该有意识地增强共情能力;另一方面,不同行业的人所具备和需要的共情能力有所不同,思政课的人文社科类课程属性更利于共情意识的培养和运用,为我们提升课堂上的共情意识提供了更加有利的条件。

综上可知,增强共情意识是实现思政课"课堂革命"的题中之义,具备理论上的合理性与实践上的可行性。

二、特殊的"双重共情":共情意识在思政课"课堂革命"中的具体应用

明确了增强共情意识在思政课"课堂革命"的必要性与可能性之后,仍需进一步厘清的问题是在思政课课堂这一特殊场域中,共情者(共情的主体)和被共情者(共情的客体)分别是谁。思政课作为一个完整的教学实践过程主要包含教师、学生和教学内容三大基本要素。提到共情,人们首先会将其置于人际交往的场景之中,在思政课的课堂上,这种人际交流主要体现在教师和学生之间,教师作为课堂主导者是共情者,学生作为教学对象则是被共情者。除了这一对显而易见的共情关系外,还应注意的是,在思政课教学的内容中也常出现具体的人物与事件,尽管他们与教师和学生分别处于不同的时空维度,但如若教师和学生,特别是学生,能够尝试设身处地地理解书中人物的心境,将有助于他们更准确、更深入地把握教学内容,进而提升教学效果。因此,思政课增强共情意识,"把沉默单向的课堂变成碰撞思想、启迪智慧的互动场所"④,以实现真正的"课堂革命",至少涉及双重共情:一是教师与学生之间,其中主要是教师对学生的共情;二是学生对教学内容中人物的共情。

---

① DE VIGNEMONT F, SINGER T. The Empathic Brain: How, When and Why? [J]. Trends in Cognitive Science, 2006, 10 (10): 435-441.
② 巴伦-科恩. 恶的科学:论共情与残酷行为的起源 [M]. 高天羽, 译. 桂林:广西师范大学出版社, 2018: 24-25.
③ 巴伦-科恩. 恶的科学:论共情与残酷行为的起源 [M]. 高天羽, 译. 桂林:广西师范大学出版社, 2018: 27.
④ 陈宝生. 在新时代全国高等学校本科教育工作会议上的讲话 [J]. 中国高等教育, 2018 (Z3): 8.

(一) 作为人际交往技能的共情：师生共情

将共情作为一种人际交往技能应用于师生之间的交流，将有助于教学活动的开展，具有宝贵的价值。一方面，从认识论的角度看，共情可以使教师更好地理解学生的情绪，进而更有效地把握其认知、预测其行为，从而降低交流成本，便于教师传递观念、增强共识；另一方面，从社会交往的角度看，教师主动与学生共情，会使得学生觉得自己被倾听、被理解、被尊重，从而增强对教师的信任，也就更容易接受教师的观点。有研究表明，因共情而产生亲社会行为的可能性要大于因认知观点采择而产生亲社会行为的可能性。[①] 也就是说，除了要坚持用理论的"真理性"打动学生，教师还应尝试着了解并进入学生的精神世界，用共情来发现问题。例如，为什么有学生对思政课抱有抵触情绪，学生对思政课的既有认识、期待和困惑是什么，学生的知识背景如何，又会如何影响他们对思政课的认识，如何与学生展开对话并取得他们的信任，等等。思政课教师只有敏锐地察觉到这些问题，才能"对症下药"，从"感知"到"感化"，最大限度地降低沟通成本、提升教学效果。

(二) 作为教学方法和理念的共情：历史共情

在思政课这个具体的场景中，共情还体现在学生对教学内容的理解和认知上。在这一层面，"共情"不再是人与人之间的交往技能，至少不是以处在同一时空内的、身边的具体的人为共情对象，而是对另一时空维度的人物产生共情。这种情形可统称为"历史共情"。"历史共情"（Historical Empathy）在欧美学界是一个特定的教学理念和教学方法，是指学生对历史人物进行认知和情感上的接触，以更好地情境化和理解他们的生活经历、决定或行为的过程。[②] 从广义上说，几乎每一门思政课都涉及对历史人物的思想、经历和理论的剖析，但最典型的运用无疑是在"中国近现代史纲要"课的课堂上，因此下文也将主要以该课程为分析对象。

学生对历史人物产生共情需要依靠一定的条件，主要包括以下三方面。一是充足的史料。历史上遗留下的种种史料是后人了解当时情形的最直接、最可靠的证据和抓手，一切讨论和结论都必须基于真实而准确的史料。二是合理的想象。随着时间、空间和场景的转换，仅仅依靠罗列史料很难准确把握历史的

---

① 刘聪慧，王永梅，俞国良，等. 共情的相关理论评述及动态模型探新 [J]. 心理科学进展，2009，17 (5): 968.
② ENDACOTT J L, STURTZ J. Historical Empathy and Pedagogical Reasoning [J]. The Journal of Social Studies Reaserch, 2015, 39 (1): 1-16.

真实情况,了解历史人物的内心。因此,人们需要在把握史料的基础上发挥一定的想象力,对历史进行重构。在重构的过程中,学生需要从历史当事人的角度,而不是以自己或当代人的价值标准来理解和评价历史事件,要防止简单地代入。三是严密的推理。在史料和想象的基础上,学生对历史人物的共情还需要经受得住严密的逻辑推理,否则只能是学生自己"一厢情愿"的片面解读。研究结果显示,掌握更全面的史料(包括一手史料和二手史料)、经过多方讨论的学生通常更能够创建自己的观点,而非照搬作者的看法。因此,欧美许多教师将辩论作为推进历史共情的重要手段。通过历史共情,学生在学习时不再是简单而机械地背诵历史知识,而是能够深入历史内部,通过自己的分析、理解和判断,从而对历史有更深刻的认识。

具体到"中国近现代史纲要"课而言,我们还需要结合课程的特殊性对推进历史共情作进一步分析。一方面,历史共情理论作为适用于历史教学的普遍方法论,可以为课程教学的开展提供重要借鉴。学生通过对历史人物产生共情,能够更生动、更深入、更立体地理解历史,而不是生硬地背诵知识点;另一方面,作为一门思政课,"中国近现代史纲要"课具有鲜明而坚定的价值导向和政治立场,其教学目标十分明确,就是帮助学生理解并掌握"历史和人民是怎样选择了马克思主义,选择了中国共产党,选择了社会主义道路,选择了改革开放"。也就是说,尽管通常意义上"共情"不完全等于"认同",但是在"中国近现代史纲要"课的课堂上,除了引导学生充分理解各派历史人物的思想与心理外,教师还要注意有针对性地引导学生,使学生对历史人物的共情既全面,又有侧重点,在大方向上符合"四个选择",避免引发价值观混乱。

三、以共情促共鸣:增强思政课课堂共情意识的具体路径

提升思政课课堂中的共情意识是一个全方位的立体工程,需要教师、学生以及各种教学资源的共同配合与努力。

(一) 从教师的角度出发

习近平总书记强调:"办好思想政治理论课关键在教师,关键在发挥教师的积极性、主动性、创造性。"[①] 教师要发挥主观能动性,主动与学生共情。

一是要"贴近"。教师要足够了解和尊重学生,把学生当作具体的、生动的

---

① 习近平主持召开学校思想政治理论课教师座谈会强调 用新时代中国特色社会主义思想铸魂育人 贯彻党的教育方针落实立德树人根本任务 [N]. 人民日报,2019-03-19 (1).

人,"加大对学生的认知规律和接受特点的研究"①。要通过真诚的对话了解学生,依照学生的特点制订教学计划,用学生听得懂、喜欢听的语言授课,及时跟进学生的学习进度,了解他们在学习过程中的需求和困惑,并及时提供帮助,做一个受学生欢迎和信任的教师。

二是要"引导"。教师要给自己和学生有一个准确的定位,共情虽然是一种换位思考,但并不是说教师要简单地做一个"知心大姐/大哥",而是要在拉近与学生的距离、获得学生信任的基础上,做好课堂的引导者和调控者,以教学育人为目标,树立坚实的知识权威和人格权威,掌控课堂流程。

三是要"拔高"。教师要提升共情的档次,不光要在情感上贴近学生,更要从认知上启发学生。教学内容既要足够贴近学生、贴近现实,还要有一定的高度,带动学生一起思考。同时,要参与到学生对教学内容的共情过程中,通过提供充分的史料、引导学生思考,设置必要的讨论、展示等教学环节帮助学生更好地理解教学内容。

(二)从学生的角度切入

学生是课堂的主体,只有让学生自己动起来,让他们积极参与到学习的过程中,与所学内容产生共情,才有可能真正让思政课入脑入心。一方面,从学生与教学内容来看,学生要跨越时空,实现对历史人物的换位思考。有研究发现,学生对历史人物的共情深受自身身份、现代观念、共享的人类经验以及情感联系等因素的影响。② 因此,学生在进行历史共情时需要站在历史人物所处的环境和立场上,用当时的社会观念,而不是完全用现代社会的价值标尺或个人喜恶来解读历史,否则很容易导致对教学内容的理解错位。另一方面,学生要实现与同辈和教师之间的充分互动,通过与他人的讨论与协作,借助旁人的多棱镜折射出更丰富、更立体的历史,进而从中加深思考、澄清困惑、明辨是非。

(三)从创新教学形式的角度着手

借助新型的教学技术、丰富的教学手段和先进的教学理念,全方位升级思政课,从中找到提升思政课共情意识的重要着力点。

---

① 习近平主持召开学校思想政治理论课教师座谈会强调 用新时代中国特色社会主义思想铸魂育人 贯彻党的教育方针落实立德树人根本任务[N].人民日报,2019-03-19(1).
② ENDACOTT J L. Negotiating the Process of Historical Empathy[J]. Theory & Research in Social Education, 2014, 42(1): 3-34.

从教学技术上看，借用必要的新技术有利于增强学生对课程内容的理解。例如，笔者所在的北京理工大学马克思主义学院基于 VR 技术打造了虚拟仿真实验室，研制了"重走长征路""青年马克思演说"两大主题的思政课素养仿真教育教学产品，具有高度的沉浸感和互动性。以"重走长征路"项目为例，学生戴上 VR 眼镜，走在特制的布景中，便如同走在悬崖峭壁边，眼前是艰难前行的战友，耳边可以听到呼呼作响的风声，身上能感觉到凛冽的寒风；不仅身边的虚拟战友随时可能牺牲，自己踩不准路时也有可能掉下悬崖。这样的沉浸式体验生动地呈现了 80 多年前那场悲壮的革命史诗中的一个具体片段，视觉、听觉、触觉等多重感官刺激带给学生强烈的冲击，从而使学生直观地感受到长征途中那些常人难以想象的生死考验，深刻地领悟伟大的长征精神，学习红军不畏艰难、勇往直前的宝贵品质。

从教学手段上看，灵活多样的教学方式有利于增强学生的参与度，从而增强共情。正如陈宝生部长所说："学生在听'死理论'时，没有温度、没有触感、没有质量，这样的课学生不愿意听。"① 因此，近年来，思政课教师在创新教学手段上进行了诸多尝试，例如，"翻转课堂"、学生辩论、文献阅读、实地调研、角色扮演、拍摄影片等。事实证明，这些教学环节的确激发了学生的参与感。但需要警惕的是，让学生真正实现共情并不能仅仅依靠教学形式的花哨，"学生'爱学习'的真正动因根植于这门课给他的'获得感'，而非'趣味性'"②。因此，丰富的教学手段应该服务于教学内容，让学生主动去要、去想、去做，实现真正的共情。

从教学理念上看，共情不等于没有分歧，甚至真正的共情，特别是认知上的共情往往需要经历磨合。因此，要提升思政课的课堂境界，必须不怕争论甚至欢迎争论，在争论中走向共鸣。教育部高等教育司司长吴岩曾提出，大学课堂教学的最高境界是"争论"，这种争论可以发生在教师与学生之间，也可以是学生与学生之间，只有经历争论，才有可能培养出能够独立思考、具备创新思维的人才，这才是"金课"，是"课堂革命"所要追求的目标。③ 思政课课堂也是如此，须知人与人之间存在分歧是种常态甚至必然，思政课不能成为僵化的一言堂，承认并直面分歧是最终有可能走向共鸣的重要前提。好的思政课不应

---

① 叶雨婷. 陈宝生. 思政课应多用"活现实、活理论"[EB/OL]. 中青在线网站，2017-04-20.
② 李蕉. 高校思想政治理论课"课堂革命"与"翻转协同"[J]. 北京教育（德育），2019（1）：78.
③ 吴岩. 建设中国"金课"[J]. 中国大学教学，2018（12）：6.

惧怕争论，正如习近平总书记所言："我们有本事做好中国的事情，还没有本事讲好中国的故事？我们应该有这个信心！"① 坚持道路自信、理论自信、制度自信、文化自信，思政课在强大的信心支撑下，经历师生间充分的讨论磨合，必能实现共情、走向共鸣。

（本文原载于《思想教育研究》2020 年第 1 期）

---

① 中共中央宣传部. 习近平新时代中国特色社会主义思想学习纲要［M］. 北京：学习出版社，2019：154-155.

"大思政课"建设与探索

论高校思想政治理论课建设的"高、精、尖"

刘建军

中国人民大学马克思主义学院

摘要："北京高校思想政治理论课高精尖创新中心"的设立,将高校思想政治理论课与"高、精、尖"联系在一起,带来了观念上的冲击和创新。可以说,"高、精、尖"是我国高校思想政治理论课建设的重要目标和标准,也是应该遵循的重要理念和原则。"高"是指"高点定位",包括"政治站位要高、目标要求要高、资源投入要高"三方面;"精"是指"精准发力",包括"教学内容精当、教学对象精准、教学过程精细"三方面;"尖"是指"尖端突破",包括"掌握尖端技术、养成尖锐眼光、勇做创新尖兵"三方面。"高、精、尖"是一个有机整体,其宗旨是促进高校思想政治理论课建设的前沿性创新。

设立"北京高校思想政治理论课高精尖创新中心"是北京市的一个重要战略决策。由中国人民大学牵头的"北京高校思想政治理论课高精尖创新中心"因为做了大量创新性工作而产生了较大社会反响,引起了广大思想政治理论课（以下简称"思政课"）教师的关注。关注的结果是进一步思考：高校的思政课为什么要与"高、精、尖"联系起来？思政课的"高、精、尖"意味着什么？它将对我国高校思政课建设和改革,对思政课效果的提升带来什么影响？这些问题需要从理论上加以思考和回答。

一、问题的提出

在我们以往对高校思政课的认识中,很少把它与"高、精、尖"联系起来。这个问题的提出源于2015年北京市在中国人民大学设立"北京高校思想政治理论课高精尖创新中心"。这个中心,则是源于北京市科技创新的高精尖项目的设立。这些项目本来是面向高端科技和前沿产业领域的,因而是"高、精、尖",同时也投入了大额经费。因而就把高校思政课建设纳入这个项目,于是就有了

"北京高校思想政治理论课高精尖创新中心"。这个中心的设立,就把高校思政课与"高、精、尖"联系起来,从实践中提出了高校思政课的"高、精、尖"问题。

从这个问题的提出看,它具有一定的偶然性和外在性,因为这个问题并不是沿着我们以往的思政课建设思路提出的。甚至可以说,按照我们以往从事思政课建设的思路,是不可能提出"高、精、尖"问题的。这首先是因为,按照传统的建设思路,思政课建设几乎不可能有千万元级甚至上亿经费的创新项目。正因为如此,当这一项目落户中国人民大学时,在全国思政课领域产生了极大的冲击和震动,直接颠覆了人们对这个问题的传统认知。长期以来,虽然谁也不否认高校思政课在政治上的重要性,但在实际工作中,思政课和思政课教师一直是卑微的。在他们的教学研究中,长期没有科研项目可以申请,后来虽然有了思政课专项项目,但经费规模不过几万元或十几万元。而几十万元的资助,在教师看来已经是"天文数字",大家对此习以为常。但当北京市的高精尖创新中心项目落户中国人民大学时,特别是当听说每年投入 5000 万,5 年投入 2.5 亿进行建设的时候,大家都震惊了。当人们从震惊中清醒过来后,才开始思考:这也应该是正常的吧?既然高校思政课具有那么大的政治意义,关系到培养中国特色社会主义建设者和接班人的大业,那么多投入一些经费难道不应该吗?而且,正是这样大张旗鼓地投入和建设,才真正符合我国思政课的使命和要求。

此事引起的思考再进一步,就是关于高校思政课与"高、精、尖"的关系问题。当思政课与"高、精、尖"联系起来时,意味着什么?我们能否说"高、精、尖"也是我们思政课建设和改革所追求的重要目标?能否说"高、精、尖"也是我们思政课建设所应遵循的重要理念?答案应该是肯定的。说到思政课,人们就觉得这是一个大众化的问题,是面向广大对象的普遍性的课程。这样的课程似乎应该是低起点、低定位、低要求的,是重复性而非创新性教学,与"高、精、尖"的科技前沿属性是相反的。这种对思政课的认识虽然是有原因的,但无疑是错误的。思政课固然有其基础性和广泛性的一面,但同时也具有尖端性和创新性的一面,而正是这一方面决定着思政课的作用所达到的高度。因此,如果说最初我们把思政课与"高、精、尖"联系起来具有一定的外在性和偶然性,那么现在我们更深刻地认识到,它是合理的,具有内在的必然性。

为此,我们需要对"高、精、尖"这一目标和理念作出理论分析,揭示出它的内涵和要求。我们将会看到,"高、精、尖"具体地说,就是"高点定位、精准发力、尖端突破"。

二、高点定位

在"高、精、尖"的序列中,"高"具有前提和基础性意义。它讲的是立场和站位的问题,如果立场不正确,站位缺少高度,就不可能实现后面的"精"和"尖"。从内容上说,这里的"高"指的就是"高点定位",具体地体现为三方面:政治站位要高、目标要求要高、资源投入要高。

(一)政治站位要高

对于高校思政课的认识要提高,要从政治上深刻认识加强和改进高校思政课的极端重要性。这里的"政治站位"非常重要,只有从政治的高度,从战略的高度,才能真正认识高校思政课的重要性。表面看来它只是几门课的问题,而且是人们通常并不重视和看好的思政课,但它对育人来说恰恰是最重要的课程。它关系到青年一代的培养,关系到祖国的未来,关系到中国特色社会主义事业是否后继有人的大问题。不仅党政部门的同志,而且学校的领导、广大教育工作者,也都要从政治高度看问题。特别是直接从事思政课教学工作的广大教师,更要从这样的政治高度来认识自己所从事的工作。只有形成了这样的思想认识,才能真正全身心投入这项神圣的工作,全社会也才能真心实意地全力支持这个事业。

(二)目标要求要高

对于思政课教学,应该提出怎样的目标?是高目标高要求,还是低目标低要求?在这个问题上是有一些争议的。一般来说,面向最广泛受众的教学活动,其目标就不可能是最高的。因为我们不可能要求所有的人都达到最高的要求。相比之下,如果是面向特定受教育者,如各院系面向自己的学生所开设的专业课程,当然应该有更高的要求。而且,目标要求过高,就会使思政课教师承受过大的压力,而且事实上他们也是顶着这样过大的压力在工作。大学生中一旦出点什么事情,就会有人说:"思政课是怎样教的?"意思是让思政课教师对每一个学生的思想品德负责。这样的要求显然是过分的。正因为如此,作为思政课教师我们倾向于实事求是地确定思政课的目标和要求,不要定得太高。这是有一定合理性的。但是,在我们从教育工作者的角度理解这种合理性的同时,更应该看到思政课的政治属性。从政治上说,当然要高目标高要求,因为我们培养的是社会主义的可靠接班人和合格建设者,如果培养的人才不够可靠或不合格,就难以担当起民族复兴的大任,担当起推进社会主义事业的大任。教育部明确提出,让高校思政课成为广大学生"真心喜爱、终身受益"的课程。这样的要求当然是高的，也是正确的。广大思政课教师要把认识统一到这种高目标和高要求上来。

（三）资源投入要高

任何建设都需要投入，没有投入就没有产出。而且一般来说，投入与产出是成正比例的。高校思政课的建设，也需要相当的投入。这个投入，首先是国家和学校的投入。以前在这一方面欠账太多，近年来已大为改善，投入的增长已经开始见效。同时，整体看来还很不够，还应该有更大的、持续的投入。只有这样，才能把目前良好的势头保持下去，并取得更大的成果。在这方面，北京市作出了榜样，也给全国的思政课教师提振了信心和自信。许多省市已经从中受到启发，结合自身的实际实施了增加思政课建设投入的举措。这样的投入不仅在物质上极大地支持了思政课建设，而且也在精神上提供了很大的支持。有助于使思政课教师成为受人尊敬和羡慕的职业。当然，对思政课建设的投入还包括思政课教师本人的投入，尤其是在身心方面的高投入。不仅要投入正常的工作时间，而且要投入工作外的时间；不仅投入自己的专业知识和技能，而且要投入自身的个人感情和私人关系。他们的高投入状态，他们的奉献精神，应该得到社会的充分肯定。

三、精准发力

"高、精、尖"的"精"，是指"精准发力"。资源的高投入，本身就是在发力。但是，这种发力应该是精准的、有针对性的。具体地说，"精准发力"包括三方面：教学内容精当、教学对象精准、教学过程精细。

（一）教学内容精当

思政课教学内容是极为丰富的，这不仅是因为马克思主义理论的博大精深，也在于我国近现代历史发展和马克思主义中国化进程的丰富性，以及党的路线方针政策的丰富性。但是，教学时间是有限的。尽管国家已经为思政课规定了较为充足的教学时数，但教学内容的丰富性与教学时间的有限性的矛盾仍然存在，因而从教学内容来说仍然是需要精减的。对此，我们要从正面和积极意义上加以理解和处理。我们不能依赖更多的课时来实现教学目标，而是要在有限的时间内，做好教学。为此，就需要对教学内容实现某种程度的减量化。而减量的目的并不是"减"，而是"精"。邓小平说过："学马列要精，要管用的。"① 这是一个非常重要的原则性指示，它告诉我们：精当的教学内容同样可以起到非常好的作用。而且，如果没有精当的选择，采用盲目的大水漫灌，不仅浪费资源，而且难以产生好的效果。为了做到内容选择的精当，必须精通马克思主义，做到心中有数。

（二）教学对象精准

思政课教师不仅要精通马克思主义，准确把握马克思主义理论的内容，而且要精准把握教育对象的特点和需要，并根据教学需要实现二者的对接。用毛泽东的话说，就是"有的放矢"。他提倡把马克思主义普遍原理运用于指导中国革命的具体实际，而这个对接的过程，必须有的放矢。用马克思列宁主义之"矢"，去射中国革命之"的"。这个比喻非常精彩，它最突出的一点就是强调了二者对接的精准性。这对我们做到精准教学，有重要的指导作用。表面看来，我们的教育对象就是当下的大学生，他们就在我们面前，并不需要我们特意去寻找。但是，我们真正了解他们吗？因为他们的生长环境与我们不同，特别是我国社会发展这样快，不同年代的生活环境很不一样。这就使当今的大学生在心理素质、思维方式、思想观念以及情感情绪等方面，都有其特征，而且这些特征还在不断改变。在这样的情况下，我们要做好教学，提高学生的接受力，就必须精准地把握学生的特征和需要，实施精准的教学。

（三）教学过程精细

教学过程不应是粗放性的，而应是一个精耕细作的精细化过程。能否做到精细化，是专业与非专业的区别。任何专业人员的专业性操作，都必然是精细的，他们不忽视和放弃任何细节，而是尽可能地把所有细节都处理好。在大的方面容易做到的情况下，细节就成为决定成功的关键。而且精细与否，不仅具有技术层面的意义，具有工作成效方面的意义，还具有态度的意义，是工作认真与不认真的区别。毛泽东说过，世界上怕就怕认真二字，共产党就最讲认真。"认真"不仅是成功的法宝，而且对于周围的人也具有感染和教育作用。教师的认真态度本身可以传递给学生，帮助他们形成认真学习的态度。这两种认真态度的结合，就可以保证教学过程的顺利进行。因此，思政课教学要避免和防止粗枝大叶的做法，更不能草草了事。凡是教学中的环节，都应该精心设计，精心实施。而且不同教学环节之间的联系和过程，也要精心设计，实现自然的过渡和转折，真正使自己的思政课成为精品。这样的教学，在教学内容的精当和

---

① 邓小平. 邓小平文选：第3卷 [M]. 北京：人民出版社，1993：382.

教学对象精准的基础上，就一定会取得成功。

四、尖端突破

"高、精、尖"的"尖"是在"高"和"精"的基础上实现的，它既是一个过程，又是要达到的结果。"尖"，就是"尖端突破"。具体来说包括三方面：掌握尖端技术、养成尖锐眼光、勇做创新尖兵。

（一）掌握尖端技术

思政课也需要技术，这里的技术包括两方面。一是科学技术提供的教学手段，如多媒体技术在教学过程中的运用。这些技术对于改进教学、提升教学效果是很必要的。虽然在过去的年代里，没有这些技术时，优秀的教师也能实现好的教学。即使在现在，也有个别优秀教师采用传统的教学方式，取得了很好的效果。但就多数情况来看，运用当代的先进技术来服务于教学，是有前途的。在这方面，特别是有些尖端性的，掌握起来有相当难度的技术，最好也不能放弃。掌握之后会节省许多时间，也会带来意想不到的成果。二是指教学艺术。"教学艺术"可意会不可言传，很难说清这种艺术究竟是怎么一回事。但是，我们也可以从技术的角度去看，把它看作一种"尖端技术"或技能。事实上，我们可以把这种教学艺术作为一种综合性的技术，把它们逐项分解开来，就会发现它是一系列处理教学问题的技术，特别是处理细节问题的技术。这些技术不仅来源于自然科学或技术领域，而且来自教师的教学实践，是在教学工作中逐渐积累起来的。年轻的思政课教师通常在掌握现代科技辅助教学上有优势，而年长的教师通常在教学经验和教学艺术方面有积累。双方应该相互学习，取长补短。

（二）养成尖锐眼光

"眼光""眼界"表面看似乎不是那么重要，其实不然。一个人有无尖锐犀利的眼光，有无开阔广大的眼界，是事业成败的关键性因素。不论是教学还是研究，都应该有"问题意识"和"问题导向"。为此，就需要有能够发现问题的眼睛。尖锐的眼光很重要，它能够发现问题，特别是能在别人看不出问题的地方发现问题。而发现问题是解决问题的前提和基础。这种锐利的目光能够透过事物的表面深入本质，让人抓住事物的根本。思政课本身就需要这种眼光。马克思主义是有鲜明政治立场的科学理论，是能够透过现象看本质的理论，特别是在看待社会现象的时候，能够不为现象所迷，不为流言所惑，紧紧抓住人们最根本的利益问题，找到事情的症结。当然，犀利目光是与开阔的视野相辅相成的。思政课教学还要有广泛的视野,利用各种机会,不断打开自己的眼界,只有这样,尖锐犀利的目光才有用武之地并发挥精准的力量。

(三) 勇做创新尖兵

创新是一个探索的过程,是一项冒险的事情。为此就需要有"尖兵"。在军事斗争中,为了摸清敌情,尝试新的攻击,指挥员经常会派出尖兵。尖兵通常要深入敌人的环境中,做探索性工作。他们战斗的环境更为危险和复杂,随时冒着失败甚至牺牲的危险。正因为如此,尖兵才是光荣的。在思政课的创新与探索过程中,也需要有一些人做尖兵。他们要走在别人前面,尝试别人没有尝试过的事情,要做第一个"吃螃蟹的人"。当然,尖兵需要配备最好的装备,需要得到大家的支持。"北京高校思想政治理论课高精尖创新中心"就是如此,它的设备非常先进,具备强大的技术支持力量。现在,创新中心也已经作出了许多成绩,得到了大家的认可。同时,也希望有更多的人来支持这项创新的事业,大家齐心协力把我国高校的思政课建设好。

(本文原载于《思想教育研究》2018 年第 4 期)

高校善用"大思政课"铸魂育人的三大保障

李大健

湖南理工学院马克思主义学院

湖南省党的创新理论研究湖南理工学院基地

摘要:"大思政课"较之讲好传统思想政治理论课要求更高、难度更大,高校应从三个维度着力打造善用"大思政课"铸魂育人的保障链条。一是应搭建常态化运行架构,以压实办好"大思政课"的领导责任,铸牢其组织根基,增强其财力支撑;二是应实施精细化教学管理,以完善"大思政课"教学管理规范,优化"大思政课"教学监控体系;三是应强化制度化实践能力培养,以提升教师有效驾驭"大思政课"的能力和学生有效参与"大思政课"的能力。

习近平总书记指出:"'大思政课'我们要善用之,一定要跟现实结合起来。"[①] 这为高校进一步深化思想政治理论课(以下简称"思政课")改革创新提供了根本遵循。为深入贯彻落实习近平总书记关于"大思政课"的重要指示批示精神,2022年7月教育部等十部门印发《全面推进"大思政课"建设的工作方案》,这是新时代高校思政课改革创新的行动指南。所谓"大思政课",是指要在"推动思政课建设内涵式发展"[②] 的同时,紧扣立德树人根本任务,汇集各方力量,整合校内外一切具有思想政治教育功能属性的资源和素材,运用多种思想政治教育形式,将历史、现实和未来有机结合,纵深推进"三全育人"进程,形成不断增强思政课实效性的育人新格局。"大思政课"之"大",体现在视野大、目标大、格局大、阵地大、作为大,它应具有"大手笔""大活力""大张力""大魅力"。毋庸置疑,"大思政课"比传统思政课要求更高、更加复

---

① "'大思政课'我们要善用之"(微镜头·习近平总书记两会"下团组"·两会现场观察)[N]. 人民日报, 2021-03-07(1).

② 习近平. 思政课是落实立德树人根本任务的关键课程[J]. 求是, 2020(17): 4-16.

杂，如果没有切实有效的保障措施，必然会举步维艰。鉴于此，新时代高校应在善用"大思政课"铸魂育人方面聚焦问题、突出重点、靶向发力、精准施策，尽全力做到：健全工作运行机制，使其常态化；优化教学质量管理，使其精细化；加强实践能力培养，使其制度化。这是高校善用"大思政课"铸魂育人各个环节得以真正落实，也是用习近平新时代中国特色社会主义思想铸魂育人得以真正落实的根本保障。

一、搭建常态化运行架构

善用"大思政课"铸魂育人，不仅是高校马克思主义学院的任务，而且是高校其他各部门的共同职责。"'大思政课'倡导构筑多元主体共同参与的协同育人新格局"①，"大思政课"需要构建"大团队"、凝聚"大智慧"、形成"大合力"。高校应加强顶层宏观设计，将全面推进"大思政课"建设纳入学校的整体工作中予以统筹安排，并建立常态化的领导机制、组织机制和经费机制，旨在因事而化、因时而进、因势而新，搭建高效、连贯的运行架构，优化资源集成机制，引导教育者树立正确的教育理念，达成育人共识，促进思想引领、价值渗透、管理育人，形成全校协同配合、深度参与、大举支持、多路推进的"大声势""大氛围"，为深化"大思政课"教学改革、深化习近平新时代中国特色社会主义思想"三进"工作提供领导保障、组织保障和财力保障，实现铸魂育人效率与效果的全面提升。

（一）压实领导责任

高校建立健全领导机制，是将善用"大思政课"铸魂育人落细落实落到位、加快推进习近平新时代中国特色社会主义思想进教材、进课堂、进头脑的关键，是打通"大思政课"铸魂育人"最后一公里"、最大程度凝聚立德树人合力的关键。高校应把"大思政课"建设作为"一把手工程"，建立以校党委书记为组长、分管思想政治教育工作的校党委副书记为副组长、各相关部门负责人为成员的"大思政课"建设领导小组。领导小组不能形同虚设，应承担"大责任"，要实实在在履行助推善用"大思政课"铸魂育人朝着规范型、效能型和创新型方向发展的责任。一是履行"统筹性"责任。应统筹善用"大思政课"铸魂育人工作，确保善用"大思政课"铸魂育人真正列入学校重要议事日程、融入学校发展总体规划、纳入学科发展考核评价体系，从政策保障、制度建设、

---

① 朱旭. "大思政课"理念：核心要义、时代价值与实践路径[J]. 马克思主义理论学科研究, 2021, 7 (5): 107.

机构建设、人力、物力、财力投入等各方面予以全面落实,努力增强"大思政课"教学活动的计划性、协调性、统一性和全员性。二是履行"调研性"责任。应大兴调查研究之风,经常深入师生中走访调研,全面了解用"大思政课"铸魂育人的动态,找准短板弱项,继而以超前的研判理念、睿智的研判思路、科学的研判方法,对本校"大思政课"教学内容、教学方法、教学途径、教学成效进行缜密分析,得出定性结论,并在此基础上有针对性地制定用"大思政课"铸魂育人的总体规划和实施方案,以助推教育者在教育教学过程中有的放矢寻求"大思政课"建设的创新点和突破口。三是履行"导航性"责任。定期召开专题会议研究善用"大思政课"铸魂育人工作,以便及时总结经验,客观剖析不足,科学框定发展路向,集智聚力优化策略,为完善"大思政课"建设格局定向导航。四是履行"激励性"责任。应对善用"大思政课"铸魂育人的情况进行督查评估,大力宣传"大思政课"建设的好经验、好做法,树立典型,表彰先进,鞭策后进,营造良好舆论氛围,全面推行善用"大思政课"铸魂育人的正向激励机制,促使一切创新源泉充分涌流、一切创新活力充分激发,从而为习近平新时代中国特色社会主义思想多维度融入高校思想政治教育注入新的强劲动力。

(二) 铸牢组织根基

精干高效的组织体系既是"大思政课"连绵不绝产生"能量"的动力之源,又是推动"大思政课"与时俱进、不断创新的承载之体。故而高校在压实领导责任的同时,还应铸牢以校长负责制为主导、以马克思主义学院为龙头、以"三全育人"为抓手、各类课程与思政课同向同行的既统一又多元的善用"大思政课"铸魂育人的组织根基。应重点从以下两方面着手。一是倾力构建马克思主义学院、教务处、宣传部、学工部、校团委和其他各院系"六方协同"的育人新生态。应采取得力措施激活每位教育者的"神经末梢",引导各部门既各司其职又齐抓共管,充分发挥"六方协同效应",为全面推进"大思政课"建设进入新境界提供有力支撑,形成纵向联动、横向协同、多方合作配合、各项育人活动有力有序有效开展的一体化工作格局,进而切实提升习近平新时代中国特色社会主义思想融入"大思政课"的质效。二是倾力构建思政课教师与政工干部之间的"二元融通"的育人新模式。目前,在许多高校里,思政课教师一般是较多地承担教学任务而较少承担对学生的管理任务,政工干部一般只较多地承担对学生的管理任务而较少承担教学任务。两支队伍的脱节容易导致这样的状况:思政课教师想解决学生的思想问题而没能真正掌握其问题是什么,政工干部知道学生的思想问题却因理论水平欠缺而效果不佳。两支队伍基本上是"敲锣卖糖,各管一行",似乎形成了两条不相交的"平行线"。因此,高校应从加强这两支队伍的深度融合入手,构建两条线相互交织、穿插弥合的育人共同体,以交叉互融的效应补齐"短板",形成善用"大思政课"铸魂育人的合力,使"大思政课"教学能有声有色、高质高效地开展,进而增强善用"大思政课"铸魂育人的综合效能。两支队伍的所属部门应协作拟定善用"大思政课"铸魂育人的方案,从"大思政课"铸魂育人的总目标和各所属单元的分目标、教学要求、学时分配、教学内容、教学方法、考核办法等方面进行全面谋划,共同组织对教师和学生的实践能力培训。每次"大思政课"教学活动结束后,各院系学生工作办公室应协同思政课教师调查了解善用"大思政课"铸魂育人的情况,尤其要了解学生的世界观、人生观、价值观发展变化的情况,积极做好信息反馈工作,以利于"大思政课"教学向着更健康更良性的方向发展。

(三)增强财力支撑

高校全面推进"大思政课"建设,一是需要加强课程、学科、学院"三个重点"建设,尤其是需要加强以习近平新时代中国特色社会主义思想为核心内容的课程群建设,这必须有足够的经费投入作保障。二是需要建设"大课堂",组织师生"走出去"开展社会实践活动,打造"行走的思政课"。为减轻学生参与校外"大思政课"教学活动的经济压力,调动他们的参与热情,学校应提供如交通费、住宿费、餐饮费、资料费、打印复印费等相关经费。与此同时,开展"大思政课"教学活动还需与之紧密相关的学生社团活动经费、校园文化建设费、聘请校外专家来校作辅导报告的劳务费等费用。此外,为有力地促进"大思政课"教学的拓展延伸,确保习近平新时代中国特色社会主义思想融入高校思想政治教育形成长效机制,还需要有"大思政课"实践教学基地建设资金、指导教师的加班补贴、教学改革研究经费和教学奖励经费等相关费用。

经费不足现在仍然是少数高校"大思政课"建设的瓶颈,个别高校仅仅是在文件上重视善用"大思政课"铸魂育人,并没有给马克思主义学院拨足必要的"大思政课"建设经费。据调查,目前绝大多数高校已经把加强马克思主义学院建设作为一项重要战略任务来抓,注重协调推进课程、学科、学院"三个重点"建设,在保障马克思主义学院正常办公经费的基础上,按每生每年不低于40元的标准提取专项经费,用于思政课教师的学术交流、实践研修等,学生实践另拨专项经费。但迄今为止,仍然有部分高校思政课教师和学生的实践经费未完全落实到位。相关经费没有保障,"大思政课"建设就好像折楫的船,寸步难行，马克思主义学院及学校相关职能部门也就只能让"大思政课"教学停留在教学计划书上，有的高校甚至以虚构的"大思政课"文字材料应付教育行政主管部门对思政课教学改革的检查考核。鉴于此，当前高校应深化认识，进一步提高政治站位，加大"大思政课"建设经费投入。应将其纳入学校经费预算，拨足专项经费用于"大思政课"建设。马克思主义学院应会同学校相关职能部门制定"大思政课"建设专项经费使用办法，保证专款专用，最大限度发挥资金使用效益。此外，高校还可通过校企合作、工学结合、社会赞助等方式吸纳社会资金，多渠道筹集"大思政课"建设经费。总之，当"大思政课"教学作为常态化的教学活动进行规划和实施时，就应该有一笔稳定的经费，并应呈逐年增加的趋势，从而为善用"大思政课"铸魂育人、为习近平新时代中国特色社会主义思想融入高校思想政治教育增强财力支撑。

二、实施精细化教学管理

"大思政课""'大'在宏大的时代、鲜活的实践、生动的现实，强调社会各方参与力量之多、横向辐射范围之广"①。可见，"大思政课"内涵丰富、面广量大、难度非凡、要求很高，因而用"大思政课"铸魂育人务必更新教学管理理念，进行教学管理的"大变革"。高校应胸怀"国之大者"，围绕"为谁培养人、培养什么人、怎样培养人"这一根本问题和立德树人这一根本任务，立足国内国际两个大局，紧扣实现中华民族伟大复兴这一主题和把握大历史、直面大时代、讲好大理论、贯通大实践这一"大思政课"主线，完善教学管理规范，建立教学质量监控体系，推进形成精细化教学管理"大格局"。这是高校赋予"大思政课"生生不息的内生活力、提升其生命力，进而推进习近平新时代中国特色社会主义思想高质量地融入思想政治教育，履行好为党育人、为国育才的神圣使命的重要保障。

（一）完善教学管理规范

教学管理规范化制度化是维护正常教学秩序、树立良好教风学风的前提和基础。为确保善用"大思政课"铸魂育人落到实处，高校应着力完善"大思政课"教学管理规范。首先，高校应遵循理论性、针对性、多样性、可行性的基本原则，不断完善"大思政课"的教学计划、教学大纲、学生实践手册、教师指导细则、考核办法（包括考核教师和学生）、奖惩办法等教学管理规范。用"规范"来确保"大思政课"的教学内容、教学目标、教学方法、教学手段和

---

① 王易.推进新时代思想政治理论课高质量发展[J].红旗文稿，2022（6）：41.

组织形式在守正创新中行稳致远。其次，高校应制定如何确定校外"大思政课"学时与学分的细则和如何核定教师教学工作量的细则。校外"大思政课"教学的学时与学分要纳入思政课整体学时与学分当中，并且校外"大思政课"教学的学时与学分要与各门思政课程相互配套，比例分配要科学合理，以保证"大思政课"教学的恰适性和长效性，这应成为管理常态。为使广大思政课教师倾注真心真情，更加积极主动地实施校外"大思政课"教学活动，不断增强习近平新时代中国特色社会主义思想融入高校思想政治教育的创新性、科学性和实效性，高校要客观、公正、准确地核定思政课教师校外"大思政课"教学的工作量，使其切实感到劳有所得、干有所值、功有所赏，这也应成为管理常态。此外，高校要优化校外"大思政课"教学活动的申报、审批、监督与管理机制，以增强师生提前筹划意识和教学质量意识，规范教师和学生在"大思政课"教学过程中的行为，确保校外"大思政课"教学工作做到有章可循、有法可依、有序化开展，促进"大思政课"步入健康发展的轨道。

为切实提高"大思政课"教学管理规范的可操作性，高校各相关部门要多做有关"大思政课"教学管理规范的理论与实践研究，做足创新功夫，做实改革文章，以"创新之笔"落实好"大思政课"教学管理"改革之为"，并多方征求意见建议，广纳真知灼见，凝聚智慧力量，从而形成"大思维"，集成"大办法"，为提高"可操作性"赋能添"翼"。高校尤其应注重吸纳思政课教师参与"大思政课"教学管理规范的制定。因为"大思政课"应是以学生为中心的，以思政课教师为主导的，思政课教师在"大思政课"教学中发挥着十分关键的作用，他们应是最直接的组织者和管理者，应是最直接的掌舵人和领航人。因此，"大思政课"教学管理规范的制定也应突出思政课教师的主导地位，改变以往一味由学校管理部门制定教学管理规范的状况，应成立由部分思政课骨干教师组成的"大思政课"教学管理规范制定工作小组，以汲取其智慧和力量。只有这样，才能制定出更符合实际、更科学合理、更具有可操作性、更具有人性化的"大思政课"教学管理规范。

（二）优化教学监控体系

高校应将"大思政课"教学领导机制和"大思政课"教学组织机制整合为整体联动机制，并以此为基础建立以人为本的"大思政课"教学质量监控体系。这是督促思政课教师遵守教学管理规范、肯下"大功夫"，用学术框架、学理逻辑、学术穿透力讲深讲透讲活"大时代""大道理"的重要保证。首先，要制定质量标准。应紧扣权威性、规范性、约束性和可操作性，研究、探索并制定

"大思政课"教学环节的质量标准,特别应注重将"标准"定在最佳实用点上,切忌搞"拍脑袋"工程,好高骛远,模模糊糊,大而化之,要适度、明确、具体,便于操作,以利于加强对"大思政课"教学的组织、实施、考核等主要环节的管理。其次,要构建监控体制。应在学校、院系、教师和学生四要素间构建一个相对完善的"大思政课"教学质量监控体制,形成一种较稳定的结构形式,使其与管理规范、质量标准、教学过程等相互联系、相互作用、相互感染、相互约束、相辅相成,以确保"大思政课"教学系统充分发挥其铸魂育人效应。再次,要建立反馈机制。应建立一套行之有效的"大思政课"教学管理信息反馈机制。思政课教师要注意收集学生在"大思政课"教学过程中的反馈信息,且将其合理成分及时融入"大思政课"教学中,以增强"大思政课"的亲和力和针对性;教学管理者可通过定期开展教学检查、召开教学经验交流会与总结报告会、组织学生进行教师教学满意度测评等形式获得教学反馈信息,以便更清楚地了解"大思政课"铸魂育人的效果。另外,教学管理者还应根据收集的反馈信息,召集相关人员及时修订已出台的"大思政课"教学管理规范和质量标准,使学生、教师、管理者三方能及时沟通信息,做到合心合力合拍,同心同向同行,进而促进"大思政课"教学更趋于合理和完善。最后,要更新监控手段。应运用现代信息技术手段进行"大思政课"教学的质量监控和管理。例如,为更好地获得校外"大思政课"教学的相关信息,及时调整教学行为、创新管理思路,高校可设计编制计算机网站应用软件,建立面向学生的"大思政课"教学网络站点,实现监管模式由人工操作向计算机运作的转变。基于校外"大思政课"教学的空间大、教育者与受教育者的自由度大、不确定性因素多、难以实施人力监管等实际状况,高校可采取一些有效措施予以应对:一是可对校外主要的"大思政课"教学活动进行全程录像,以便监控其教学情况;二是可对"大思政课"教学实行网络化管理,将其准备阶段、实施阶段和完成总结阶段的各种材料上传到"大思政课"教学网上,利用网络查验"大思政课"的实施情况。

总之,高校应不断优化"大思政课"教学的常规管理,做到规中求新、规中求优、规中求实,使教学管理活动运转有序,富有约束力、引领力、助推力,促使教育者善用"大思政课"夯实学生信仰之基、善用"大思政课"启迪学生智慧之门、善用"大思政课"砥砺学生心胜之力,最大限度地调动师生开展"大思政课"教学、切实践行习近平新时代中国特色社会主义思想的积极性、主动性和创造性,不断强化"大思政课"的吸引力、感染力、穿透力,更好地教育引导新时代大学生坚定"四个自信"、厚植爱国之情、砥砺强国之志、实践报国之行，培养能够堪当民族复兴重任的时代新人。

三、强化制度化实践能力培养

善用"大思政课"铸魂育人既要指导学生念好理论的"有字之书"，又要指导学生念好实践的"无字之书"。实践育人是新时代高校"大思政课"的题中之义，"实践"是"大思政课"的"大平台""大载体""大阵地""大保障"。习近平总书记指出："坚持理论性和实践性相统一。思政课要用科学理论培养人，……要高度重视思政课的实践性，把思政小课堂同社会大课堂结合起来，在理论和实践的结合中，教育引导学生……立鸿鹄志，做奋斗者。"① "思政课不仅应该在课堂上讲，也应该在社会生活中来讲。"② 在马克思看来，"全部社会生活在本质上是实践的"③。故而"理论与实践有机结合既是'大思政课'的本质特征，又是思想政治教育改革创新的突破口"④，善用"大思政课"铸魂育人就应有"大动作"，应打破场域的局限，增强思政课教学的延展性，以火热实践为"素材"，突出"社会即课堂"的现实观照。而教师具备指导学生实践的能力和学生参与实践的能力，是"大思政课"能真正"飘着烟火气"、散发出"泥土的芬芳"，是将习近平新时代中国特色社会主义思想融入高校思想政治教育能真正取得良好效果的重要基础。故此，新时代高校形成制度化的培养机制，强化思政课教师和学生的实践能力培养就显得格外必要。

（一）强化教师的实践能力培养

习近平总书记指出："讲好思政课不容易，因为这个课要求高。"⑤ 建构新时代高校"大思政课"丰富多彩的教学形式，对思政课教师的综合素质和能力要求比较高，思政课教师既要做大学生的思想理论导师，又要做大学生的实践导师。在"大思政课"教学中，思政课教师既是"演员"，又是"导演"，承担着组织者、指导者、服务者的三重角色，能否充分调动学生、家庭和社会等各方面的积极性，就看其实践素养和能力。这就要求思政课教师不做"难汲深井"

---

① 习近平. 思政课是落实立德树人根本任务的关键课程［J］. 求是，2020（17）：4-16.
② "'大思政课'我们要善用之"（微镜头·习近平总书记两会"下团组"·两会现场观察）［N］. 人民日报，2021-03-07（1）.
③ 中共中央马克思恩格斯列宁斯大林著作编译局. 马克思恩格斯选集：第1卷［M］. 北京：人民出版社，1995：60.
④ 李大健. 用习近平新时代中国特色社会主义思想铸魂育人的三维路向［J］. 思想理论教育导刊，2021（6）：92.
⑤ 习近平. 思政课是落实立德树人根本任务的关键课程［J］. 求是，2020（17）：4-16.

的短绳、不做"难负大舟"的浅水，不断地增强驾驭"大思政课"教学的实践能力，特别是要提高善于运用马克思主义基本观点和方法分析社会现实问题的能力，提高用习近平新时代中国特色社会主义思想指导学生社会实践的能力，以切实履行新时代赋予高校"大思政课"教学的新使命。当前，有的高校思政课教师缺乏社会实践阅历，在教学中往往重理论体系讲授、轻现实问题研究，讲授理论口若悬河，指导实践却一筹莫展。有的高校思政课教师讲发展战略，却不知道地方的经济社会发展战略和发展状况；讲市场经济，却不了解当地经济发展走势；讲革命传统教育课，却不熟悉本校思政课实践教学基地的具体情况；讲科学对待人生环境，却不能为学生提供心理咨询服务；讲习近平法治思想，却不了解司法实践，缺乏法治实践经验和技能；等等。习近平总书记指出："高校教师要坚持教育者先受教育，努力成为先进思想文化的传播者、党执政的坚定支持者，更好担起学生健康成长指导者和引路人的责任。"① 因此，用"大思政课"铸魂育人，高校思政课教师就应先接受"实践教育"。高校在加强思政课教师理论培训的同时，还要形成强化思政课教师从事"大思政课"教学的实践能力培养的制度，以助推思政课教师积极投身于社会实践，从实践中汲取营养，开阔"大视野"、涵养"大情怀"、强化"大担当"、增添"大自信"，从而建好"大师资"，以更好地研究"大思政课"教学的规律、特点，不断提高用"大思政课"铸魂育人的实效性。

第一，高校可从外校聘请"大思政课"教学"高手"来校作"大思政课"教学辅导报告，对思政课教师进行"大思政课"教学实践常规培养，就如何制定"大思政课"教学计划和方案、如何发掘区域资源打造"行走的思政课"、如何指导学生开展社会实践活动、如何建设思政课实践教学基地、如何与政工干部配合实施"大思政课"教学、如何有效地指导学生参与"大思政课"教学环节等问题，畅谈自己的做法和体会，从而产生示范引领效应。

第二，高校应利用假期组织思政课教师进行社会实践，可组织他们到伟人故里、红色革命纪念地、改革开放前沿阵地参观考察，组织他们到乡镇村组、城市社区、企事业单位进行社会调查，组织他们开展"走基层送服务"系列活动，等等。这可为思政课教师创造与社会实际接触的机会和条件，让思政课教师走出书斋、贴近社会、贴近实际，深入了解改革开放40多年来，尤其是党的十八大以来，我国改革开放和社会主义现代化建设取得的历史性成就，从而掌

---

① 习近平在全国高校思想政治工作会议上强调 把思想政治工作贯穿教育教学全过程 开创我国高等教育事业发展新局面［N］. 人民日报，2016-12-09（1）.

握第一手资料，对其原创性思想、变革性实践、突破性进展、标志性成果加深理性认同、增进情感认同、强化行为认同，更多更好地摄取"大思政课"的养分。

第三，高校应鼓励思政课教师利用寒暑假时间到行政、企事业单位挂职锻炼，了解社会各行各业发展现状与动态以及对人才需求的标准，通晓改革开放和我国社会主义现代化建设进程中所出现的新情况、新问题，开发本地区可供利用的社会教育资源。只有做到视野开阔，了解书本以外的社会，不断弥补自身社会阅历和实践经历的不足，增强相关素质和能力，思政课教师才能会为、悦为、敢为、有为，才能做到政治强、情怀深、思维新、视野广、自律严、人格正，争当"大先生"，才能紧密联系社会实际，增强预测性和创新性，科学合理地设计"大思政课"教学环节，优质高效地组织开展"大思政课"教学活动，更好地引导学生在学懂弄通悟透习近平新时代中国特色社会主义思想上下功夫。

（二）强化学生的实践能力培养

为使思政课与现实无缝对接、与实践深度互动，让学生在社会大课堂中深刻感悟习近平新时代中国特色社会主义思想蕴含的真理力量和实践伟力，深刻领悟"中国道路"的成功密码、"中国奇迹"背后的逻辑必然，高校思政课教师应把培养学生的实践能力作为一个永恒的课题，作为一项制度，将其置于战略性、先导性位置，坚持不懈地做好做实、做出成效。在学生参加校外"大思政课"教学实践活动前，思政课教师应安排一定时间从以下四方面对其进行培养。

第一，实践观念引领。思政课教师要引导大学生树立正确的实践观，鼓励大学生要勇于实践、主动实践、创新实践，在实践中求真理、悟真谛、学真知、练内功、强本领、长才干，从而在知行合一中充分领略和体悟习近平新时代中国特色社会主义思想作为科学真理的理论魅力、现实解释力和实践指导力，实现由感性认识到理性认识的飞跃。[①]

第二，实践常识教育。进行校外"大思政课"教学要入驻街头巷尾、厂矿车间、集贸市场、社区军营、田间地头、弄堂小院等场所。因此，课前思政课教师应对学生进行安全、公德、礼仪教育。一是对学生进行安全和自护自救知识的教育，告诫学生要增强安全意识，注意自我保护，提高事故防范能力，学

---

① 杨龙，杨帆. "大思政课"要有理论深度、实践力度、情感温度 [EB/OL]. 中国新闻网，2021-04-04.

生之间要相互提醒、相互帮助，以形成整体合力，避免安全事故的发生。二是教育学生必须严格遵守思政课实践教学基地、被参观考察单位的规章制度，在实践中不断增强社会公德意识，争做社会公德规范的传播者和践行者。三是教育学生礼貌待人、举止文明，体现新时代大学生良好的个人修养和文明素质。

第三，实践方案指导。在校外"大思政课"教学过程中，学生自主开展社会实践活动，必须提前联系好实践地点，制定出实践活动方案，请思政课教师审阅。思政课教师应从学生的实际出发，尊重他们的兴趣、爱好和需要，让其有选择性地开展社会实践活动。但尊重学生的兴趣、爱好和需要，不等于让学生放任自流，思政课教师要认真审读学生实践活动方案，并对实践活动的可行性和安全性进行评估，指导学生对实践方案进行反复研讨、修改完善，使其真正成为实践活动的指南，以保证校外"大思政课"教学的科学性和有效性。

第四，实践技能训练。在校外"大思政课"教学过程中，一方面，思政课教师要指导学生怎样有效解决在社会实践过程中可能遇到的困难和问题，特别是怎样开展社会调查和社会服务，包括选择调查和服务类型，如何联系调查和服务对象，如何撰写调查报告，等等。另一方面，思政课教师尤其应重视指导学生自我实践，使其在现实生活中充分体验、理解和感悟习近平新时代中国特色社会主义思想的深刻内涵，并将其内化为个人素质，外化为日常行为。这可通过引导学生进行研究性学习来实现。例如，在"思想道德与法治"课程的教学中，教师可指导学生进行"理想与成才""成长与环境""诚信与和谐""网络与学习""私德与公德""大学生在抗疫中的使命与担当""中华文化与中国精神""新时代大学生与中国梦""新时代大学生的家国情怀""法治与社会"10个方向的课题研究，要求学生自由组合成立课题组，讨论确定课题研究方向，围绕研究方向自主命题开展研究，教师应积极参与部分课题组的研究活动，还应深入学生班级、寝室走访座谈，了解学生的研究动态。各课题组应在规定时间内向教师递交课题研究报告，教师应仔细研读每一份研究报告，提出修改参考意见，指导学生完善课题研究报告。各课题组研究结束后，教师应组织评出优秀研究报告，择时举行交流总结报告会，教师对其进行讲评，总结成绩，推广典型，指出不足，从而达成智慧共生、成果共享的目标，以建立校外"大思政课"教学可持续发展机制。只有这样，才能将思政小课堂与社会大课堂有机结合起来，让学生通过"无字之书"感触到"有字之书"的力量与味道，有效激发学生参与社会实践的欲望，真正达到善用"大思政课"铸魂育人的预期效果。

（本文原载于《思想教育研究》2022年第9期）

"大思政课"视域下思想政治理论课教学的社会生活省思

许瑞芳　纪晨毓

华东师范大学马克思主义学院

摘要："大思政课"理念的提出既是对以往教学实践中思想政治理论课结合社会生活的一次反思,也为考量思想政治理论课教学与社会生活的关系提供了新的视角。社会生活是思想政治理论课培养时代新人的重要场域,思想政治理论课教学应当通过把社会生活引入课堂、让社会生活成为课堂,实现社会生活叙事的"微而不碎""大而不空",从而真正用好社会生活,于新时代中讲好思想政治理论课,培育时代新人。

2021年3月6日,习近平总书记在看望参加全国政协十三届四次会议的医药卫生界、教育界委员时强调,"思政课不仅应该在课堂上讲,也应该在社会生活中来讲"①,这为办好"大思政课"指明了方向。一直以来,思想政治理论课(以下简称"思政课")教学都注重对社会生活的关注,从理论联系实际到理论性与实践性的统一,充分体现了思政课对现实问题的观照。由于课堂教学空间的客观限制,以往的思政课教学多侧重于在理论讲授时结合现实生活中的实例进行阐释,暗含课堂内外的划分。"大思政课"理念的提出,突出强调以社会生活延展思政课的教学空间,为思政课与社会生活的结合提供了新的路径。因此,在"大思政课"视域下,思考社会生活与思政课教学的关系具有重要意义。

一、培养时代新人:思政课何以需要社会生活

明确思政课为什么需要社会生活是探讨二者关系的首要前提。习近平总书

---

① "'大思政课'我们要善用之"(微镜头·习近平总书记两会"下团组"·两会现场观察)[N].人民日报,2021-03-07 (1).

记强调，思政课是落实立德树人根本任务的关键课程，① 思政课的教学目标就在于解决"立何德、树何人"的问题，从本质上而言，蕴含着对于人以及如何更好地培养人的理解。

（一）"现实的人"：在社会生活的生产与关系中理解人

思政课对于人的关切根源于马克思主义对于人的重视与研究。马克思、恩格斯在《德意志意识形态》中明确表示，现实的个人是全部人类历史的第一个前提。② "现实的人"是相对以往哲学中"抽象的人"而言的，它不同于唯心主义将人的理解停留于观念层面的抽象性与臆想性。

马克思主义语境下"现实的人"，首先指向的是人作为生命体的存在，即要有血有肉、有生命地活着，而要实现这一点，必须为满足吃喝住穿这一基本生存需要而进行第一个生产活动。③ 在生产活动中，人通过改造自然进而生产出自身的物质生活以满足需要，人所作用的自然具有现实性，改造自然而生产出的资料本身同样具有现实性，人通过资料满足个体需要从而实现自身的存在与发展也是现实性的体现，这些都是可观察、可感知、可经历与可体验的，而不是观念维度的存在。因此，可以说，"人们的存在就是他们的现实生活过程"④。

生产活动的过程不仅改造自然，也同样改造人自身，这一改造不只是生理意义上肉体组织的变化，也在于人的本质的获得。马克思指出，在其现实性上，人的本质是一切社会关系的总和。⑤ 生产活动不仅是人与自然相互作用的过程，同时也是人与人相互作用的过程，对应于生活资料的产出，社会关系则是人与人相互作用的产物。社会关系强调的是许多个人的共同活动，⑥ 个体与个体之间是存在联系的，而非"原子般的孤立漂浮"。因此，"现实的人"的存在状态正是处于盘根错节的社会关系网之中，这样由社会关系构建起的每个"现实的人"的集合体即为现实社会所在。社会关系不是经由头脑想象随意联结而成的

---

① 习近平. 思政课是落实立德树人根本任务的关键课程 [J]. 求是，2020（17）：4-16.
② 中共中央马克思恩格斯列宁斯大林著作编译局. 马克思恩格斯选集：第 1 卷 [M]. 北京：人民出版社，2012：146.
③ 中共中央马克思恩格斯列宁斯大林著作编译局. 马克思恩格斯选集：第 1 卷 [M]. 北京：人民出版社，2012：158.
④ 中共中央马克思恩格斯列宁斯大林著作编译局. 马克思恩格斯选集：第 1 卷 [M]. 北京：人民出版社，2012：152.
⑤ 中共中央马克思恩格斯列宁斯大林著作编译局. 马克思恩格斯选集：第 1 卷 [M]. 北京：人民出版社，2012：135.
⑥ 中共中央马克思恩格斯列宁斯大林著作编译局. 马克思恩格斯选集：第 1 卷 [M]. 北京：人民出版社，2012：160.

虚幻，而是脱胎于现实的共同生产活动之中。

社会是"以共同的物质生产活动为基础而相互联系的人类生活共同体"①，人类在这一共同体的动态实践过程中构成了社会生活。马克思主义所强调的"现实的人"是在社会生活中的人，因此，对人的理解无法脱离具体的社会生活而进行。在社会生产活动中，特定的生产力和生产关系构建了特定的社会形态与时代背景，也决定了思政课对于人的培养必须遵循社会生活所赋予的时代特点与要求。

（二）时代新人：在社会生活的时代性中育新人

新时代，思政课要培养的"现实的人"是有理想、有本领、有担当的时代新人，立足中华民族伟大复兴战略全局和世界百年未有之大变局这一社会现实，彰显着鲜明的时代烙印。因此，对思政课教学而言，既要关注教学对象当下的现实性，也要关注其未来应具有的现实性。

其一，思政课的教学对象是处于一定社会生活中的学生，因而，思政课教学要能够立足于其所处的社会生活条件。学生是课堂这个特殊空间的关系指代，在思政课的教学过程中，不能将学生等同于信息接收者——依靠简单、机械的"输入—输出"的编码过程即可获得相应的认知。这忽视了学生作为"现实的人"本身所具有的具体现实条件，而将学生仅仅看作可通过概念间的逻辑推导而成的"抽象的人"。在教育教学中，认知是具身的，它强调人是在与现实世界的互动过程中获得认识的。② 根据具身认知理论，人的认知的获得依赖于现实世界的作用，而不是纯思维、纯精神的活动，特定认知的获得是无法脱离现实生活本身的。习近平总书记指出："上思政课不能拿着文件宣读，没有生命、干巴巴的。"③ 思政课不是"教文件、读政策"，不是"教死的知识"，而是要教"有生命的"内容，即所教的内容是鲜活的、现实的、具体的，是在现实生活中能够寻得的。思政课教学绝不是"躲进小楼成一统"的"纯学问"，而是指向认识世界、改造世界的"大学问"④。思政课要从学生出发，就要关注学生的时代特点，立足学生所处的现实社会生活，要以学生所能感知、经历的现实条件为出发点，挖掘其与思政课所包含的价值引领的内在关联，只有依托于具体、现实的社会生活才能真正实现对于人本身的关注，同时也才能够实现教育的引

---

① 荣剑. 马克思的国家和社会理论 [J]. 中国社会科学, 2001 (3): 28.
② 叶浩生. 具身认知：认知心理学的新取向 [J]. 心理科学进展, 2010, 18 (5): 706.
③ "'大思政课'我们要善用之"（微镜头·习近平总书记两会"下团组"·两会现场观察）[N]. 人民日报, 2021-03-07 (1).
④ 冯秀军. 善用"大思政课"的三个维度 [J]. 思想理论教育导刊, 2021 (8): 104.

导作用。

其二，教育是具有未来指向性的，思政课所要培养的时代新人要能够回归社会生活并投身于社会生活实践。思政课要培养教学对象的亲社会行为，这意味着学生不仅是从社会生活中而来，还要能够回到社会生活中去。新时代，思政课要培养的是担当民族复兴大任的时代新人，是德智体美劳全面发展的社会主义建设者和接班人，是"拥护中国共产党领导和我国社会主义制度、立志为中国特色社会主义事业奋斗终身的有用人才"①。这些表述都不是仅仅通过抽象词语组合而成的概念，而是包含着对"中华民族伟大复兴""中国特色社会主义事业的发展"等现实问题的实际考量，同时强调时代新人要成为走在时代前列的奋进者、开拓者、奉献者，要投身于现实的生产实践这一共同活动。因此，思政课所育之人不仅要能够正确地认识所处的现实社会生活，还要能够成为在社会生活中生产实践、直面时代之问并回应的时代新人。无论是针对当下，还是指向未来，都不能够脱离社会生活，只有落脚于社会生活，才能够实现思政课对于时代新人的现实培育。

二、叙事与教育：何为思政课中的社会生活

社会生活纷繁复杂，并不是所有的社会生活都具有正面的教育引导作用。以往的思政课教学实践也呈现出对于社会生活的把握不够准确的问题。因此，在"大思政课"视域下，还须进一步厘清何为思政课中的社会生活。

（一）思政课的边界对社会生活的选择

思政课对于教学对象的关注离不开对其所处社会现实条件的准确把握，换言之，思政课教学对象所处的社会生活理应成为思政课的教学资源。那么，能否将其所处的社会生活全盘拿来呢？显然，社会生活的复杂性与思政课教学的边界性决定了这个问题的答案是否定的。在马克思看来，"全部社会生活在本质上是实践的"②。这句话中的社会生活包含的范围很广，即一切实践活动都属于社会生活，其内容之多也决定了社会生活本身是复杂多样的，既不是"清一色"，也不是"非黑即白"，而是"色彩齐全的调色盘"，如果不加选择地将所有的颜色混合在一起，那么其结果只能是漆黑一团，无法体现社会生活所赋予思政课育人的"有生命的鲜活"，也无法真正立足于学生。

---

① 习近平. 思政课是落实立德树人根本任务的关键课程［J］. 求是，2020（17）：4-16.
② 中共中央马克思恩格斯列宁斯大林著作编译局. 马克思恩格斯选集：第1卷［M］. 北京：人民出版社，2012：135.

思政课教学离不开对社会生活资源的科学选择、合理搭配与有效整合。社会生活不可能也不应该被全盘拿来作为教学资源,对社会生活资源的选择、搭配和整合是由思政课边界决定的。思政课边界又体现在特定的思想政治教育目标上,即立德树人与培养拥护中国共产党领导和我国社会主义制度、立志为中国特色社会主义事业奋斗终身的有用人才。因此,这里的社会生活资源是指符合社会主导意识形态要求的,而非中立的、价值无涉的教学资源。因为教育并非价值中立的事业,[①] 思政课教学更是强调对于教育对象的价值引领作用。如果未能理解社会生活本身复杂性与教学内容边界性,就会模糊社会生活之于思政课教学的意义所在,从而出现"为生活而生活"的怪圈,走向唯社会生活是瞻,而无法体现思政课教学对于教学对象的价值引领。[②] 社会生活对于思政课的意义并不等于从"纯理论"走向"纯生活",思政课教学中的社会生活必须区分清楚"什么是真正的现实问题""什么是糟粕"。只有能转化为思政课教学素材,并为其教学目标所服务的社会生活资源,才能够成为思政课中的社会生活。

(二)思政课中社会生活的双重属性及其叙事特性

在思政课中,社会生活兼具教学内容与教学空间的双重属性。在"个人—社会—国家"关系链中,社会生活具有微观叙事与宏大叙事的双重特性。作为教学内容的社会生活,展现了微观叙事的特性;作为教学空间的社会生活,体现了宏大叙事的特性。在思政课教学过程中,准确认识和把握社会生活的双重属性及其叙事特性,可以有效实现思政课教学的"微而不碎"与"大而不空"。

其一,微而不碎:作为教学内容的微观社会生活。从"个人—社会"的关系出发,思政课对于时代新人的培养是基于教学对象所处的社会生活,这也就决定了思政课教学要包含个人之于社会的微观叙事性。由于微观层面的社会生活是教学对象最为熟悉、最能直接感知和经历的,因此,其更容易被作为教学内容资源纳入思政课的教学过程,赋予思政课教学以生命力与鲜活性,以此建立起教学对象与思政课之间的关联性。社会生活的微观层面是与教学对象联系最为紧密的现实条件,但是,思政课教学注重社会生活的微观层面并不等于将社会生活中的一切细节均作为思政课的教学内容,细节中的琐碎、低俗等内容

---

① 高国希.试论关于"大思政课"的几对范畴关系 [J].马克思主义理论学科研究,2021,7(10):107.

② 杨金华.生活德育论的理论隐忧与现实困境:对近年来"生活德育热"的冷思考 [J].高等教育研究,2015,36(8):72.

是需要加以过滤、筛选，甚至是需要摒弃的。虽然在思政课已有的教学实践过程中，出现过脱离社会生活、教条化等问题，但对思政课教学脱离现实生活的批判不能走向其反面——囿于社会生活之中。否则，只能使得思政课教学走向"泛生活化"，从而导致价值的虚无。进入思政课教学内容的社会生活要具有鲜活的微观叙事性，这就决定了思政课教师必须以教学对象所关心的社会现实问题为切入点选择教学资源，以避免社会生活的琐碎消解了思政课育人的作用，从而实现"微而不碎"。

其二，大而不空：作为教学空间的宏大社会生活。从"社会—国家"的关系来看，社会不仅关系个人，同时也关联着国家，社会生活不是完全拘泥于日常个体的衣食住行，还承载着国家历史进程的宏大叙事。"大思政课"理念的提出，是基于抗击新冠疫情这一鲜活的社会现实，并面向世界百年未有之大变局背景下的时代之问与"两个一百年"奋斗目标的社会语境，具体包括历史事件、典型历史人物事例、社会事件或社会热点、中国特色社会主义建设中的成就与挑战等。[1] 宏大叙事下的社会生活展现的是凝聚社会群体精神内核的具体实践活动，具有集体性、交互性与教育性等特征。习近平总书记提出："'大思政课'我们要善用之，一定要跟现实结合起来。"[2] 这一结合不仅意味着社会生活应该作为思政课的教学内容，也强调社会生活应当成为思政课的教学空间。那么，为什么思政课不能仅仅依靠传统的学校课堂将社会生活作为其内容进行教学，而要将教学空间拓展至社会生活之中呢？这是宏大叙事对思政课中的社会生活的内在要求。

在社会生活的宏大叙事层面，如果思政课教师仅仅将其简单作为内容进行教学，那么对教学对象而言，由于缺乏一定的场景记忆，[3] 只能是停留于语义记忆层面，成为"熟悉但缺乏可感性"的大道理。在本质上，社会生活是实践的，实践是"人之为人"的存在方式。我们教育的目标不是培养理想主义者，而是培养心怀理想的务实主义者，不是培养仅有理想的乌托邦式的空想家，而是培养能够在现实生活中勇于奋斗、敢于实践的实干家。因此，仅仅在学校课堂这一教学空间中认知社会生活的宏大叙事是不够的，还要将思政课的课堂从

---

[1] 徐蓉，周璇. 善用"大思政课"推进教学改革创新 [J]. 思想理论教育，2021（10）：61.

[2] "'大思政课'我们要善用之"（微镜头·习近平总书记两会"下团组"·两会现场观察）[N]. 人民日报，2021-03-07（1）.

[3] 汪丁丁. 理性选择与道德判断：第三种文化的视角 [J]. 社会学研究，2004（4）：31-38.

学校拓展至社会生活空间，提升学生的在场性与现实的可感度，使理论与生活、思政小课堂与社会大课堂自然融合成一体。"真实的社会生活中，学生能够实时体会到社会主义先进文化的生机与活力，在承载中华优秀传统文化、革命文化和社会主义先进文化的展览场馆、实践基地、生产生活场所实景中长见识、增才干。"① 热火朝天的社会生活大课堂，也进一步联结学生个体与社会生活的紧密关系，使得他们能够自觉地投入服务于社会发展与国家建设等家国大事、宏大主题的实践中，从而实现社会生活宏大叙事的"大而不空"，进一步增强思政课的亲和力、感染力、针对性与实效性。

三、情境化与场域化：思政课如何用好社会生活

思政课为培养时代新人必须注重社会生活，社会生活又兼具思政课教学内容与教学空间的双重属性。基于此，思政课要借助于情境化把社会生活引入课堂，同时通过场域化让社会生活成为课堂，用好社会生活。

（一）情境化：把社会生活引入课堂

思政课作为课程形态强调"课"本身，② 这意味着要对作为教学内容的社会生活进行课程式的转化，即在课程教学过程中实现社会生活的情境化。在以往的教学实践中，由于对社会生活的理解不够充分，思政课教学要么不对社会生活内容加以转化，要么对社会生活内容进行随意删改，使得课堂教学简单化、形式化，这也就决定了它在教学过程中只能实现情景化。情景化虽然与情境化只有一字之差，但二者具有不同的内涵与外延，在思政课教学的效果与意义上也截然不同。情景化之于思政课教学，犹如舞台布景之于戏剧表演，通过创设人物或事件作为思政课教学的导入或引子，在后续的教学过程中却将其置于背景的地位，因而，情景化的思政课教学只能浮于表面、流于形式，无法实现教学过程中的共鸣与共情。另外，虽然情景的设计也可以来源于现实，却是对现实的再创造，并不等同于完整的现实生活本身。情景的"再创造性"也使得思政课教学对象对情景具有距离感，只能站在旁观者的视角，无法产生具身的效应。在这个意义上，情景是不具有真实、可感知性的，情景化所产生的只能是作品，而不能成为思政课的教学过程。

---

① 许瑞芳，张宜萱. 沉浸式"大思政课"的价值意蕴及建构理路 [J]. 思想理论教育导刊，2021（11）：85.

② 叶方兴. 大思政课：推动思想政治理论课的社会延展 [J]. 思想理论教育，2021（10）：67.

相比较而言，情境化则实现了从情景的表征走向情境的亲身参与。① 与情境相对应的不是创造性，而是再现性，它可以是在教学前，也可以是在教学过程之中，包含人和事及其之间的交互作用，强调受众的实际参与性。思政课教学过程中的情境化是"再现的空间"，虽然这一空间的再现受制于传统思政课教学的课堂而不一定具有实体性，但所营造的环境与氛围是真实的、具体的。例如，新冠疫情作为一个重大的社会公共事件，社会中的每个个体都有自己的亲身经历。抗击新冠疫情之于受教育者是其与社会生活的一次交互，而其在思政课教学中的情境化是教学对象与社会生活的再一次交互，它不是虚构而成的，而是社会生活的再现，在课堂中所讲述的是真实的人物和事件，因此情感的共鸣于其中自然生成。情境化使得教学对象不是居于漠视与无感的旁观者地位，而是作为亲历者得以共情，并建构起相应的认同，实现知情意行逐步整合升华的过程。同时，不同于思政课教学情景化的静态性，情境化下的思政课教学具有课堂教学的连续性和延展性，教学对象能够进一步将新的观念转化为真实经验，在课堂教学之外进行相应的实践，实现知情意行的统一。情境化使思政课教学能够在有限的课堂实体空间中，将尽可能多的社会生活意涵呈现给教学对象，让其能够获取更多的社会文化价值。②

（二）场域化：让社会生活成为课堂

思政课教学的情境化将社会生活引入课堂之中，实现了社会生活在非物理意义上的"空间再现"，但思政课教学的情境化并没有脱离课堂这一传统的教学空间，因此对于思政课的育人必定会存在一定的限制性，这也是"大思政课"强调要在社会生活中讲思政课的意义所在。既然要突破传统课堂教学空间对于思政课教学的限制，就要走出课堂本身，走进社会生活之中去观察、去体验、去实践，从而实现教学空间的转换，回到"现实发生地"，通过场域化让社会生活成为思政课教学的"大课堂"。以思政课中的历史教育为例，由于历史已成过往，绝对的时空一致受到客观条件的限制而无法实现，"回到历史的发生现场"只能是对历史遗址、纪念场馆进行实地参访。挖掘社会生活中的红色资源、历史资源、文化资源，并将其转化为课程资源，成为课堂教学的源头活水，与思政课的课程知识体系进行有效对接，以社会中"现实发生地"这一实体空间让

---

① 姚海林. 从认知到情境：学习范式的变革 [J]. 教育研究，2003（2）：68.
② 胡潇. 空间的社会逻辑：关于马克思恩格斯空间理论的思考 [J]. 中国社会科学，2013（1）：131.

教学对象形成真实感知、真正认同，而不至于陷入"伪实证"① 之中。

其一，场域化旨在通过空间与资源的开发和运用来延展思政课教学的渠道与阵地，② 增强受教育者的身心感知。虽然场域化表现为教学空间的转换，但真正对思政课教学起到关键性作用的在于其背后社会关系的突破与再生产实践。按照场域理论，场域既是一个社会位置系统，也是客观关系系统。③ 因此，场域化不仅意味着教学空间的变化，也是其中所联结社会关系的变化。在传统教学空间——学校课堂中，所反映的社会关系表现为师生关系与同学关系，这类社会关系具有稳定性和相对静态性。这样的关系特征固定了所处环境的现实条件，无形之中受限于由学校、教材、教师等构成的框架，容易导致教学对象视野的单一化、狭窄化。将社会生活转变为思政课的教学空间，能够打破一贯以来学校课堂作为思政课学习的固有封闭性场域，回归"社会母体"④ 之中，使得教学场域走向开放式，师生关系与同学关系等走向动态的发展过程，实现思政课教学中社会关系的突破。在社会生活的大课堂中，各行各业的人士都能够现身说法，以其所长讲思政课，最真实、最直接地回应社会生活中各方面的现实问题，有助于教学对象更加全面、正确地认识和理解社会生活本身。社会生活大课堂能够实现思政课之大平台与大视野，是为"大思政课"之所在。

其二，场域化指向的是再生产实践，这对应于思政课的教学目标，即思政课所育之人不能是只懂大道理的书生，而是必须能够回到现实生产实践中的时代新人。恩格斯指出："根据唯物史观，历史过程中的决定性因素归根到底是现实生活的生产和再生产。"⑤ 一方面，教学对象在社会生活的大课堂中生成其现实性，能够从认知维度走向实践维度，实现自身的再生产，例如，成为红色场馆志愿讲解员，对特定的社会问题进行实际调研，等等。另一方面，社会生活不是自然而然成为思政课教学的大课堂，相反，社会生活必须通过场域化的再塑造才能成为思政课的教学空间。根据法国思想家列斐伏尔空间的生产理论，

---

① 史宏波，谭帅男. 大思政课：问题指向、核心要义与建设思路［J］. 思想理论教育，2021（9）：67.
② 徐蓉，周璇. 善用"大思政课"推进教学改革创新［J］. 思想理论教育，2021（10）：61.
③ 魏善春. 教学冲突：缘起、悖论及合理应对：一种教育社会学的审视［J］. 中国教育学刊，2012（8）：60.
④ 叶方兴. 大思政课：推动思想政治理论课的社会延展［J］. 思想理论教育，2021（10）：67.
⑤ 中共中央马克思恩格斯列宁斯大林著作编译局. 马克思恩格斯选集：第4卷［M］. 北京：人民出版社，2012：604.

"生产的社会关系把自身投射到某个空间上,当它们在生产这个空间的同时,也把自身铭刻于其中"①。空间"不仅被社会关系支持,也生产社会关系和被社会关系所生产"②。社会生活场域化后必然也对应师生关系等社会关系的生产重构,同时,生产重构而成的关系本身也再生产着其所处的空间,空间的再生产则体现为社会生活空间中的育人资源得以挖掘、育人价值得以实现。

思政课的魅力在于它是旨在完善人本身的课程教学,但也正是这一点决定了思政课的教学难度。思想政治教育强调的是人的教育,对于人本身的关切是思政课教学实践过程中从未改变过的主线。如何更好地建立起思政课教学与现实社会生活之间的关联也是思想政治教育"上下求索"的方向所在。"大思政课"理念的提出再一次将关注点聚焦于思政课教学与社会生活关系的探讨之中,并指向思政课育人问题的思考。思政课在于培养时代新人,而时代新人的存在与发展离不开进行生产活动与联结社会关系的社会生活,社会生活的丰富性与复杂性决定了在思政课教学中要对其进行多重意义的思考与多维度的考量,即社会生活必须经过"思政化"的过程。"大思政课"视域下,思政课教学要以社会生活为音、以社会生活为场,回应学生个体的现实需求,才能真正讲好思政课,实现党的创新理论入耳入脑入心入行,培育好堪当民族复兴大任的时代新人。

(本文原载于《思想教育研究》2022年第4期)

---

① 列斐伏尔. 空间的生产[M]. 刘怀玉,等译. 北京:商务印书馆,2021:189.
② 包亚明. 现代性与空间的生产[M]. 上海:上海教育出版社,2003:48.

高校"大思政"格局的理论定位与实践建构

刘兴平

河海大学马克思主义学院

摘要： 高校"大思政"体系的提出和发展，反映出整个教育系统内理论和实际工作者对大学生成长影响因素的认识不断深化，反映出高校随着社会变化发展而对育人要素"结构—关系"的不断重整。高校"大思政"格局的理论定位基于系统思维，确立起高校育人体系的"静—动""量—质""显—隐"的有机统一体。高校"大思政"格局具有"全面性""互动性"两个实践特性，前者是为了防范高校思想政治教育系统性的割裂，后者则是为了促进合力效应的生成。为此，高校"大思政"格局需要从社会生态维度、体制建构维度、生态运行维度和生态位维度实现有效建构。

习近平总书记在全国高校思想政治工作会议上的重要讲话，深刻回答了高校培养什么样的人、如何培养人以及为谁培养人这一根本问题。以习近平新时代中国特色社会主义思想为指导，构建"大思政"工作格局是对高校如何培养人的基本要求。高校"大思政"格局在很多人看来似是一个习以为常的命题，然而，目前形成的研究成果大多只是经验性描述，对"大思政"格局的性质、结构、作用等尚缺乏深入的理论揭示，也未对研究中出现的不断扩充新内容的现象在合理性、意义、标准等方面作出必要的解释。有些研究甚至仅在教学等较小范围内讨论"大思政"问题，[1] 导致理论和实践视域的窄化。笔者作为高校专职思想政治教育工作者，基于曾经身处于高校"大思政"格局中多个工作岗位的经历，对高校"大思政"格局的重要性及其实践要求略有所悟，为此，本文将以此作为理论思考点，对"大思政"格局的理论、实践予以探讨，从而

---

[1] 罗南石，熊申英. 高校"大思政"教学运行机制探析 [J]. 赣南医学院学报，2010，30 (5)：735.

更好地指导高校工作实践。

一、高校"大思政"工作体系的实践演进

所谓"大思政"工作格局，是对多种具有思想政治教育功能的因素通过特定的活动或联系机制所形成的合力体系的整体形态描述。在本质上，它是对思想政治教育的整体形态及其体制、生态和运行机制的实践要求。"大"的特性，实际上是思想政治教育的系统思维、整体性理念的实践概括，具体体现为思想政治教育的多主体参与、多形式呈现、多场域运作、多层面影响。

高校"大思政"体系的提出和发展，经历了一个不断丰富、拓展的过程。20世纪80年代在学校教育系统中使用的"三育人"概念可以说是其原型，它涵盖了以"教书育人""管理育人""服务育人"为主要内容和实施路径的学校育人体系。它强调教师的教学、学校党政干部实施的以教育管理和学生管理为主体的学校管理以及保证学校运营的服务体系职工的相关服务，同属于"育人"体系的整体，三者不可分割，从而体现了系统育人的思想，是在时间和形式上的有机统一。

此后，"四育人"的提法提出，但其内容并不完全一致。在中小学教育领域，通常根据中小学的特殊性，强调"活动育人"或"环境育人"。由于不良环境对教育和学生的影响日益显现，甚至十分突出，"环境育人"一度成为各级各类学校关注和强调的重点，它与前面的"三育人"并称为"四育人"，也一度成为"四育人"的主流理解。不过，由于对高等教育社会功能的认识不断拓展，高校育人体系的结构也在根据高校的特殊性而进行逐步调整，具体表现为高水平学校越来越重视"科研育人"；高职高专学校"生产育人"已成为"三育人"理念在育人实践中的创新与发展。由此，在不少高校中，"四育人"体系往往是由"科研育人"或"生产育人"与前述"三育人"配合而成的格局。

随着学校教育研究和实践探索的逐步深入，关于育人体系的认识越来越全面，实践条件越来越好，实践成果也逐步显现，由此，包括"思想育人""实践育人""文化育人""组织育人""网络育人"等育人体系的新内容也日益提出并得以确立，另有如"法律育人""传统育人""榜样育人"①"自我育人"等提法，以及由此衍生出的"五育人""六育人""八育人"等提法，虽然存在标准不一的缺陷而有待商榷，但从推动了育人格局的理论、实践探索角度而言，是有一定积极意义的。

---

① 李修超. 从"八育人"入手，落实素质教育[J]. 宁夏教育科研，2001（1）：19-20.

习近平总书记在全国高校思想政治工作会议上强调,"要坚持把立德树人作为中心环节,把思想政治工作贯穿教育教学全过程,实现全程育人、全方位育人","形成党委统一领导、各部门各方面齐抓共管的工作格局",① 这对高校"大思政"育人格局提出了新的更高的要求。在全国高校思想政治工作会议召开一周年之际,教育部党组于2017年12月印发了《高校思想政治工作质量提升工程实施纲要》(教党〔2017〕62号),将"大思政"格局进一步拓展为"十育人",要求"充分发挥课程、科研、实践、文化、网络、心理、管理、服务、资助、组织等方面工作的育人功能,挖掘育人要素,完善育人机制,优化评价激励,强化实施保障,切实构建'十大'育人体系"②,并且对实施的内容、载体、路径和方法进行了详细规划。在一定意义上,这是一年来基于贯彻落实全国高校思想政治工作会议精神的经验而提出的"大思政"格局的实践方案体系。

高校"大思政"格局的实践演进,在形式上是"育人"体系由"三育人"到"N育人"的逐步扩展,在实质上,反映出整个教育系统内理论和实际工作者对大学生成长影响因素认识的不断深化;反映出高校随着社会变化发展而对育人要素的不断重整;反映出国家和社会对高校人才培养水平和培养能力的要求越来越高。

二、高校"大思政"格局的理论定位和实践特性

高校"大思政"格局的理论定位在于,它基于系统性和整体性思维,确立起高校育人体系的"静—动""量—质""显—隐"的有机统一体。"大思政"工作格局,既是一个思想政治教育主体及其实践的综合形象表达,也是高校思想政治教育生态的具体表现。前者属于静态的结构层面,后者属于动态的活动层面;前者以量的扩大为目标,后者以质的提升为目标。此外,一般来说,除了思想政治理论课教学、理论宣传和学生日常思想政治教育工作之外,"大思政"体系所强调的内容基本属于隐性思想政治教育范畴。这也意味着,高校思想政治教育的静与动、量与质、显与隐的有机统一,才是有效的"大思政"格局。

习近平总书记反复强调,领导干部要具有系统思维,这对于高校思想政治教育具有重要的方法论意义。在高校内部系统中,分工越是日益细化,就越是

---

① 习近平.习近平谈治国理政:第2卷[M].北京:外文出版社,2017:376,379.
② 中共教育部党组关于印发《高校思想政治工作质量提升工程实施纲要》的通知[EB/OL].中华人民共和国教育部政府门户网站,2017-12-06.

需要更强的社会关联度和系统性。各项工作、各类影响因素相互交织，牵一发而动全身，只有坚持运用系统思维，科学统筹各种因素，各项工作才能充分实现系统的"整体大于部分之和"的功效。为此，高校在思想政治教育管理层面首先要基于系统思维，进行思想政治教育的顶层设计，在更高层次上谋划与构建，以保证思想政治教育各子系统真正形成育人体系的"静—动""量—质""显—隐"合力体系的"大思政"格局。

第一，高校"大思政"格局，在其静态的、量的层面，其基本实践特性是全面性，即通常所说的"全员全过程全方位"育人格局。所谓全员性，强调的是在高校内部各部门、各单位的成员全员参与的这一思想政治教育主体状态。高校思想政治教育工作，不能仅仅依赖专职从事思想政治教育的人员，它必须是一个分工合理、联系密切、相互协调的全员性工作体系，高校所有师生员工都可以作为教育者而存在，同时，也可以在与他人的沟通交流中接受教育。所谓全过程性，强调的是思想政治教育寓于学校各种教学、科研、社会服务、文化传播与传承和国际交往交流等一系列活动之中，这些活动本身的目标渗透着思想政治教育的目标，活动的进行依赖于人积极主动的思想观念的指导和支持，参与活动的全体成员也在其活动过程中受到教育。所谓全方位性，主要强调的是高校思想政治教育的路径、载体、资源的全面性及其作用的充分发挥，以及对教育对象思想政治和品德素质的全面观照，以此达到以"全方位"育全面发展的人的教育目的。之所以将"全面性"视为量的层面的实践特性，是因为思想政治教育在进行顶层设计时，必须尽可能充分考虑到高校内部所有可能对师生的思想政治素质和道德品质产生影响的各种不同要素和环节，做到在量上的不断发掘和拓展。

需要强调的是，高校"大思政"格局的"全面性"，是为了防范高校思想政治教育系统性的割裂。在实际工作中，这种割裂主要表现为三种状态：（1）虽有"单兵"努力，但相互隔离，缺乏沟通、配合与协作，无法形成整体合力，比如，高校辅导员之间、思想政治理论课教师之间缺乏沟通和协同，学生工作部门与思想政治理论课教学单位之间缺乏沟通与协调等；（2）缺乏相互理解和信任，"单兵"努力的程度不够，专门性思想政治教育部门之外的其他部门存在对自身所应履行的思想政治职责的忽视甚至无视，比如，高校的后勤服务部门并不一定觉得自己的工作与思想政治教育有关；（3）出现与思想政治教育主导方向相抵消的力量，比如，专业课教师和思想政治理论课教师在学生教育引导上不能完全同向同行。

"大思政"格局以育人目标为导向，通过全校系统为良性互动提供了发挥作用的必要机制，不仅形成了"课程思政"的理念，使课程教学的思想政治教育功能渗透到专业课程和综合性通识课程中，而且使管理育人、服务育人落实到科研、实践、文化、网络、心理、资助、组织、服务等综合性活动之中，从而调动了相关主体共同参与思想政治教育的积极性，有效地防范了前述割裂现象，促进了教育合力的形成和育人功能最大程度地实现。

第二，高校"大思政"格局，在其动态的、质的层面，其基本实践特性则是互动性和共享性，即前文所说的"协同育人"或教育合力的形成。分工体系的各方面分别发挥作用，并不能保证合力的形成，教育各环节和各方面的"同向同行"，必须通过各不同主体间的良性互动才能实现。这正是思想政治教育生态的基本要求。思想政治教育作为一种教育活动，是处于整个社会生态系统之中的，它与该系统内的其他各要素发生着交互作用。高校思想政治教育生态只是社会思想政治教育生态大系统中的一个子系统，但对大学生成长来说，是一个影响巨大的系统。在高校思想政治教育系统内，至少存在着如下有实践意义的工作系统：（1）个体系统，即具体的校内师生员工。其个体的特性、个体的行为习惯规范决定着思想政治教育的效果、效率和效益。（2）群体系统，即校内各部门、单位。它由一定量的个体组成，既有其中的个体成员自身的特性，也会有显性的或潜在的组织原则、组织制度与行为规范，同样对思想政治教育的效果、效率和效益产生影响。（3）整体系统，即校内全部与思想政治教育相关的生态要素的总和，即本文所称的"大思政"格局。互动共享正是在个体与个体之间、个体与群体之间、群体与群体之间以及个体、群体与整体之间进行的。这种互动共享首先是信息的沟通，但关键是能量的流动，即指导、支持、配合和激励等能够实现促进措施的实际执行与交互作用。

三、高校"大思政"格局的多维建构

高校"大思政"格局是一个复杂的系统工程。在实践中，思想政治教育若想实现多主体、多形式、多场域运行和多层面影响的合力效应，还需要在思想政治教育者的主动性、思想政治教育活动的同时性等之外通过体制和机制获得实践格局的共享有机性，即通过系统耦合使"大思政"格局由综合体变成有机统一体。因此，高校"大思政"格局需要从以下多个维度进行建构。

第一，社会生态维度。如前所述，高校"大思政"格局是高校思想政治教育生态的具体体现。然而，高校又是作为社会大系统中的一个子系统而存在的。"决定'思想政治教育系统效用'大小，不仅在于思想政治教育自身因素的影

响,而且也是思想政治教育系统外部条件的整体性作用下的效果。"① 高校思想政治教育生态系统的良性运行,必须依赖于整体的社会生态,尤其是政治生态。我国的高校思想政治教育,是在中国共产党领导下进行的社会主义性质的思想政治教育,我们党通过其他系统和自己组织汇集社会的各种需求倾向,形成确定的需求结构,并以此获得其他各系统的理解和支持,从而进入思想政治教育系统,进入高校,并以强大的执行力得以贯彻,这才是高校"大思政"格局必要的社会生态条件。换言之,高校"大思政"格局的建构,在很大程度上受制于高校内外的政治生态。加强党对高校的领导,特别是加强和改进党对高校思想政治工作的领导,是办好中国特色社会主义大学的根本保证。高校党委必须坚决贯彻落实党中央和上级教育行政机关的教育指示精神和具体要求,高度重视"大思政"格局中各构成要素的育人作用,唯有如此,才可能将外部积极的社会生态传递到学校之中,继而付诸校内思想政治教育生态建构的实践过程之中,形成真正富有实效的"大思政"格局。

社会生态维度建构的关键,不在于校内专门从事思想政治教育的工作部门,而在于高校内部各个与思想政治教育相关的核心机构——校党政领导、党委工作部门以及人事、教务、科研、后勤管理等部门的人员对"大思政"格局以及自我责任的认识。无论校外的政治生态如何,都会通过他们向校内传递。如果这些人员缺乏对"大思政"格局及其自我责任的认识,即使外部存在积极的政治生态和对思想政治教育的巨大推动力,也无法顺畅、切实有效地传递到学校思想政治教育生态系统之内,或者在传入之初即形成"大思政"格局的消解和阻碍力量。相反,如果其认识积极、充分、正确,无论外部生态是否有利,他们都会将外部信息转译为对思想政治教育有利的信息,并迅速启动"大思政"格局的运行。

第二,体制建构维度。从实践角度而言,"大思政"格局若要使各部门的工作在思想政治教育方面实现同向同行,必然涉及管理体制和工作机制的问题。以党委领导下的校长负责制为基本架构的思想政治教育领导体制,可以通过对权力的运用,建立有效转换各种需求、传递相关信息的工作机构,配备工作人员,提供相应的物质、设施等工作条件保障,督促相关部门配合、合作与共享,制定具体的教育计划和策略、措施,这是建构与"大思政"格局相适应的体制的必然选择。在这一体制下,思想政治教育管理可以将社会圈和受教育者的需

---

① 侯勇. 社会视野中的思想政治教育系统研究[M]. 北京:人民出版社,2016:231-232.

求传达到整个"大思政"体系之中,有效组织思想政治教育信息的收集、处理和交流、反馈与共享,从而确定思想政治教育的活动目标、方向、原则和具体的教育内容;可以在外部环境变化时作出积极、快捷的有效反应以调整"大思政"体系中各部门的方向、内容和策略方法;还可以对"大思政"体系的整体及各部分的现状组织必要的评估与反馈,以期不断改进工作,激励优秀的教育者积极工作,实现较好的思想政治教育效果和效益,如此,高校"大思政"生态系统才能得以很好地维护和发展,思想政治教育工作才能发挥出整体性与系统性的效益与作用。

第三,生态运行维度。从思想政治教育生态的视角看,高校"大思政"格局的构建,是一个构建互动关系从而实现生态系统内容的信息、能量传递的过程,互动关系和共享过程是高校"大思政"构建的必由之路。从现实情况看,这一互动关系和过程,一方面取决于校内构成"大思政"格局的各主体对育人责任的全面认识和"大思政"意识,一般地说,这种意识在专门性思想政治教育部门那里以本位意识为前提,在非专门性部门那里则以大局意识为前提。另一方面则取决于互动机制本身,包括责任分工、指导路径、沟通渠道、协作方式、激励措施等。前者决定着各主体的互动态度是否愿意参与互动过程、形成互动关系,后者则决定着互动效果本身。只有各主体都具有积极、充分、正确的认识,才可能建构起顺畅的互动过程,保持着良好的互动关系。在这个意义上,高校"大思政"系统的运行,关键正在于以管理为中心的互动关系的良性发展。

"大思政"格局之"大",不仅在于校内各部门在其他部门的支持、配合下各司其职地做好本职内的思想政治教育,也不仅满足于指导、支持和参与其他部门的思想政治教育,更在于实施全校范围内甚至跨校的校际育人活动。在这个意义上,"大思政"格局需要具备强大的校内社会整合能力。一般来说,"社会整合是为了保持社会共同体的平衡,促进社会一体化,建立在共同价值和情感基础上的内部各要素功能耦合、结构协调、相互配合的过程或结果"[①]。这种校内社会整合,如果以具体课题和明确的行动方案为目标,更易形成一体化的力量,促进思想政治教育大格局的内部耦合。具体地说,"大思政"格局需要在校内或校际围绕不同主题的综合性活动,如科研课题、社会观察或调查、专业咨询与社会服务、文化建设、网络空间等方面进行建构,这种"大平台"式的互动共享关系和过程,具有强大的动力性能,能够有效调集各种资源,形成多

---

① 戚如强. 思想政治教育社会整合论[M]. 上海:上海三联书店,2015:55.

样性主体结构，以更具有隐性和渗透力的方式，通过分工复杂的"学校—社会"价值启思和实现过程，对师生员工的思想政治素质和道德品质产生影响。它们往往比显性思想政治教育更具可接受性和吸引力，也更有明显的教育实效。

第四，生态位维度。所谓"生态位"，强调的是在整个"大思政"格局中各部门（或"子系统"）能够各有其位，各安其位，各守其位。在高校中，思想政治教育固然需要各个职能部门和院系齐抓共管，构成一个有机的整体，但每个部门或单位的作用都应以其所应、所能发挥的思想政治教育功能为限，这个限度构成了高校思想政治教育系统内各子系统、各主体的空间和时间位置，并确定了它们之间的机能关系，从而确定了它们的生态位。"泛化""特化""重叠"等"生态位失准"① 现象都会影响思想政治教育生态系统的资源分配、活动开展以及教育目标的实现。

在生态位维度，首先，不能因其他育人渠道的落实而忽视了思想政治理论课教学的主渠道地位，必须让思想政治理论课教学得到切实的改进和强化。其次，不能将其他工作硬性"嵌入"思想政治教育内容和过程，使整个专业性过程失谐，导致师生的反感、抵触，那样会造成对专业性工作和思想政治教育的双重损害。以"课程思政"为例：在专业课程教学中可以而且应当渗透一定的思想政治教育内容，但不少教师会将其教学内容与思想政治教育目标建立起机械的、片面的联系，硬性地贴入说教性内容，虽然思想政治教育性增强了，却不仅影响了其专业教学目标，还降低了学生的接受兴趣和接受效果。实际上，与其将思想政治教育内容机械地融进专业性教学内容之中，不如将它们渗透于教学过程之中，譬如，用纪律约束培养学生的法纪意识，以学习目标、方法的引导培养其应有的优良学风，以教师良好的社会态度和师德师风对学生产生积极的示范效应。再次，生态位维度上应不断完善"大思政"生态体系，注意把游离于生态系统之外的元素纳入其中，比如，大学生中有很多青年自组织，"自组织的出现则可以弥补传统学生组织对学生思想政治教育工作的不足，变被动为主动，增强思想政治教育的实效性"②，要通过有效引导确保青年自组织和这些组织中的意见领袖进入"大思政"工作体系之中，他们是思想政治教育的对象同时也在一定程度上能够发挥思想政治教育的主体性作用。最后，生态位维度上，还需要注意"大平台"式校内、校际活动中不同部门和人员之间的分工

---

① 戴锐. 思想政治教育生态论 [J]. 理论与改革，2007（2）：153.
② 刘兴平，孙悦，刘玥. 超越结构与行动：论高校青年自组织的困境与出路 [J]. 江苏高教，2016（2）：140.

和合作，换言之，综合性"大平台"的参与人所扮演的角色不同，承担的育人职责不同，其所传导的教育内容也不同，只有各自履行自己的职责并与他人积极沟通、配合，才能收到良好的教育效果。

（本文原载于《思想教育研究》2018年第4期）

大中小学思想政治理论课教学内容衔接探析

陈大文　母玲凡

同济大学马克思主义学院

摘要：大中小学思想政治理论课教学内容衔接，是推进大中小学思想政治理论课一体化的重点工作。针对大中小学思想政治理论课教学内容衔接存在简单重复、内容倒挂、断层脱节的问题，应按照整体性和层次性相统一、连贯性和阶段性相统一、渐进性和梯度性相统一的目标定位，优化教材统编团队，加强内容衔接研究，健全集体备课机制，整体提升大中小学思想政治理论课教学内容衔接的有效性。

习近平总书记2019年在学校思想政治理论课教师座谈会上发表重要讲话强调："要把统筹推进大中小学思政课一体化建设作为一项重要工程，坚持问题导向和目标导向相结合，坚持守正和创新相统一，推动思政课建设内涵式发展。"① 为落实习近平重要讲话精神，2020年12月，中宣部、教育部印发《新时代学校思想政治理论课改革创新实施方案》，要求充分发挥思想政治理论课在立德树人中的关键课程作用，循序渐进、螺旋上升地开设好大中小学思政课，构建大中小学一体化思政课课程体系，优化教材内容，实现学段纵向衔接、逐层递进。② 推进大中小学思想政治理论课（以下简称"思政课"）一体化建设的核心在于实现大中小学思政课教学内容的有机衔接。为此，我们要直面大中小学思政课教学内容衔接存在的问题，根据大中小学思政课教学内容衔接的目标要求，探索大中小学思政课教学内容衔接路径，切实发挥思政课的育人实效。

---

① 习近平. 思政课是落实立德树人根本任务的关键课程 [J]. 求是，2020（17）：4-16.
② 中共中央宣传部、教育部关于印发《新时代学校思想政治理论课改革创新实施方案》的通知 [EB/OL]. 中国政府网，2020-12-18.

一、大中小学思政课教学内容衔接的问题指向

近年来,思政课教学内容衔接问题受到广泛关注,各学段教学内容衔接情况有所改善,大中小学思政课教学内容一体化建设初显成效。但我们在肯定成绩的同时也必须看到,部分课程内容重复、倒挂、脱节的现象依然不同程度地存在。只有直面这些问题,才能积极寻求对策。

(一)简单重复

简单重复主要是指大中小学思政课部分教学内容之间存在不必要的交叉和重复。这是学生和教师在思政课教学内容衔接上反映最为强烈的问题。众所周知,我国思政课教学内容设置是既定的,各学段均涉及马克思主义理论教育、中国特色社会主义教育、社会主义核心价值观教育、爱国主义教育和中华优秀传统文化教育等主题,大中小学思政课教学存在主题相近或相同的内容。尽管整体上我国教材采用学段编排模式,但大中小学思政课教学内容一体化设计尚存一些问题,不同学段教材一体化建设的体制机制尚不完善,纵向各学段的教学内容安排与循序渐进、螺旋上升的目标尚有距离。诚然,一些知识作为基础或重点,一定程度的重复难以避免。然而这种重复应该是高学段在低学段基础上的延伸、拓展和深化,而不是毫无意义的反刍、反复。比如,小学六年级上册与初中八年级下册在公民依法行使权利、宪法的最高法律效力、国家尊重和保障人权、国家机构设置等内容上存在简单重复。类似现象也存在于高中与大学教材:《马克思主义基本原理概论》"事物的普遍联系""实践在认识活动中的决定作用"与高中《思想政治》"联系的普遍性、客观性和多样性""实践是认识的基础"等内容,无论是要点概括,还是对要点的阐释都几乎没有变化,连教材所占篇幅都十分接近。通过梳理大中小学思政课教材不难发现,部分低学段内容几乎一字不落地出现在高学段教材中,这种简单机械的重复必然会引起学生的反感,让学生误以为思政课就是老生常谈,使得学生对课程的好奇心和新鲜感下降,对后续的思政课学习产生消极影响。

(二)内容倒挂

内容倒挂主要是指大中小学思政课教学内容,与学生思想品德发展实际需要不符而引起的内容倒置或超前。随着新版国家统编教材面世,大中小学教学内容错位的情况有所改善,但义务教育阶段讲抽象命题和理论,大学思政课讲行为规范的现象依然存在。比如,小学《道德与法治》讲人大代表的选举程序,要求学生思考选票背后的平等权等复杂的问题,初中《道德与法治》抽象地讲

"法眼看平等"，高中《政治与法治》分册又回头讲人民代表大会制度的概念。实际上，小学生只需要知道"人民代表人民选"的意思，初中生懂得什么是人民代表大会制度，高中生即将或已经成年，应该知道人大代表的选举程序，进而思考人民代表大会制度的优越性，而大学生应该懂得我国选择人民代表大会制度的必然性。"选票背后的平等权"是一个很复杂的问题，对受教育者的抽象思维能力具有较高要求，而小学生的智力水平仍然处于感性思维和形象思考的阶段，不应设置超越其品德发展结构的教学内容。此外，中小学比较重视生命教育，上海等地的中小学的生命教育成效显著，但大学生的生命教育非常薄弱。日渐激烈的社会竞争使大学生群体普遍承受着较大压力，有的大学生面对挫折与失败时，甚至选择结束生命。这表明针对大学生开展的生命教育应该加强和改进。大学思政课不仅要兼顾思想广度和理论深度，增强大学生使命担当，而且应紧跟时代发展变化，追踪大学生思想动态，具有直击灵魂的深度与直抵人心的温度，不断满足大学生成长成才需要。

(三) 断层脱节

断层脱节主要是指大中小学思政课教学内容之间缺少必要的过渡和连接，特别是相邻学段的衔接较为跳脱，内容进阶不够平稳顺畅。通过梳理初高中思政课教材发现，初中《道德与法治》内容形象直观，贴近生活，趣味性和可读性较强，便于学生理解。高中《思想政治》以理论性知识为主，教材内容学理化，呈现方式体系化，抽象的教材理论与高中生现实生活存在一定距离，学生理解起来较为困难。高中思政课教材中深奥的概念、学术性的话语表达，对抽象思维能力尚未成熟的高中生，特别是仍然较为擅长形象思维的高一学生而言，具有较大难度。比如，高中《思想政治》讲解社会主义从空想到科学、从理论到实践的发展，涉及原始社会、奴隶社会、封建社会和资本主义社会的发展演进。阶级社会形态历史更替的根本原因在于生产力与生产关系的矛盾运动，阶级社会的产生、存在和发展同生产力与生产关系的发展过程密切联系。学生对人类社会发展规律的认识和理解，应该以生产力与生产关系的矛盾运动及其规律作为铺垫，然而相应章节教材缺乏生产力与生产关系的矛盾运动的具体阐述与清晰呈现，知识层面存在一定程度的断层脱节。虽然初中生对习近平新时代中国特色社会主义思想已经有所接触，但是教材篇幅有限，教学内容十分浅显且具有生活化、活动化的特征，因此高中教材应更加注重教学内容从生活化向理论化转变的衔接，以便学生更好适应高中阶段的学习。断层脱节的教学内容，既造成学生思想理论学习的困难，打击学习热情和信心，又给高层次学段思政课教师带来一定的教学压力。断层脱节是制约大中小学思政课教学内容衔接的重要方面，不利于学生思想品德的形成与发展。

二、大中小学思政课教学内容衔接的目标定位

内容是大中小学思政课一体化建设的核心要素。① 思政课教学内容是大中小学各学段教学内容体系的构成要素，是按照特定结构组合而成的整体。大中小学思政课教学内容衔接要遵循思想政治教育规律和学生身心发展规律，科学合理地设置教学内容，建构前后贯通、循序渐进的思政课教学内容体系。大中小学思政课教学内容衔接的目标是努力追求整体性和层次性相统一、连贯性和阶段性相统一、渐进性和梯度性相统一。

（一）整体性和层次性相统一

从纵向上看，思政课教学内容是大中小学不同学段内容子系统相互联系、相互影响，共同发挥作用以实现思政课立德树人终极目标的统一整体。大中小学的学段划分体现了思政课教学内容的纵向衔接属性，也内在规定了思政课教学内容纵向结构的层次性，即小学、中学和大学思政课教学内容存在上下衔接、前后贯通、相互包容的等级关系，低层次学段是高层次学段内容结构的有机部分。不同层次内容系统彼此独立，各有侧重，却又相互关联、相互作用，形成了整体性和层次性相统一的大中小学思政课教学内容系统。整体性和层次性相统一，要求我们从整体性出发设置不同学段思政课教学内容，使各层次内容系统相互配合形成衔接合力，实现思政课育人功能的最大化。具体而言，我们在大中小学思政课教学内容衔接过程中，要准确把握各学段内容的层级关系，"不同学段的思政课内容按照学生的认知水平实现分层设计，不断深化"②。小学生道德认知水平较低，应当以"道德与法治"教育为主，培养学生对美好道德的向往之情、对法律底线的敬畏之心；中学生认知能力不断提高，应当以"思想政治"教育为主，帮助学生打牢思想根基、提高政治素养；大学生思维能力逐渐成熟，应加强"思想政治理论"学习，引导学生坚定理想信念、增强使命担当。通过系统优化各层次教学内容设计，加强不同学段之间的内容联结，进而实现大中小学思政课教学内容的整体优化，真正建构从低级到高级逐层递进、

---

① 万美容，陈迪明．内容：大中小学思政课一体化建设的核心要素［J］．北京工业大学学报（社会科学版），2020，20（1）：17-19．
② 文天天，陈大文．论大中小学思政课一体化的由来、科学内涵与基本要求［J］．学校党建与思想教育，2021（7）：71．

逐渐深入的大中小学思政课教学内容体系。

(二) 连贯性和阶段性相统一

大中小学思政课教学内容的连贯性与学生思想品德发展的阶段性表明,大中小学思政课教学内容的有机衔接,需要实现教学内容前后贯通与阶段实施的辩证统一。连贯性和阶段性相统一,要求我们统筹好思政课课程目标一致与内容阶段衔接的关系,在大中小学由浅入深、由易到难地上好思政课,实现思政课铸魂育人的价值旨归。要以习近平新时代中国特色社会主义思想为统领,以爱党、爱国、爱社会主义、爱人民、爱集体为主线,系统连贯地设置大中小学思政课教学内容。重点引导学生强化政治认同、树立家国情怀、加强道德修养、提高法治意识、提升文化素养,"系统开展马克思主义理论教育,系统进行中国特色社会主义和中国梦教育、社会主义核心价值观教育、法治教育、劳动教育、心理健康教育、中华优秀传统文化教育"①,推动实现大中小学思政课教学内容的整体贯通。同时,遵循学生认知心理规律,把握学生思想品德状况,在强化连贯性、分清阶段性基础上有的放矢地设计教学内容,体现不同学段的学生成长特点,实现阶段教学内容与课程目标互相交融:小学阶段重在开展启蒙性学习,使学生初步形成做社会主义建设者和接班人的美好愿望;初中阶段重在开展体验性学习,培养学生做社会主义建设者和接班人的思想意识;高中阶段重在开展常识性学习,强化学生做社会主义建设者和接班人的政治认同;本科阶段重在开展理论性学习,引导学生争做社会主义建设者和接班人。按照知情意行的品德发展阶段,构建上下贯通、前后相继的大中小学思政课教学内容序列。

(三) 渐进性和梯度性相统一

认知发展阶段论表明人的思想品德按照一定的顺序,遵循一定的规律,由低到高、从感性到理性、从不成熟到成熟逐渐发展形成。渐进性和梯度性相统一的衔接要求,正是基于学生思想品德发展顺序性和阶段性的考量。渐进性和梯度性相统一,要求我们在大中小学思政课教学内容衔接的过程中,既要实现教学内容逐层进阶,又要合理控制内容的难易度。一方面,我们要立足不同学段学生的身心特点,明确各学段教学任务与目标,由浅入深、逐层递进地设置大中小学思政课教学内容,帮助学生循序渐进地提升思想政治素养;另一方面,高层次学段对低层次学段教学内容的升级、拓展和延伸,要贴合学生品德发展

---

① 中办国办印发《意见》 深化新时代学校思想政治理论课改革创新 [N]. 人民日报, 2019-08-15 (1).

的"最近发展区",做到跨度合适、梯度合理。相邻学段的衔接应该平稳、递进,不宜跳脱、突进,后一个阶段与前一个阶段既相互关联,又实现超越。小学思政课引导学生初步感知社会,了解基本的道德规范,养成良好的行为习惯;初中思政课更加关注个人与他人、社会和国家的关系,学生应该初步具备权利义务观念和法治意识,形成积极乐观的生活态度;高中思政课引导学生从我国经济、政治、法治、文化的发展体会中国特色社会主义的理论与实践,具备社会责任感和公共参与精神;大学思政课引导学生形成正确的价值判断和价值选择,坚定理想信念,以实际行动投身社会主义现代化强国建设。

三、大中小学思政课教学内容衔接的路径选择

针对大中小学思政课教学内容衔接存在的问题,以及整体规划欠缺、教材内容体系不够完善、教师衔接意识与能力不足和不同学段缺少沟通交流等成因,我们要按照大中小学思政课教学内容衔接的目标定位,采取相应的对策措施。当务之急是要优化教材统编团队,加强内容衔接研究,健全集体备课机制。

(一) 优化教材统编团队

统一编写教材是大中小学思政课教学内容衔接的关键。教材是教学实施和课程内容呈现的载体,近年来党中央高度重视思政课教材体系建设。《关于深化新时代学校思想政治理论课改革创新的若干意见》强调:"国家教材委员会统筹大中小学思政课教材建设,科学制定教材建设规划,注重提升思政课教材的政治性、时代性、科学性、可读性。"① 思政课教学内容衔接的问题,是由于教材本身在一定程度上存在简单重复、前后倒挂、脱节断层现象。要破解这个学生和教师反映最突出、最强烈的问题,需要优化教材统编团队,改变在"熟人圈"内选人的习惯做法,经过公开遴选程序组建一支相对稳定、优势互补、权威敬业的一体化统编教材编写、审查、编辑和培训团队。为了适应统编教材建设的需要,目前亟须组建一支具备大中小学思政课教材一体化意识和能力的编写团队,整体规划和研究大中小学思政课教学内容布局。教材编写团队应该由高校和科研机构的学科专家、思政课教学研究人员、中小学一线优秀教师共同组成,力求优势互补。团队成员应该优化组合到各个学段的课程标准、教学大纲和教材的规划、研究和编写工作中,建立健全沟通协调机制。教材编写成员要了解不同阶段学生身心发展特征和认知水平,熟悉各学段教学目标与课程内容,加

---

① 中办国办印发《意见》 深化新时代学校思想政治理论课改革创新[N].人民日报,2019-08-15(1).

强相邻两个学段之间的沟通交流，打破教材编写人员之间的沟通"壁垒"，优化教材编写的制度设计，实现大中小学思政课教学内容整体规划和统一布局。我们在强调整体性的同时也应把握不同时期思政课教学的特殊性和阶段性，遵循学生身心发展规律和思想政治教育规律，有的放矢地设置各学段思政课教学内容。一方面，统一制定思政课教材编写规划，合理安排内容布局，增强各学段教学内容耦合度，建立层层递进、有效贯通的教学内容体系。另一方面，教材编写团队应该将大中小学思政课教学内容有效衔接作为观测点，有意识地发现和梳理教材中简单重复、断层脱节之处。对于相似度或重合度较高的教学内容，要科学整合与精心设计。对于断裂脱节的内容片段，应适当调整顺序结构，实现教材内容的有机衔接。

（二）加强内容衔接研究

加强内容衔接研究是大中小学思政课教学内容衔接的支撑。为促进大中小学思政课教师之间沟通交流，提高教师衔接能力，需探索不同学段教学内容精准衔接的科学方法与有效机制，"加大中小学教师的合作力度，在掌握大中小学生德育发展规律与特点的基础上，大学教师和中小学教师携手研究"①。当前，加强国家重点教材研究基地建设，大学要发挥高校的科研和人才优势，组建大中小学教师融合科研团队，承担教材研究专项课题，开展大中小学思政课教学内容衔接问题与方法创新研究，建立纵向跨学段科研机制。在研究内容上，要加强政治认同、道德修养、法治意识等专题的纵向学段衔接研究，同一主题的教学内容在不同学段要有所侧重。以法治教育为例，"小学重在生活规则启蒙、中学重在法律规范认知、大学重在法治价值认同"②。同时，要加强相邻学段教学内容衔接研究，特别是小学和初中、高中和大学之间教学内容的衔接与贯通。针对思政课教学内容衔接存在的问题，从衔接方法、衔接机制、衔接路径等角度，大中小学思政课教师分工合作，深入研究，共同探讨解决对策。在研究方法上，采用文本分析与实践调研相结合的方法：一方面加强对教材文本研究，系统梳理、归纳统编教材内容及衔接过程的不足、缺漏，为教材体系日臻完善提供科研支持；另一方面，开展实证调查，分学段调研学生思想动态、接受意趣等，确保教学内容不与学生思想实际相脱节。在研究资源的开发与利用上，

---

① 翁铁慧．大中小学课程德育一体化建设的整体架构与实践路径研究［J］．上海师范大学学报（哲学社会科学版），2018，47（5）：11．
② 陈大文，文天天．论大中小学法治教育的侧重点［J］．马克思主义理论学科研究，2021，7（1）：90．

要建设思政课教学数字资源库，涵盖国家统编教材、各学段精品课件、经典原著以及领导人重要论述等，做好思政课教学资源共建共享。搭建大中小学思政课教师协同创新平台，建立大中小学思政课教师教研共同体，提高教研工作效率。通过组建科研团队，加大教研合作力度，最终产出一批学术含量高、操作性强、可推广的研究成果，助推大中小学思政课一体化建设。

（三）健全集体备课机制

健全集体备课机制是大中小学思政课教学内容衔接的基础。《关于深化新时代学校思想政治理论课改革创新的若干意见》强调："建立健全大中小学思政课教师一体化备课机制，普遍实行思政课教师集体备课制度，全面提升教研水平。"[1]《新时代学校思想政治理论课改革创新实施方案》明确要求"针对教材重点内容和难点问题，组织开展大中小学思政课教师全员培训、专题研修，确保实现全覆盖。围绕教材使用，分课程、跨课程、跨学段组织大中小学思政课教师集体备课，每年至少一次。结合教学实践，组织大中小学思政课教师开展交流研讨，共同探讨思政课一体化教学规律"[2]。因此，要从大中小学思政课一体化建设的高度，实行跨学段集体备课，围绕不同学段相同主题或相似内容，开展集体教学研究活动。要遴选思政课研究领域专家担任集体备课牵头人，邀请教材编写团队介绍教材逻辑、编写思路，与大中小学思政课教师交流探讨，帮助不同学段的思政课教师在认真吃透教材基本精神的基础上，"既知道自己所讲授内容，又明了其他学段思政课的教学内容，清楚思政课全景的教学内容"[3]。邀请大中小学优秀思政课教师讲解教学设计，进行教学展示，针对某一内容在不同学段的知识重点、教学难点和衔接盲点，集思广益，共同研讨，达成衔接共识，探索不同学段思政课教学内容衔接方法，建设环环相扣、无缝对接的大中小学思政课教学内容体系。要建立相对稳定的集体备课机制，备课时间和地点要做到既稳定又灵活，采取线上备课与线下备课相结合的方式。备课流程要规范，包括教师自备、集体讨论、教案修改、教学反思等环节。备课主题要明确，以大中小学思政课教学内容精准衔接为导向，准确把握学生认知心理特点和教材内容逻辑，实现静态教材体系向动态教学体系的有机转化。要建

---

[1] 中办国办印发《意见》 深化新时代学校思想政治理论课改革创新［N］．人民日报，2019-08-15（1）．

[2] 中共中央宣传部、教育部关于印发《新时代学校思想政治理论课改革创新实施方案》的通知［EB/OL］．中国政府网，2020-12-18．

[3] 万美容，陈迪明．内容：大中小学思政课一体化建设的核心要素［J］．北京工业大学学报（社会科学版），2020，20（1）：17-19．

立网络云端集体备课制度,使网络集体备课常态化。运用现代信息技术搭建网络集体备课平台,使各学段思政课教师集体交流更加便捷,推动跨学段协同教研机制形成。举办大中小学思政课教师网络云端集体备课会,发挥名师专家示范引领作用,实现优质教学资源共享。

(本文原载于《思想教育研究》2021年第8期)

善用"大思政课"讲道理：南开大学十年苏区实践的探索与经验

刘一博

南开大学马克思主义学院

摘要："大思政课"的本质也是"讲道理"。善用"大思政课"，要聚焦创新方式方法把道理讲深、讲透、讲活的内在要求，把握历史资源和现实问题相统一、教材内容和学生关切相统一、教师主导和学生主体相统一、实践过程和实践成果相统一的原则遵循，将问题导向与师生交互贯通于多阶段的实施进程。南开大学坚持十年开展苏区实践"大思政课"，形成了坚持激活红色资源、坚持激活多元主体和坚持激活实践成果三条基本经验。通过"历史情境还原法"，以"沉浸式体验"激活苏区红色资源，深挖"大课堂"育人潜力；通过"师生共同体""生生共同体"和"校园社会育人共同体"，激发多元主体活力，构建"大师资"育人体系；激活实践教学成果并通过多渠道转化，拓宽"大平台"育人渠道，为善用"大思政课"讲道理，提升育人成效进行了深入探索，积累了宝贵经验。

习近平总书记指出："思政课的本质是讲道理。"[①] 思想政治理论课（以下简称"思政课"）要以学理阐释马克思主义及其中国化的理论成果，用科学理论铸魂育人，它"不仅应该在课堂上讲，也应该在社会生活中来讲"[②]。善用"大思政课"，首先就要明确"大思政课"其本质也同样是"讲道理"，是要把"思政小课堂"和"社会大课堂"结合起来，整合各种资源，通过将鲜活的实践引入课堂或将课堂设在生产劳动和社会实践一线，来创新讲道理的方式方法，更好地把道理讲深、讲透、讲活。自 2012 年起，南开大学依托赣南等原中央苏

---

① 习近平在中国人民大学考察时强调 坚持党的领导传承红色基因扎根中国大地 走出一条建设中国特色世界一流大学新路［N］. 人民日报，2022-04-26（1）.

② "'大思政课'我们要善用之"（微镜头·习近平总书记两会"下团组"·两会现场观察）［N］. 人民日报，2021-03-07（1）.

区丰富的红色资源，与苏区振兴和脱贫攻坚战一路同行，深入开展实践教学，讲好一堂坚持十年的"大思政课"。有的学生在参加苏区实践后对党的历史和马克思主义理论产生浓厚兴趣，选择跨学科就读马克思主义理论专业研究生；有的学生毕业后从事专职思政课教师或辅导员等工作；还有的或在乡村振兴一线担任第一书记，或在西部支教绽放青春，涌现出一批先进学生个人和集体。这些正是十年苏区实践"大思政课"育人成效的体现。本文结合十年来的实践探索，就善用"大思政课"讲道理的基本思路和经验进行初步梳理和探讨，以启发全国专家同人。

一、聚焦"讲道理"本质的"大思政课"教学设计基本思路

本质是事物的根本性质，是构成事物诸要素的内在联系。"讲道理"既然是思政课的本质，那么善用"大思政课"也必然要求聚焦这个本质，"要注重方式方法，把道理讲深、讲透、讲活"①。苏区实践"大思政课"教学设计的基本思路就是牢牢把握"讲道理"的内在要求，坚持统筹实践资源、符合教学目标和满足学生需求相结合的问题导向。通过建构多元有效的师生交互机制和贯通筹备设计、组织实施、总结转化三个阶段的实施进程，达成"大思政课"育人目标。

（一）把握"大思政课"讲道理的内在要求

讲深、讲透、讲活是"大思政课"聚焦"讲道理"本质的内在要求。一是讲深。要使教材中理论性的内容具象化呈现，用历史和现实的素材支撑抽象的理论阐释，才能达成"以透彻的学理分析回应学生，以彻底的思想理论说服学生，用真理的强大力量引导学生"②的效果。"大思政课"离不开实践性的活动，但如果只注重活动的形式，忽视甚至无视深入的理论阐释，活动的开展就会无的放矢，成为无本之木，"大思政课"的育人效果就会被削弱。二是讲透。要在学生既有认知的基础上，把脉其思想困惑进行有针对性的回应。"学生的疑惑就是思政课要讲清楚的重点"③，"大思政课"根植于社会现实，要在面向现实的实践性教学活动中启发学生发现问题，并能够以马克思主义为指导建构理论、历史和现实的逻辑关系，帮助学生切实解开思想"疙瘩"，从价值理念和思

---

① 习近平在中国人民大学考察时强调 坚持党的领导传承红色基因扎根中国大地 走出一条建设中国特色世界一流大学新路［N］.人民日报，2022-04-26（1）.
② 习近平.思政课是落实立德树人根本任务的关键课程［J］.求是，2020（17）：4-16.
③ 习近平.思政课是落实立德树人根本任务的关键课程［J］.求是，2020（17）：4-16.

维方式层面影响并塑造学生。三是讲活。马克思主义不是僵死的教条，而是行动的指南，"自从中国人学会了马克思列宁主义以后，中国人在精神上就由被动转入主动"①。"大思政课"把道理讲活，就是要带着情感温度，深入挖掘红色历史、领袖英烈特别是万千群众的动人故事，让学生真实感悟人民之伟力，引发情感共鸣，同时在与学生成长需求的结合中，引导学生扣好第一粒扣子，达到"启迪智慧、触动心灵、浸润人心"的效果。

（二）坚持"大思政课"讲道理的原则遵循

"大思政课"的教学设计要坚持以下原则遵循。一是历史资源和现实问题相统一。作为"大思政课"重要的教学资源，历史资源与现实应该是统一而不是割裂的，要注重通过把握历史与现实的结合点来设计"问题"，提升学生通过历史把握理论的程度。二是教材内容和学生关切相统一。在选取"问题"时，既要依据教学大纲和教材内容，也要注重把握学生的各种关切。通过遴选、梳理和整合，运用"大思政课"建构教材内容与学生关切的联系，提高"大思政课"教学的针对性和学生获得感。三是教师主导和学生主体相统一。在教学过程中，既要充分发挥学生的主体作用，也要充分注重教师的主导作用。因为讲好"大思政课"对教师提出了更高的要求。从教学设计到组织实施再到成果转化，都更需要教师根据教学内容整合多方资源开展创造性的工作。四是实践过程和实践成果相统一。善用"大思政课"，既要注重在"社会大课堂"实践教学的过程中对学生的教育和影响，也要注重使实践成果能够向"思政小课堂"的教学资源进行有效转化，借助新技术手段的应用拓展实践成果的覆盖面。

（三）贯通"大思政课"讲道理的实施进程

"大思政课"讲道理，要以问题意识和师生交互贯通三个阶段为实施进程。一是"筹备设计"阶段，要依据教学目标和教学内容的要求，加强统筹规划，研究"大思政课"实践教学现场的样态及能为教学所用的多元育人资源；研究学生学情和思想状况，准确把握学生的兴趣和困惑，确定实践教学所要解决的理论问题和具体方案。二是"组织实施"阶段，是在前期统筹规划的基础上，通过问题导入、情境塑造和沉浸式体验等方式，依托实践的丰富现场教学资源，激发学生的主体性，在师生有效交互中完成实践教学任务。三是"总结转化"阶段，在实践过程中，教师要指导学生总结学习过程和收获，把握"快"和"准"的要求，及时将实践成果固化下来，进而通过复盘实践教学全过程，指导

---

① 毛泽东. 毛泽东选集：第 4 卷 [M]. 北京：人民出版社, 1991：1516.

学生反复打磨成果,把握"广"和"活"的要求,促进优秀成果向教学资源转化,并以此作为联结"大课堂"与"小课堂"的有效载体。

南开大学十年苏区实践"大思政课",正是依据上述基本思路,聚焦"大思政课"讲道理的内在要求,坚持从统筹实践资源、符合教学目标和满足学生需求的问题出发,通过引导学生真切感受当年开辟中国革命新道路和新时代打赢脱贫攻坚战的历史进程和鲜活案例,在多元有效的师生交互中把中国共产党为什么"能"等道理讲深、讲透、讲活,并在探索中形成了坚持激活红色资源、坚持激活多元主体、坚持激活实践成果三条基本经验。

二、坚持激活红色资源,深挖"大课堂"育人潜力

善用"大思政课"要树立"大课堂"理念,充分挖掘整合社会育人资源,构建立德树人的社会大课堂。① 赣南等原中央苏区就是这样的社会大课堂,这里汇集着中国共产党和中国人民已经书写和正在书写的时代篇章。一是中国共产党在这里探索了马克思主义中国化的初步成果,开辟了中国革命新道路;二是这里是中国共产党治国理政之源,是中华人民共和国的伟大预演;三是这里铸就了井冈山精神、苏区精神和长征精神;四是这里是新时代苏区振兴和脱贫攻坚战的主战场,见证了新时代的伟大成就和变革;五是这里曾留下了南开最杰出的校友周恩来战斗生活的足迹。正如习近平总书记指出的,"要把课堂教学和实践教学有机结合起来,充分运用丰富的历史文化资源,紧密联系中国共产党和中国人民的奋斗历程,深刻领悟马克思主义中国化的内在道理,深刻领悟为什么历史和人民选择了中国共产党和社会主义,进一步坚定'四个自信'"②。赣南等原中央苏区拥有联结历史与现实的丰富红色资源,为讲好"大思政课"提供了广阔空间。十年苏区实践坚持运用"历史情境还原法",以"沉浸式体验"激活苏区红色资源,深挖"大课堂"育人潜力。

(一)"历史情境还原法"的功能和导向

"大思政课"就是要"充分运用现有教材以外、传统课堂之外的鲜活资源与方式,进行课程资源转换,使之构成思想政治理论课的课程要素"③。通过多种手段构建并在教学活动中将学生代入特定的历史情境,使学生成为历史"剧中

---

① 冯秀军. 善用"大思政课"的三个维度 [J]. 思想理论教育导刊,2021 (8):109.
② 习近平在湖南考察时强调 在推动高质量发展上闯出新路子 谱写新时代中国特色社会主义湖南新篇章 [N]. 人民日报,2020-09-19 (1).
③ 高国希. 试论关于"大思政课"的几对范畴关系 [J]. 马克思主义理论学科研究,2021,7 (10):105.

人"而不是"旁观者",这就是"历史情境还原法"。这种方法可以激活蕴含在不同载体中的红色资源,使它们能够为教师所用,并能够为学生所真切感知,从而帮助学生建构历史与现实的联系,达成情理交融的境界。运用历史情境还原法,手段在于"还原",但目标在于"育人",关键在于"情境"。如果失去了"育人"的目标导向,为了"还原"而"还原",那就脱离了"讲道理"的本质,沦为形式主义,甚至有哗众取宠之嫌。同样,如果还原的不是承载育人资源的真实可感的"情境",那么"还原"也起不到有效的作用,最终影响的是育人效果。因此,"大思政课"运用历史情境还原法的导向就是要从"讲道理"这个本质出发,对标育人目标的具体要求,运用有效的"还原"手段创建能够激活红色资源、满足育人要求的真实历史情境,提升实践教学吸引力和感染力,让学生在"沉浸式"体验中更好地明理增信,达成知情意行多维成长。

（二）运用"历史情境还原法"使"大课堂"更好地讲道理

在"社会大课堂"中运用历史情境还原法,是通过"沉浸式"体验让学生在逼真的历史情景中进行参与性的学习,感知来自历史和现实的多维度信息,以营造情感共鸣为先导,再跟随教师的发问与讲述进行理性思考,提升学生对教学主题的理性认识。十年苏区实践运用历史情境还原法,首先是形式上,一是通过服装、道具等标识性的符号,比如,为学生配发红军军服颜色并在领口镶缀红色领章的文化衫、使用红军军旗等方式,营造历史氛围感。二是按照红军军团番号将学生进行分组,并赋予各组符合其军团历史的小组任务。三是通过指导学生复刊中华苏维埃中央政府机关报《红色中华》,呈现实践教学过程中的每日动态。其次是内容上,在以"走""访""讲""唱"4个模块构成的"沉浸式"实践教学"套餐"中,① "走"是运用历史情境还原法的主要模块,坚持以问题为核心的教学目标导向,着力体现教学设计原则。在"沉浸式体验"中让苏区历史和现实中蕴含的育人资源与教学主题相契合,比如,在瑞金叶坪模拟召开"一苏大",讲解中国共产党治国理政之源,在连城新泉模拟"新泉整训"讲解红军新式革命军队的根本性质等,使模拟情境与教学主题有机契合。此外,历史情境还原法还用来推进大中小学思政课一体化。比如,在安远县曾组织参加实践教学的大学生和当地小学生共同演绎了一场"大手拉小手"的模拟情景剧实践教学。大学生与小学生混合编组,围绕发生在安远县著名的"尊三围保卫战",在学习相关历史知识后共同策划用简约的情景剧呈现历史情境,再由教师进行点评和理论升华。

---

① 刘一博. 论思想政治理论课实践教学的问题意识［J］. 思想教育研究,2020（11）:86.

（三）运用"历史情境还原法"将日常"小课堂"延伸为"大课堂"

历史情境还原法还可以用于日常教学"小课堂"，开展常态化实践教学。因为"一切有助于调动学生学习积极性的、有助于提高教学实效性的学生参与形式都应当被看作一般意义上的实践教学"①，故"社会大课堂"使用的实践教学方式，不仅不排斥在日常教学"小课堂"使用，而且还应运用它使"小课堂"延伸为"大课堂"。例如，南开大学开设的"四史"类课程"中国苏区史"，就在日常教学中应用历史情境还原法并贯穿整个教学环节。学期初，将学生按江西、闽浙赣、川陕等省分组，由学生分别担任"省苏主席""军区司令""国民经济部长"等职务，由各省担任相同职务的学生进行合作，就军事建设、经济建设等主题作小组研学和成果汇报；学期中，分组召开"省级苏代会"交流学习情况，以"选举"参加全国苏代会代表的形式评选优秀组员，学生动手制作庆祝苏代会召开的海报、标语等；学期末，模拟召开"二苏大"，由各小组进行结业成果展示，教师进行总结升华，并为整个学期表现优秀的小组颁发"苏维埃模范省"奖状，为优秀学生颁发"苏维埃纪念章"。通过教学全过程的还原与代入，提升学生参与度，"小课堂"也能发挥"大课堂"的优势。

三、坚持激活多元主体，构建"大师资"育人体系

办好思政课，关键在教师。善用"大思政课"内在要求激活多元育人主体，构建"大师资"育人体系。"思政课教学离不开教师的主导，同时要坚持以学生为中心，加大对学生的认知规律和接受特点的研究，发挥学生主体性作用"②，这就要求在"大思政课"建设中坚持"以学生为中心"的理念，通过对学生成长规律和现实需要的认识和把握，坚持主导性和主体性相统一，构建"师生共同体""生生共同体"和"校园社会育人共同体"，以多元主体的积极作为深化"大思政课"育人效果。

（一）"师生共同体"实现"亲师信道"

亲其师方能信其道。"师生共同体"就是建构教师与学生超越传统课堂环境的经常性交流机制。教师在深入学生的生活，与学生的日常相处和经常交流中把握学生思想实际，在共同的经历中用坚定信仰、理论功底和话语魅力赢得学生的信任。但是，思政课教学往往面临着"生师比"较高的现实，这就需要通

---

① 郭凤志. 高校思想政治理论课程建设研究［M］. 北京：北京师范大学出版社，2019：195.
② 习近平. 思政课是落实立德树人根本任务的关键课程［J］. 求是，2020（17）：4-16.

过学生骨干的遴选与培养为师生经常有效的交流建构枢纽。在十年苏区实践中，思政课教师通过参与发起并指导学生建设红色记忆宣讲团，将社团纳入"大思政课"教学总体布局中来，使社团成为推进"大思政课"建设的有力组织形式。在社团中，走下讲台、走进学生生活的思政课教师从强势的知识传播者和课堂支配者，转变为生活中真诚的对话者和交流者，使知识和情感的传递在双向互动中潜移默化地完成，形成同心、同向、同行的和谐师生关系。教师通过社团活动经常地指导学生阅读原著，吸收学生参与集体备课，共同策划实践教学方案；开发各类宣讲稿件，为学生创造校内外理论宣讲的平台；充分发扬南开大学师生同台表演话剧的优良传统，指导学生编排《少年周恩来》《让信仰点亮人生》等舞台短剧和改编话剧《恰同学少年》《可爱的中国》，在校内外进行公演并通过B站等网络平台进行直播。这些做法不仅丰富了"大思政课"实践教学的模式，也使师生在广泛深入的交互中增进彼此了解与信任。

（二）"生生共同体"引领学生自育育人

"青年人是全社会最富有活力、最具有创造性的群体"①，"大师资"体系构建不能忽视学生的主体地位，应通过"生生共同体"的建设引领学生自育育人，将学生主体性转化为推进"大思政课"建设的动力。建设"生生共同体"就是帮助学生打造一个在信仰、学业诸方面互相支撑的成长共同体，并通过这个共同体在"大思政课"格局中发挥朋辈间积极的引领作用。红色社团就是这样的共同体，它不仅是师生日常有效交互的组织形式，更是学生思政骨干集合起来发挥朋辈示范辐射作用的舞台。历史上，先进的中国青年就普遍通过结社组织起来，如五四时期的新民学会、觉悟社、江西改造社等一批社团都发挥了凝聚先进青年的作用，同时也成为动员教育群众参与革命的"发动机"。在苏区实践中成立的红色记忆宣讲团，已经形成一套完整的遴选和培养学生理论骨干的机制，社团多年来活跃在青年理论研习和宣讲第一线，成为推进"大思政课"建设的一支重要的学生生力军。十年来，苏区实践成果以大学生宣讲的形式走进天津市多所中小学，在天津市河西区"学子节"开幕式等重要场合宣讲，参与天津广播电视台《实践出真知》等理论栏目录制，这既是实践成果的有效转化，也是"生生共同体"推进"大思政课"建设的成果。此外，在苏区实践中，通过与苏区中小学生开展联合实践教学，大学生以"朋辈师资"的身份引领中小学生共同传承红色基因，推进大中小学思政课一体化建设，也在主动作为中实现自育育人。

---

① 本报记者. 习近平考察香港科学园[N]. 人民日报，2022-07-01（1）.

（三）"校园社会育人共同体"建构多元师资体系

"大思政课"要在社会现实中来讲，就必然要求引入社会多元师资力量，与学校教育同向同行，形成育人合力。"校园社会育人共同体"立意打破校园与社会的壁垒，协同学校和社会各方的力量拓展师资队伍，构建"大师资"育人体系。在十年苏区实践中，"大师资"队伍就包括健在的老红军或红军后代、市县领导、地方党史工作者、各类纪念馆和红色旅游从业者、苏区振兴和脱贫攻坚一线的乡镇干部、驻村书记、村干部和群众老表等，特别是在2021年瑞金叶坪获"全国脱贫攻坚楷模"集体后，时任叶坪乡乡长的朱胜江同志应邀讲授一堂脱贫攻坚现场思政课，为师生真实再现了脱贫攻坚战场上的新时代"苏区干部好作风"。工作在苏区红土地上的南开大学校友也成为重要的师资力量。他们有的在地方高校多年从事苏区史研究，有的担任乡镇书记直接领导苏区振兴和脱贫攻坚，讲述许多来自一线的鲜活素材，校友扎根乡镇基层的成长经历也是对学生最好的价值引领。此外，教育部等十部门近期要求"大中小学要主动对接各级各类实践教学基地，开发现场教学专题，开展实践教学。有条件的学校可与有关基地建立长效合作机制"①，南开大学马克思主义学院与瑞金中央革命根据地纪念馆在多年合作基础上，签约共建"纪念馆+高校"融合发展联合体，打造"大思政课"共享育人资源库，进一步整合馆校双方师资力量，探索构建"大师资"育人体系的新机制，以期进一步提升"大思政课"育人效果。

四、坚持激活实践成果，拓展"大平台"育人渠道

"大思政课"实践教学具有显著优势，但在经费、安全、时间等各种现实条件约束下，能赴现场参加实践教学的学生终究是少数，因而必须建构实践成果的转化机制。有效的成果转化关乎"大思政课"的整体育人效果。实践成果激活就是通过构建"大平台"，着力提高学生实践成果的表现力和传播力。通过多种形式、借助网络或VR等新技术手段，拓展实践成果的覆盖面和受益人群。同时，需要层次理论指出，人的动力往往由高层次的需要激发，人的最高需要，即自我实现的需要是激励人产生行为动机的根本动力。② 将学生的实践成果向教学资源转化，这些成果就因"被需要"具有了社会价值，过去"看别人的"

---

① 教育部等十部门关于印发《全面推进"大思政课"建设的工作方案》的通知［EB/OL］.中华人民共和国教育部政府门户网站，2020-08-10.
② 马斯洛. 动机与人格［M］.许金声，等译. 北京：中国人民大学出版社，2007：72-74.

变为了"看自己的"或"看朋友的",也带来了对学生高层次需要的激励,提升学生对实践成果的重视程度和参与热情。

(一)向"小课堂"的教学资源转化

学生在实践教学中的学习成果是"大思政课"教学效果的集中体现,蕴含着师生共同的匠心与创造。这些成果理应回馈日常"小课堂",作为重要的教学资源加以运用。因此,在"大思政课"实践教学的通盘设计中,一是应着重考量实践成果的内容及其转化途径与方式,以有利于以教学资源转化为导向,使实践教学成果从内容到形式都能契合日常"小课堂"教学的现实需要,从而有效提高实践教学成果向课堂资源转化的效率和效果。二是要注重结合日常"小课堂"教学大纲的要求和讲授的知识要点,通过实践教学过程中采风、访谈等多样态的成果,在"小课堂"上或从学生的视角结合实践经历引出问题,或对教师讲授的内容加以印证、补充,促进"小课堂"把道理讲深、讲透、讲活。例如,在讲授"中国革命新道路"时,通过实践教学中采风的"共和国第一军嫂"陈发姑、访谈革命后代讲述"十七棵松"等故事,深刻阐明苏区群众的无私支持对"以农村为中心"革命新道路的重要意义;在讲授"打赢脱贫攻坚战"时,将访谈到的苏区振兴和脱贫攻坚典型人物,特别是建档立卡户精神面貌的巨大变化引入课堂,启发学生进一步从"人的解放"的角度深刻把握打赢脱贫攻坚战的全方位历史意义。

(二)向"大课堂"的育人资源转化

校园文化活动是学生身边的"大课堂"。党团组织和学生社团活动是大学生思想政治工作体系的重要环节,也是"大思政课"不可或缺的组成部分。把握学生身边的"大课堂",通过将苏区实践的教学成果以多种方式转化为"大课堂"育人资源,可以拓宽成果运用的途径,提升成果使用效率。比如,在实践教学过程中,学生在教师指导下依托革命遗址录制的宣讲素材,可以通过专题式呈现或与其他相关素材整合加工后,转化为以微党课、微团课等形式呈现的精品课程,通过多维翻转课堂,加强朋辈示范引领。红色记忆宣讲团开发了《人间正道是沧桑》《闪耀的赤红,永恒的光荣》等宣讲作品,为校内党团组织"三会一课"、军训政工活动等提供优质宣讲作品,也为大中小学思政课一体化提供了重要的朋辈课程资源。再者,针对青少年"网络原住民"的特点,注重实践成果的线上传播,向网络"大课堂"教学资源转化。通过微信公众号、B站等平台推广,扩大成果辐射覆盖面。网络"大课堂"的育人资源形式多样,能够体现学生创造力,如系列微宣讲《从瑞金走来》、微电影《兴国·兴国》,

改编红歌并制作微视频《成都·井冈山版》《纸短情长·苏区》《起风了·致方志敏》《知否知否·可爱的中国》等以及5分钟经典解读微视频《星星之火，可以燎原》《反对本本主义》等共同汇聚成资源共享、网络宣传等为一体的"云上大思政课"平台。

（三）向社会价值与商业价值转化

借助全社会特别是青少年学习党史、传承红色基因的契机，各类学校、社区、革命旧址和纪念场馆普遍产生对优质"大思政课"教学内容、教学形式、新型教具的迫切需要，这就使以青少年学生更加喜闻乐见的形式助推实践成果走出校园、走向社会，推动可复制推广的学习成果转化为推进党史学习教育和大中小学思政课一体化的优质教学资源成为可能，也为"生产"符合社会需求的实践成果提出了新的要求。通过创新创业、产学研结合等手段，鼓励学生在市场需求和商业模式可行的前提下，推动实践成果落地转化，实现社会价值与商业价值相统一。依托苏区实践形成了开发"红色剧本杀"项目的学生团队"红传思政"，使"剧本杀"这种青少年喜闻乐见的社交形式拥有了主旋律的灵魂，开创互动体验式党史学习新模式。该项目还孵化出大学生创业公司，助力多家革命纪念场馆建设实践教学基地，打造"大思政课"特色课程，有效拓展了"大思政课"实践教学成果转化路径，产生了良好的社会效益和一定的经济效益。

（本文原载于《思想教育研究》2022年第10期）

"六位一体"的"大思政课"建设模式探索
——以北京体育大学为例

陈世阳　王殿玺　吴国斌

北京体育大学马克思主义学院

摘要：北京体育大学聚焦"大思政课"的课程属性，坚持从立德树人高度进行顶层设计，发挥体育优势，开门办思想政治理论课，从课程建设的六方面——课程资源、教学形式、教学方法、评价体系、教师队伍、保障体系出发，在探索中初步形成了特色鲜明、成效显著的"六位一体""大思政课"建设模式。面向未来，北京体育大学将启动"大思政课"建设创优行动，按照"12345"的思路持续完善"六位一体""大思政课"建设模式，提升育人实效。

一、问题的提出

当前，新的历史方位、新的时代任务对思想政治理论课（以下简称"思政课"）建设提出了更高的要求，"大思政课"是新阶段推动思想政治教育高质量发展的重大创新和重要抓手。2021年3月，习近平总书记在看望参加全国政协十三届四次会议的医药卫生界、教育界委员时提出："'大思政课'我们要善用之，一定要跟现实结合起来。"① 这为"大思政课"建设指明了方向。2021年11月，教育部印发《高等学校思想政治理论课建设标准（2021年本）》，将建设"大思政课"列为思政课课程评价的重要指标之一，强调高校开展"大思政课"建设的主体责任。② "大思政课"建设成为当前思政课改革创新的重要方向，学界围绕"大思政课"的概念内涵、构成要素、建设路径等展开了广泛讨论，不少高校也结合自身特色积极探索大思政课建设的路径和模式。

---

① "'大思政课'我们要善用之"（微镜头·习近平总书记两会"下团组"·两会现场观察）[N]. 人民日报，2021-03-07（1）.
② 教育部关于印发《高等学校思想政治理论课建设标准（2021年本）》的通知[EB/OL]. 中国政府网，2021-11-30.

为深入贯彻落实习近平在学校思想政治理论课教师座谈会上的重要讲话精神，北京体育大学启动了思政课改革创新工程1.0版，推出了"冠军+""互联网+""实践+"等十大工程，推动思政小课堂与社会大课堂的有机结合。北京体育大学深入研究"大思政课"理念，开门办思政课，推出了思政课改革创新工程2.0版，初步形成了"六位一体"的"大思政课"建设模式。三年来，北京体育大学的"大思政课"探索初见成效。2022年5月，"弘扬中华体育精神，构建'六位一体'的'大思政课'教学模式"获得北京高校党的建设和思想政治工作优秀成果奖。同年8月，"使命在肩，奋斗有我"思政课实践基地被教育部评为首批"大思政课"实践教学基地。基于北京体育大学"大思政课"建设经验，本文从新时代思政课立德树人根本任务出发，剖析北京体育大学"大思政课"建设的实践样态，为推进"大思政课"建设提供路径参考。

二、北京体育大学"大思政课"建设总体理念

习近平总书记强调，思政课是落实立德树人根本任务的关键课程。[①] 思政课的教学目标在于解决"立何德、树何人"的问题，本质上指涉如何更好地培养人，[②] 如何促进人的全面发展。"大思政课"建设亦不例外。在建设中，北京体育大学始终聚焦"大思政课"的课程属性，坚持从立德树人的高度进行顶层设计和统筹谋划，并形成了如下理念。一是在指导思想上，北京体育大学紧紧围绕"培养什么人、怎样培养人、为谁培养人"这个根本问题，深入发掘、整合、贯通校内外思政课教学资源，发挥好思政课关键课程作用，用习近平新时代中国特色社会主义思想铸魂育人，武装大学生头脑，培养担当民族复兴大任的时代新人。二是在总体目标上，北京体育大学致力于追求建立内容丰富、形态多样的课程资源体系，探索规范灵活、协调贯通的教学形式，创新多样融合、效果显著的教学方法，构建导向明确、开放科学的评价体系，建设德才兼备、专兼结合的教师队伍，搭建多元参与、协同合作的教学保障体系，形成"六位一体"特色鲜明、成效显著的北京体育大学"大思政课"建设模式。三是在基本原则上，北京体育大学坚持三项原则：一是坚持核心价值导向——推动习近平新时代中国特色社会主义思想"三进"，引导青年学生坚定"四个自信"，培养德智体美劳全面发展的社会主义建设者和接班人；二是彰显融会贯通理念

---

① 习近平. 思政课是落实立德树人根本任务的关键课程[J]. 求是，2020（17）：4-16.
② 许瑞芳，纪晨毓. "大思政课"视域下思想政治理论课教学的社会生活省思[J]. 思想教育研究，2022（4）：104.

——立足现有思政课体系，融合社会资源，丰富、扩展、整合现有的思政课课程要素，打通"小思政课"的教学壁垒，形成"大思政课"的教学格局；三是突出体育思政特色——将习近平关于体育的重要论述、中华优秀传统体育文化与国际先进体育文化、新中国体育人砥砺奋进历程和勇于拼搏的冠军精神、体育强国建设的伟大成就等转化为思政课教学鲜活内容，在教学过程和教学资源等方面发挥体育优势。

三、北京体育大学"大思政课"建设的实践模式

推进思政课改革创新通常涉及课程建设的基本要素，即教学条件、教学内容、教学方法、教材建设、师资队伍、教学评价等，这些要素构成了推进课程建设的重要方面。因此，以"大思政课"建设为方向深化思政课改革，要从这些要素着手，不断探索"大思政课"建设的实现形式。① 基于此，在推进"大思政课"建设过程中，北京体育大学从课程资源体系、教学形式、教学方法、评价体系、教师队伍、保障体系六方面出发，形成了"六位一体"的建设格局。在这一模式中，立德树人是根本任务，是课程建设的核心目标，而构成要件包括课程资源、教学形式、教学方法、评价体系、教师队伍、教学保障。其中，教师队伍是主体，课程资源是载体，教学形式和方法是手段，评价体系是导向，教学保障是条件。这些构成要素相互联系、相互作用，构成了一个完整的体系框架，共同服务立德树人根本任务。基于此，本文从课程建设的上述六方面剖析北京体育大学"大思政课"建设的具体模态。

（一）挖掘体育思政资源，建设内容丰富、形态多样的课程资源体系

随着当前教学形式的不断成熟定型，教学内容的吸引力、鲜活度问题越发重要，"内容才是王道"②。"大思政课"教学改革必须要在教学内容和资源上下功夫。近年来，北京体育大学在深挖教学内容和资源上进行了多重探索。

一是建立丰富的"大思政课"课程内容资源库。思想政治教育教学资源库是促进"大思政课"建设、构建大思政教育格局的重要载体，也是一项系统工程。在"大思政课"课程资源库建设方面，北京体育大学不断拓展思政课内涵，挖掘历史、现实和国际资源，结合体育特色，建立"大思政课"课程内容资源

---

① 赵春玲，逄锦聚."大思政课"：新时代思政课改革创新的重要方向和着力点［J］.思想理论教育导刊，2021（8）：98.
② 史宏波，谭帅男.大思政课：问题指向、核心要义与建设思路［J］.思想理论教育，2021（9）：64.

库。例如，利用"四史""体育史"、校史等思想政治教育资源，深挖历史人物、典型事例和感人故事，开展"五爱"教育，传承红色基因，引导青年学生增强做中国人的志气、骨气、底气；跟踪国内国际两个大局，充分利用鲜活生动的伟大实践和国际时事，增强教学内容的时代性，培养学生养成从全球视野和中国视角探讨现实问题的思维方法和分析能力；深入开发体育思想政治教育资源，将习近平关于体育的重要论述、中华体育精神、北京冬奥会、体育强国实践等全面融入教学内容。

二是建立立体化的"大思政课"教材体系。教材是教学开展的重要依托，也是学生学习的重要素材。在"大思政课"教材建设方面，北京体育大学积极优化教材内容，丰富教材形式，构建立体化"大思政课"教材体系。一方面，完善纸质教材体系，编写《中华体育精神》等选择性必修思政课教材，以及《女排精神教学案例集》、"体育人物故事丛书"等体育特色思政课教辅材料；编写《马克思、恩格斯、列宁关于体育重要论述摘编》《新时代中国体育指导思想——习近平总书记关于体育重要论述》等体育特色思政课教材。另一方面，构建"云教材"体系，完善马克思恩格斯经典教材和教辅材料的"云资源"建设，推动国家队"云课堂"教材建设，融入线上云平台资源，构建共通共享的"云教材"体系。

三是建立多样的"大思政课"教学资源平台。依托互联网技术的"大思政课"教学资源平台是"大思政课"建设的重要抓手，能够实现教学资源共享、教学实时互动和社会宣传等功能。三年来，北京体育大学统筹推进各方资源凝聚，积极构建形式多样、协调配合的矩阵式大思政资源平台。具体举措包括：用好国家智慧教育平台、全国高校思政课教师网络集体备课平台等，推出类似"弘扬北京冬奥精神，在青春的赛道上奋力奔跑""冠军说""冰雪思政大课"等具有体育特色的"大思政课"精品课程；探索联合育人平台建设，加大校企联合育人、校媒联合育人力度，联合相关企业、运动项目中心、街道社区建立志愿服务与实习实践基地，联合新华网等媒体资源建强"思政课程协同创新中心"，联合北体传媒建好大思政频道；用好教育部等颁布的"大思政课"实践教学基地名单，持续完善井冈山—遵义—延安—西柏坡—香山红色教育基地群建设，建好北京体育大学"使命在肩，奋斗有我""大思政课"实践教学基地，筹建好"体育大思政教育中心"。

（二）拓展教学格局，探索规范灵活、协调贯通的教学形式

"大思政课"建设对教学形式提出了新的要求，也为多维教学形式的开展提

供了空间。三年来，北京体育大学在教学形式创新上也进行了探索。

一是探索课堂教学和实践教学贯通融合的"北体"形式。2019年3月18日，习近平总书记在学校思想政治理论课教师座谈会上强调："要坚持理论性和实践性相统一，用科学理论培养人，重视思政课的实践性。"① 理论教学与实践教学相结合是思想政治教育的基本内在要求。基于此，北京体育大学开齐开足思政课，建立了以习近平新时代中国特色社会主义思想为核心的思政课课程群，推动思政课改革创新工程2.0版，促进思想政治教育小课堂与社会实践大课堂的相互融合。拓展教学场域，开展运动场上、纪念馆里、生产车间、乡村田野上的思政课；打造多样课堂教学形式，邀请奥运冠军走进思政课堂讲述中国体育精神，邀请专家学者、国家机关干部、体育局局长、运动项目协会主席走进思政课大讲堂，解读国家方针政策和新时代体育发展成就；建立思政课实践教学工作体系，规范实践教学，落实思政课实践教学学时学分制度；丰富实践教学内容，拓宽实践育人渠道，依托疫情防控、建党100周年、北京冬奥会等重大活动，强化与"三全育人"体系的协调联动，提升育人实效。

二是探索思政课程与课程思政协调同行的北京体育大学范式。思政课程与课程思政不是彼此孤立的，而是有机联系的。大思政理念能够为"实现思政课程与课程思政在立德树人根本任务统领下的同向同行、协同育人"② 提供整合框架。三年来，北京体育大学坚持大思政理念，建立校级思政课程和课程思政协同育人议事协调制度；发挥北京体育大学课程思政教学创新研究中心、北京体育大学和新华网共建思想政治教育协同发展中心的作用，开展思政课与课程思政结对共建，从三大球（排球、篮球、足球）、武术、冰雪五大项目课程入手，逐步扩展到其他项目课程，形成了"1+5+X"的课程思政建设路径；鼓励院系建立涵盖专业课教师、思政课教师和教育学教师构成的复合团队，打造一批国家级课程思政示范课程、课程思政教学名师和教学团队。

三是探索大中小学思政课一体化的"北体"模式。习近平在学校思想政治理论课教师座谈会上指出："要把统筹推进大中小学思政课一体化建设作为一项

---

① 习近平主持召开学校思想政治理论课教师座谈会强调 用新时代中国特色社会主义思想铸魂育人 贯彻党的教育方针落实立德树人根本任务 [N].人民日报，2019-03-19（1）.

② 蓝波涛，覃杨杨.构建大思政课协同育人格局：价值、问题与对策 [J].教学与研究，2022（2）：93.

重要工程，推动思政课建设内涵式发展。"① 2020年12月，中宣部、教育部印发《新时代学校思想政治理论课改革创新实施方案》，提出要"对大中小学思政课课程目标进行一体化设计"②。以此为根据，北京体育大学设立相关研究课题，加强对大中小学思政课一体化建设的探索，研究大中小学各学段思政课的课程目标、课程设置和课程教材内容；以"双减"为契机，以北京体育大学关联的幼儿园、小学、中学为试点，积极探索思政课大中小幼一体化的实施策略和路径；按照就近原则组建上地学区大中小学思政课教学共同体，推进教学资源共建共享，编写出版衔接各学段的思想政治教育辅导读物，建立师资培育、听课评课、教研交流、集体备课等常态化工作机制。

（三）提升教学实效，创新多样融合、效果显著的教学方法

"大思政课"建设还要从教学方法上下功夫、做文章、出实招，③ 用多样化、信息化、研究式的方法使学生更容易接受所讲解的教学内容。北京体育大学在"大思政课"建设中注重教学方式的同步改革。

一是探索多样融合、效果显著的教学方法。"大思政课"教学模式下，教师教学方法的运用应当更突出学生的主体地位，应根据教学内容、教学对象、教学环境的不同而作灵活适宜的选择，调动学生参与教学的积极性。北京体育大学针对不同教学对象、教学内容、教学形式，坚持因材施教，以"八个相统一"为遵循，推动多种教学方法的融合创新，实现知识、能力、情感和价值的统一，提高教学效果。注重发挥学生主体性作用，提倡综合采用专题式、访谈式、研究式、情景式、激情式、演讲式、翻转课堂等教学方法，推动学生全员深度参与教学，激发学生的爱国情、强国志、报国行。

二是探索多样化、信息化的教学手段。随着信息技术的快速发展，个体呈现网络化生存样态，对于"网生代"的学生更是如此，这对高校思想政治教育提出了新挑战。④ 因此，"大思政课"教学改革必须善用现代网络技术，广泛采

---

① 习近平主持召开学校思想政治理论课教师座谈会强调　用新时代中国特色社会主义思想铸魂育人　贯彻党的教育方针落实立德树人根本任务［N］. 人民日报，2019-03-19 (1).
② 张琼，高盛楠，李玉纯. 大数据技术赋能高校精准思政的重要价值与实践进路［J］. 思想教育研究，2022 (6): 139-144.
③ 中共中央宣传部、教育部关于印发《新时代学校思想政治理论课改革创新实施方案》的通知［EB/OL］. 中国政府网，2020-12-18.
④ 张士海. 关于"大思政课"建设的几点思考［J］. 马克思主义理论学科研究，2021，7 (7): 105-112.

用和适应信息化的教学手段。在教学信息化的要求下,北京体育大学不断完善传统教学手段,借助超星数字马院、雨课堂等教学软件,推动现代信息技术与传统教学手段的深度融合;通过"学习强国"、微信公众号等平台,推送、制作思想政治教育类主题短视频,打造"无微不至"微课堂;通过VR教学、"矩阵式远程互动教学",在虚拟的环境中带领学生体验真实的社会历史,在身临其境中增强学生的情感认同和价值认同。

三是加强马克思主义理论和"大思政课"教学研究。深化马克思主义理论和"大思政课"教学研究,能够为"大思政课"教学创新提供学理支撑。三年来,北京体育大学鼓励和引导教师积极开展马克思主义理论和"大思政课"教学研究工作,建立"习近平新时代中国特色社会主义思想研究基地",加强马克思主义理论和思政课教学研究;组织教师深入研究习近平新时代中国特色社会主义思想的丰富内涵、精神实质、核心要义和历史地位,重点支持开展"大思政课"建设规律、思政课教学、大中小学思政课一体化、课程思政等方面研究,参与和举办习近平新时代中国特色社会主义思想"三进"的系列研讨会,以高水平研究成果提升思政课的思想性、理论性、亲和力和针对性。

(四)聚焦立德树人,构建导向明确、开放科学的评价体系

为了提升教学质量,教学效果的评价是必不可少的。"大思政课"应以过程性评价为主,实行教学评一体化,即以课程目标是否达成为标准,教师"教"、学生"学"与教学的"评"应形成一体化的有效闭环。①北京体育大学锚定立德树人的评价导向,构建适合大思政特点的评价体系。

一是坚守立德树人评价目标,提高评价的针对性。立德树人是思政课教学评价的根本标尺。在"大思政课"建设过程中,北京体育大学立足立德树人的实效设计评价目标,确立评价标准。根据"大思政课"涉及的教学形式、方法、主体、对象,构建以获得感为核心的综合评价标准;针对"课堂+实践"多教学形式、"线上+线下"多教学方法的特点,设定整体评价标准;针对不同教学主体的授课特点进行研究,设立分类评价标准;针对评价对象的多元化特点,设立分层评价标准。

二是构建多元参与、开放科学的评价体系。教学评价主体的多元化是当前教学评价的显性趋势,采用多主体评价模式也是"大思政课"教学评价的题中之义。北京体育大学针对多类型教学形式、多融合教学方法、多元教师队伍、

---

① 韩可.课程论视角下"大思政课"的实施维度与实践理路[J].思想理论教育,2022(5):75.

多种教学对象等情况,在原有教学评价标准体系基础上,面向社会,引入家长、媒体等评价力量,构建校领导、教学督导、同行、学生、社会力量参与的既有侧重又相辅相成的多元评教主体,建立以"高阶性、创新性、挑战度"为导向,以"思想性、理论性、亲和力、针对性"为目标的教学评价体系。

三是探索多维度、动态化的考核方式。课堂是一个整体性的动态生成过程,①那么对课堂教学的评价也应当是动态的、灵活的。北京体育大学围绕"知""信""行",根据教学内容、教学形式、学生类型,灵活设计思政课考核方式,增加思政课考试的开放性和动态化,加强学生课堂参与和学习态度的考核,加大过程化考试力度,促进过程性考核与结果性考核的有机结合。

(五)坚持内外并举,建设德才兼备、专兼结合的教师队伍

2022年4月,习近平总书记在中国人民大学考察时强调:"好的学校特色各不相同,但有一个共同特点,都有一支优秀教师队伍。"②"大思政课"建设离不开一支政治强、情怀深、思维新、视野广、自律严、人格正的教学队伍。在三年多的"大思政课"教学改革中,北京体育大学以"六要"为根本,致力于打造德才兼备、专兼结合的教师队伍。

一是坚持专兼结合,扩大"大思政课"教师团队。"大思政课"教师队伍建设应强调多元参与,通过积极扩充教师队伍,专兼职教师相互配合,共同讲好"大思政课"③。北京体育大学实施推进"四个一批工程",即引进一批、培养一批、招聘一批、特聘一批,配齐建强思政课专职教师队伍,形成以专职思政课教师队伍为主体、兼职教师队伍为补充的"大思政"教师队伍。建立多元动态的"大思政课"师资库,吸纳国家党政机关干部、项目中心与协会领导、奥运冠军、英雄人物、行业模范、社会楷模等优秀人才进入兼职教师队伍。

二是坚持德才兼备,完善"大思政课"教师管理制度。2020年10月,中共中央、国务院印发的《深化新时代教育评价改革总体方案》指出,改革教师评价,推进践行教书育人使命,坚持把师德师风作为第一标准。④ 在"大思政课"

---

① 李蕉,周君仪."大思政课"视域下对建设高质量课堂的思考[J].思想理论教育,2022(7):82.
② 习近平在中国人民大学考察时强调 坚持党的领导传承红色基因扎根中国大地 走出一条建设中国特色世界一流大学新路[N].人民日报,2022-04-26(1).
③ 韩锐,纪梦然,刘畅.构建新时代"大思政课"内外循环系统[J].中国高等教育,2022(11):33.
④ 中共中央、国务院印发《深化新时代教育评价改革总体方案》[EB/OL].中国政府网,2020-10-13.

教学改革过程中，北京体育大学坚持师德为第一标准，根据"六要"要求建立"大思政课"教师准入制度，严守专兼职思政课教师准入门槛。将立德树人纳入思政课教师管理全过程，突出教育教学实效，建立相应考核指标体系和奖惩机制。对年度考核优秀等级者在绩效考核、职称晋升、岗位聘任、评奖评优等方面给予倾斜；对年度考核不合格者给予通报批评，调整教学安排和薪资待遇，对连续两年考核不合格者执行退出制度。

三是坚持常态化培训，提升"大思政课"教师的素质。"大思政课"教师应紧跟时代和社会的发展要求，不断提升思想政治素养、业务能力和专业水平。三年来，北京体育大学积极开展教学骨干培优计划，通过专题培训、访学研修、挂职锻炼、结对指导等培养中青年教学骨干，培育优秀教学团队；开展青年教师提升工程，通过入职培训、新教材培训、教学沙龙、集体备课、专家说课、教学观摩、专题研讨、以赛促教等活动，加大青年教师培训；推进专职思政课团队提质工程，完善教师三级培训培养体系，坚持思政课教师培训的全覆盖，提升思政课教师素质。

（六）坚持统筹协调，搭建多元参与、协同合作的教学保障体系

作为一项系统工程，"大思政课"建设需要上下联动、协调有序的组织保证，常态性、规范化的制度保障以及"人财物"的资源支撑。三年来，北京体育大学为"大思政课"建设提供了强有力的组织、制度和资源保障。

一是加强组织保障。建立健全相关组织机构是推进"大思政课"建设的重要保证。北京体育大学依托马克思主义学院建设领导小组，统筹"大思政课"建设方案落实情况。马克思主义学院建设领导小组每年定期召开"大思政课"的调研座谈，进行专项督查；召开专题会议研究"大思政课"建设重点工作；召开现场办公会，解决"大思政课"建设的实际困难和问题。针对"大思政课"最新特点，制订马克思主义学院领导班子培训计划，提升马克思主义学院治理能力。

二是加强制度保障。建立和推行"大思政课"建设的相关制度，为"大思政课"建设提供制度、机制保障。北京体育大学把"大思政课"建设纳入学校思政课建设整体方案，列入学校事业发展规划，实现"三优"（优先、优势、优质）发展；健全统筹协调机制，建立联席会议制度，协同研究和推进"大思政课"建设相关工作；强化工作管理机制，学校相关职能部门积极主动修订有关管理文件，在制度上明确"大思政课"建设所需要的相关要求。

三是加强资源保障。"大思政课"建设离不开人力、物力、财力的投入。在

"大思政课"建设实践中,北京体育大学统筹保障"大思政课"发展需要。科研部门和教务部门支持马克思主义学院建立"大思政课"实验室,开展"大思政课"教学实验和研究;人事部门为专兼职思政课教师开辟绿色通道,充实专职师资队伍规模,加大兼职师资引进力度;财务部门设立"大思政课"建设经费,用于教学、科研、人才等方面支出,保障课程建设持续发展所需的经费充足。图书馆、资产管理部门支持建设"大思政课"图书室、会议室,切实保障建设所需的图书资料、教学设备和物理空间。

"大思政课"的实践样态是鲜活的,其建设路径也会基于不同的建设理念、实践场域和资源条件而具有不同的特色。本文基于北京体育大学的"大思政课"建设实践,从课程建设方面建立了"六位一体""大思政课"建设模式,以期为"大思政课"建设提供参考。综合而言,北京体育大学"大思政课"建设的特色主要体现在三方面。首先,在建设理念上,围绕立德树人根本任务,坚持融会贯通理念,形成"大思政课"的教学格局;其次,在模式构建上,坚持课程建设的核心目标,从课程资源体系、教学形式、教学方法、评价体系、教师队伍、教学保障方面,形成了"六位一体"的"大思政课"模式;最后,在特色挖掘上,强调发挥体育优势,彰显体育思政特色,注重将体育强国建设中的鲜活素材、丰富资源有机融入教学过程中。

面向未来,北京体育大学将启动"大思政课"建设创优行动,深入落实教育部等十部门印发的《全面推进"大思政课"建设的工作方案》,进一步提升开门办思政课、调动各种社会资源的意识和能力,按照"12345"的思路持续完善"六位一体"的"大思政课"建设模式。"1"就是坚持立德树人的根本任务,坚持用习近平新时代中国特色社会主义思想铸魂育人。"2"就是推动2个系统良性互动,即推动思政小课堂和社会大课堂的相互融合和促进。"3"是处理好思政课、课程思政、"大思政课"三者的关系。"4"是结合北京体育大学特色,办好4件实事,即参与国家智慧教育平台等平台建设,建强一支专兼结合的体育大思政队伍,做强体育大思政频道,建好体育大思政教育中心。"5"是抓好5个发力点:突出主渠道建设,强化实践育人,推进思想政治教育信息化,加强队伍建设,拓展工作格局。

(本文原载于《思想教育研究》2022年第10期)

适应性视域下职业院校"大思政课"教学探索

曹 群

广州番禺职业技术学院马克思主义学院

摘要：思想政治理论课要在立德树人中发挥应有作用，"适应"是重点，是方法论层面的问题。职业院校思想政治理论课要适应职业院校人才培养目标和培养方式，适应职业院校学生的发展要求和群体特点，用好职业院校的教学优势和教学资源。当前，职业院校存在着不同程度的"不适应"，重要的宏观上的原因是缺乏协同机制。要破解当前职业院校思想政治理论课"不适应"的"痛点""难点"，就要以习近平总书记关于"大思政课"的重要论述为指导，开门办思想政治理论课，主动适应职业教育办学属性、人才培养目标、人才培养特点，用好产教融合、校企合作、育训结合等客观优势条件，以"大思政课"理念系统重构教学。思想政治理论课要针对职业院校学生的特点因材施教，与专业教育结合并领航课程思政，活用企业资源活化思想政治教育理论，构建能整合多方力量与思想政治理论课同向同行的"大思政课"建设协同创新机制。

2022年4月25日，习近平总书记在中国人民大学考察时强调："思想政治理论课能否在立德树人中发挥应有作用，关键看重视不重视、适应不适应、做得好不好。"① 这说明，思想政治理论课（以下简称"思政课"）在立德树人中发挥应有的作用有3个关键问题，"重视"是基础前提，"适应"是重点内容，"做得好"是目标指向。"适应"是方法论层面的问题。适应是指适合客观条件和需要②。同时，习近平总书记对职业教育的适应性问题也提出了要求："增强职业教育适应性，加快构建现代职业教育体系，培养更多高素质技术技能人才、

---

① 习近平在中国人民大学考察时强调 坚持党的领导传承红色基因扎根中国大地 走出一条建设中国特色世界一流大学新路［N］. 光明日报，2022-04-26（1）.
② 中国社会科学院语言研究所词典编辑室. 现代汉语词典［M］. 7版. 北京：商务印书馆，2016：1198.

能工巧匠、大国工匠。"① 由此可见，职业院校思政课的适应性问题是思政课适应性和职业教育适应性的叠加，更加重要和复杂。某种意义上讲，职业院校思政课适应性问题，事关培养和造就更多服务中华民族伟大复兴的高素质技术技能人才、能工巧匠、大国工匠的大计。

一、职业院校思政课适应性的内涵

《中华人民共和国职业教育法》第4条明确指出："职业教育必须坚持中国共产党的领导，坚持社会主义办学方向，贯彻国家的教育方针，坚持立德树人、德技并修，坚持产教融合、校企合作，坚持面向市场、促进就业，坚持面向实践、强化能力，坚持面向人人、因材施教。实施职业教育应当弘扬社会主义核心价值观，对受教育者进行思想政治教育和职业道德教育，培育劳模精神、劳动精神、工匠精神，传授科学文化与专业知识，培养技术技能，进行职业指导，全面提高受教育者的素质。"② 2020年3月通过的《中华人民共和国国民经济和社会发展第十四个五年规划和2035年远景目标纲要》明确确定，"十四五"期间，教育改革的首要目标是建设高质量教育体系。③ 在职业教育领域集中体现为增强适应性，即让职业教育适应人的多样化成长需要和适应经济社会发展需要。这些都表明，增强职业院校思政课教育教学"适应性"是题中应有之义。

当今世界，百年变局与世纪疫情交织叠加，国内外意识形态领域斗争形势异常复杂，这都对思政课建设提出了新要求、新挑战。只有强调思政课的适应性，不断深化思政课改革创新，才能真正实现思政课政治引领和价值引领的功能。具体到职业院校思政课教学，要主动适应职业教育的国家需要、社会发展需要和学生成长成才需要，适应职业教育办学属性、人才培养特点、产教融合、校企合作等客观条件，增强思政课与职业院校的人才培养目标和培养方式、职业院校办学条件、学生个体发展特点和需求的契合度、匹配度。

（一）适应职业院校的人才培养目标和培养方式

改革开放以来，职业教育作为优化高等教育结构和培养大国工匠、能工巧匠的重要方式，为我国经济社会发展，特别是为脱贫攻坚、乡村振兴提供了有

---

① 习近平对职业教育工作作出重要指示 加快构建现代职业教育体系 培养更多高素质技术技能人才能工巧匠大国工匠［N］. 光明日报，2021-04-14（1）.
② 中华人民共和国职业教育法［EB/OL］. 中华人民共和国教育部政府门户网站，2022-10-10.
③ 中华人民共和国国民经济和社会发展第十四个五年规划和2035年远景目标纲要［EB/OL］. 中国政府网，2022-10-10.

力的人才和智力支撑；职业教育推动经济发展的社会功能、优化就业格局的就业功能和促进人的全面发展的育人功能也必将让职业教育成为共同富裕的重要引擎，发挥不可替代的重要作用。随着我国进入新发展阶段，对职业教育及其人才培养提出新的更高要求。走新型工业化道路、改进经济增长方式、推进产业结构升级以及建设创新型国家都需要一大批具备解决高技术难题能力的高技能人才，促进学生技能成才、技能致富，助力国家突破技术瓶颈，解决"卡脖子"等重大核心技术问题。

为增强职业院校思政课的适应性，首先，要适应职业院校的人才培养目标。一是职业教育与非职业教育培养的人才目标有别。例如，非职业教育的人才培养目标是学生在理论与实践的结合上具有创新性；而高等职业教育的培养目标在理论层次上要低于非职业教育的普通高等教育，以实用为主，重点在于培养学生的实践能力。二是毕业生就业侧重点有别。非职业教育的普通高等教育培养的学生以面向社会要求层次相对较高的管理岗位为主；而高等职业教育院校毕业生主要面向社会的基层单位或劳动生产一线岗位。高素质技能人才的核心素质是思想政治素质，培养职业院校学生胸怀祖国服务人民的志向可以转化为助力我国产业升级、走到产业链的顶端、走向共同富裕的强大物质力量。其次，还要适应职业教育的人才培养方式。职业教育几乎是按照社会需求设置相关专业的，通常采取"订单式""学徒制"的培养方式。职业教育更侧重于对学生动手能力、实际操作能力的培养，强调应用型和职业技能的实用性和针对性，以便迅速投入生产、工作中。相应地，职业院校教育教学内容也是以围绕生产、建设、管理和服务等一线职业岗位或者岗位群的实际需要，针对性地向学生传授相关知识。其教学特点以实用、够用为主，而不同于普通高等教育的科学教育。由于其教学目的的特殊性，其教学方式方法也以实训为主，产学结合是其培育人才的重要途径。这决定了思政课要充分发挥育人功能，增强育人实效，就必须"开门办思政课"，思政课要与职业院校人才培养方式紧密融合，在产教融合、校企合作中有效嵌入思政课或者将思政课放到产教融合、校企合作的"社会大课堂"中开展，方可在有限的空间和时间中实现并强化思政课应有的价值。

（二）适应职业院校拥有的教学资源

职业教育有丰富的产教融合、校企合作、育训结合资源，职业院校探索中国特色现代学徒制，开展订单式培养、套餐制培训，创新校企双制、校中厂、厂中校等人才培养方式，学生不仅在课堂上学习，还在企业的见习工作岗位中学习、在参加技能大赛等真实工作环境或竞赛过程中学习、在名师带徒弟、岗位练兵、技能竞赛、技术交流中学习，这都是职业院校人才培养特有的方式，也是思政课非常宝贵和难得的育人资源和环境，思政课应该也一定能利用好这些资源。思政课教师要深入这样的真实工作环境中，和一线岗位师傅开展深度合作，科学合理设计和实施"大思政课"教学，强化工匠精神、劳模精神等在思政课教学中的贯穿，促进学生在连贯的知情意行中学习思政课理论、培养道德情感认同，形成坚定意志，落实到实际行动，成长为能学以致用的高素质技术技能人才。

（三）适应职业院校学生的发展要求和群体特点

思政课作为领航课程，应助力职业院校培养既具有国际视野和世界眼光、通晓国际规则和世界经济社会发展大势，同时具有极强的政治定力和深厚的中国文化基因的高素质技能人才，为学生点亮奋斗的灯、照亮"智造"创新之路，让学生把个人理想追求融入祖国建设、民族伟业，成为走在时代前列的奋进者、开拓者。

职业院校学生有着鲜明的特点，他们大多来自工薪阶层家庭和农村家庭，他们内心阳光、积极向上，对国家的大政方针认同度高，对未来的规划比较客观，抗挫折能力强，自立自强的观念强，动手能力强，渴望技能成才。但也存在一些短板，如文化素养相对不高，有的中职学生甚至不能很好掌握常识性的文化知识，部分学生欠缺刻苦学习的精神。同时，职业院校以培养实用性人才为主，使职业院校学生在学习上呈现某种功利性的倾向，以至于一些学生误以为思政课教学与掌握各种实际技能相关度不高，觉得思政课"没用"，因而忽视了对思政课的学习。职业院校思政课应该从职业院校学生群体的这些特点出发，因材施教。

二、职业院校思政课适应性不足的表现

当前，职业院校思政课的"不适应"症候明显，主要体现为以下三方面。

第一，思政课的职业教育特色不鲜明，与职业教育的适应性不足。在当下，职业教育以服务发展、稳定就业为导向，职业院校在培养学生精湛专业技艺的同时，还要培养学生爱党报国、敬业奉献的思想政治素质，提高对社会的适应性、行为的规范性等社会能力及面向实际工作的协调协同能力、领导能力、对复杂问题的思考能力和解决能力等"隐形能力"。目前，职业院校思政课的教育教学与之契合度不够、匹配度不高，与非职业教育的基本一样，思政课的职业

特色不突出。教学内容方面，理论教学内容与劳动精神、劳模精神、企业家精神、工匠精神等职业精神内容的培养联系不够紧密，对中华优秀传统文化、国家良善之治、脱贫攻坚、乡村振兴、疫情防控等实践缺乏足够的现实关联，对其蕴含的教育元素缺乏挖掘，导致思政课中育人资源不够丰富，影响思政课教学实效性和亲和力的发挥；实践教学内容与校企合作、工学结合、产教研深度融合的程度不深，职业教育特色的教学内容开发乏力，导致思政课教学因疏远学生的生活世界、职业发展诉求而影响教学的实效性。

第二，在用好职业院校特有的育人资源方面存在不足。职业院校思政课的大部分教学活动都在课室和校内进行，普遍存在单兵作战、资源整合不够、协同推进思政课改革乏力等问题，亟须拓展思政课教学时空来开门办思政课，建设更丰富、更鲜活的、更有职业教育特色的育人资源，更适应职业教育思政课教学的环境。

第三，在适应职业院校学生方面存在不足。这主要表现在教学内容和方式的针对性不强。教材作为课程教学内容的载体，应该符合受教育者的认知特点和身心发展水平，密切联系他们的现实生活。但是目前高等教育中没有专门针对高职院校所使用的思政课教材。在内容构成上，注重学科体系的完整，教学内容理论性强，但与职业院校学生将来如何从业、走向社会、适应社会的现实生活联系不够，没有充分满足职业院校学生对现实生活问题解读的需求。尤其是随着市场经济的发展，自主择业已经成为大学生就业的主流，而在目前的教材中，涉及学生择业就业的内容较少。教材没有解答部分现实生活中的实际问题，内容相对滞后，在一定程度上削弱了课程教学的针对性和实效性。过分侧重理论知识传授，忽视意志磨炼和行为养成。思政课内容理论知识化倾向较为严重。这与长期的应试教育传统有直接关系。思政课作为一门公共课，围绕着考试要求来进行，为了得到好成绩，教师和学生的努力集中在应试技巧上，学习内容变成理论知识记忆为主。这种应试要求反过来制约了思政课教学内容编排和选择，一切以考试为中心。那些体现道德意志、行为养成的内容因为不能体现在考卷中、不能打分，就慢慢地被舍弃了。目前，一些职业院校思政课仍然不同程度地存在着按照应试教育的教学方式开展教学的情况，沿袭教师讲知识、学生背知识、期末考知识的方式，一门课程结束，教师完成规定工作量，学生得到一个分数，这是一种效果欠佳且不负责任的方式。某种程度上丢掉了思政课最重要的"讲道理"的本质，缺乏与职业教育实践结合起来的思政课，难以把真理讲深讲透讲活，难以给学生解惑、启迪和引导，也远离了思政课沟通心灵、启智润心、激扬斗志的宗旨。

以上诸种职业院校思政课"不适应"集中表现为一些职业院校主要沿用传统的教学模式，课程思政和思政课程之间协同不够，思政课主渠道和日常思想政治工作主阵地之间融合不紧密，学校思政课"小课堂"和社会"大课堂"衔接不够紧密，高职与中职之间没有完全贯通，没有唱好"协奏曲"。亟须从宏观上构建一个能整合多方力量与思政课同向同行的"大思政课"建设协同创新机制。

三、探索"适应"职业院校的"大思政课"教学模式

习近平总书记强调："'大思政课'我们要善用之。"① "大思政课"理念是办好思政课重要论述的核心要义，也是办好思政课的"金钥匙"。2022年7月，教育部等十部门印发了《全面推进"大思政课"建设的工作方案》，在总结"大思政课"建设成果基础上，为办好"大思政课"指明了方向，对改革创新主渠道教学、善用社会大课堂、搭建大资源平台、构建大师资体系等作出了重要工作部署。

要破解当前职业院校思政课"不适应"的"痛点""难点"，办好富有"职业味"的思政课，就要依据习近平总书记关于办好思政课的重要论述、特别是关于"大思政课"重要论述，立足新时代的历史方位，将思政课放在实现中华民族伟大复兴、放在时代需要和大局变迁的战略中、放在培养堪当民族复兴重任时代新人的时空场景和大历史中考量，放在职业教育人才培养的客观条件下谋划，要立足"两个大局"、胸怀"国之大者"、瞄准"大目标"、构建"大格局"。要善用职业教育校企合作、产教融合的优势，实现思政课堂理论教学与工作岗位、社会实践、企业社会等方面的有机衔接，培养堪当民族复兴重任的高素质技术技能人才、能工巧匠、大国工匠。要采用系统的方法、协同的方法，遵循守正创新、职业教育特色发展的原则，协同各方力量，从思政课的教学目标、教学内容、教学方式方法、教学模式、教育环境、教育机制等方面，开展"大思政课"建设和创新。

（一）思政课因材施教，适应职业院校学生特点

第一，根据职业院校学生的特点编排思政课内容。在遵循统编教材内容的前提下，按照职业教育目标和职业院校学生的特点整合教育教学内容，以诚实守信教育为先导，以职业道德教育为核心，以行为养成教育为重点，突出职业

---

① "'大思政课'我们要善用之"（微镜头·习近平总书记两会"下团组"·两会现场观察）[N]. 人民日报，2021-03-07（1）.

道德素养培养和加强创新精神培养。

职业道德和行为规范是职业院校思政课的特色，职业院校毕业生不仅需要具备良好的思想政治素质、扎实的专业技能，更需要具备相应行业的良好职业道德素养。对此，在思政课教学中，必须突出职业道德的价值引领，深入挖掘工匠精神、劳模精神、企业家精神等内容，全程贯穿社会主义核心价值观，让学生深刻理解"什么是职业道德""为什么需要职业道德""如何成为一名品德高尚的职业人"等一系列问题，引导其形成"干一行爱一行"的爱岗敬业精神、螺丝钉式的团结协作精神、钉钉子式的探索创新精神，职业道德素养培育不能仅仅停留在职业道德知识传播上，还要结合实践活动，譬如参加一线生产的企业活动、见习实习、服务社会的公益活动、学以致用的社团活动、竞争激烈的技能大赛等，引导学生将职业道德知识外化为自觉行为。

创新是一个民族进步的灵魂，是一个国家兴旺发达的不竭动力。创新的关键在人才，人才的成长靠教育。高等职业教育不能满足于培养掌握特定技能的劳动者，要培养具有务实、进取、创业精神的复合型高级技能人才。思政课应承担起向学生传输创新进取精神的任务。在具体的教学中，要坚持以学生为中心，树立民主平等的师生观，鼓励质疑、尊重个性，通过设置小组学习、问题驱动、数字化互动教学、合作教学、探究教学等方式，引导学生思维发散、思想碰撞，以照亮学生创新的路，适应产业转型升级对技能型人才培养的需求。

第二，加强案例教学，增加行为养成活动。精简理论知识，增加鲜活生动的教学案例，注重使用职业院校学生易于接受的语言体系，增强思政课的亲和力和感染力。

增加行为养成活动，加大体验教育法的运用。职业院校的学生在思维方面有直观动作思维和形象思维见长、抽象思维见短的特点，在思政课中采取理论教学辅以直观体验教育法更有效果。在学生接受教育的过程中，职业院校学生思维特点不同，他们最擅长的是直观动作思维，而那些综合性大学的学生，更偏重理论性学习的抽象思维。职业院校思政课要加大体验教育法的运用。其一，到爱国主义教育基地、历史文化古迹、博物馆、改革开放成果展览馆等场所参观，到现场去体验党史、国史和改革开放史，激发报效祖国和人民的真情实感。其二，模拟体验活动。创设某些具体的情景，或运用高科技信息技术，让学生在特定的环境中体验丰富的心理反应和道德情感，如重走长征路、英模角色扮演、军事演习、消防演习等。其三，实习体验。建立实训校区，给学生提供更多实习体验的机会。其四，利用寒暑假深入基层、农村去体验生活。例如，"三下乡"活动、走访脱贫攻坚、乡村振兴的成功实践地区。让学生在体验中受教育。"校企结合""工学交替""教学做一体化"等学以致用的教学方式是职业院校人才培养方式的基本特征,思政课要协同好专业课、实训实习课、第二课堂活动等,把各种育人力量组织和调动起来,发挥职业教育的独特优势,从而让学生感知、理解、认同思政课中传授的理论。

（二）思政课程与课程思政协同,思政课与专业教育结合,适应人才培养目标和方式

第一,促进思政课程与课程思政的协同。专业课程与思政课程同样蕴含强大的育人功能和价值,同样对学生思想政治的意识和观念塑造起到重要的作用。促进思政课程与课程思政的协同是职业院校实现立德树人教育任务的实践指向。要以爱党、爱祖国、爱人民、爱社会主义、爱集体为主线,围绕"习近平新时代中国特色社会主义思想""中国共产党为什么能、马克思主义为什么行、中国特色社会主义为什么好""理想信念""中国精神""四史教育""两个维护""四个自信""社会主义核心价值观""法治素养""职业幸福"等主题,打造"职业思政课""专业思政课""实习思政课"课程体系,以"理论课程+实践课程""思政课程+课程思政""显性课程+隐性课程""必修课+选修课"等课程形态,达成思政课与专业课"一盘棋"、建立课程思政与企业、岗位和社会的有机衔接,深挖专业课中的思想政治教育元素,找准课程本身与思想政治教育元素的契合,形成"结合专业讲思政、结合思政讲专业"的有效协同。以"1+1+N"（思政课教师+专业课教师+能工巧匠/大国工匠/劳动模范/企业家/红色基地讲解员/抗疫英雄/优秀校友/青年榜样……）的方式建设好有浓浓"职业味"的"大思政课"。

第二,实现思政课与专业教育结合。思政课要结合专业岗位人才培养的特点和需要,深入挖掘教学内容。职业素养的养成和培育对于学生来说是至关重要的。职业素养是职业院校学生胜任岗位需要,完成特定职责所必备的一切内在素质的综合,例如,人生规划与职业生涯规划、人生目标和职业发展目标、人生态度与职业态度等。在专业教育中,除了实现专业教学目标外,注重渗透思政课元素,包括诚信、合作、社会责任感、人文关怀等,将通识内容渗透到专业教育中。思政课与专业教育相结合不仅有助于推动思政课有效进行,降低思政课工作的阻力,还有利于在一定程度上缓解高校德育与智育相分离所带来的负面影响,实现高校德育与智育相统一。总而言之,只有将思政课与专业教育相互结合、共同为促进高校培养德才兼备的优秀人才而发挥其功效,才能从更高层次上提高大学生的综合素质水平,促进大学生全面发展。

（三）活用企业资源，让思政课有声有色

职业院校有丰富的产教融合、校企合作的客观优势条件，我们要善用之。职业院校思政课要用好产教融合、校企合作的客观优势条件，以理论与实践相结合"走心"的教学资源、丰富充沛的"大思政课"教学资源来增强适应性。

企业是职业院校办学主体的一部分，职业教育离不开企业。职业教育培养学生工作能力，必须在实际工作岗位中培养，工作怎么做教育就应该怎样培养。社会需要职业院校学生有积极的人生态度、对社会的适应性、行为的规范性等社会能力，更要有以劳动精神、劳模精神、企业家精神为主要内容的职业精神，它们都是属于情感、态度和价值观的范畴，是高素质技术技能人才的"隐形能力"，这些"隐形能力"是职业院校思政课的重要教学内容。这些"隐形能力"的培养不能只停留在课堂上，还需要学生在实际工作场景中、在工作的协同交往中亲身体验。

产教融合、校企合作的办学特色为思政课提供真实的教育教学情境，学生耳濡目染能工巧匠、大国工匠、劳动模范、企业家在实际工作中展现出来的宝贵精神，受到榜样的力量感召，在潜移默化中成为立大志、入主流、做大事、有担当、讲奉献的堪当民族复兴重任的时代新人。因此，思政课教师要深入企业、熟悉企业，与企业深度合作，从教学内容、教学理念、课程开发等方面适应企业人才需求，实现对学生职业精神涵养的"精准滴灌"，办好有"职业味"的思政课。对外跨校、跨行业、跨地区整合产教融合资源，协同开发思政课课程体系和共建共享思政课教学资源，让思政课教学与职业相关、与时代同步、与现实同频。推动思政课实践教学内容与顶岗实习、社会调查、志愿服务、理论宣讲等相融合，培养学生的爱国情、强国志、报国行。

（四）多方力量整合，构建同向同行的协同创新机制

思政课教学绝不是也不能单兵作战，它是一项全员育人、全程育人、全方位育人的极其复杂的系统工程。解决思政课适应性问题是内外共同作用的结果，要调动各方力量、推动主体协同、实现同向发力，从机制创新中探索协同推进的路径，教学效果才能很好地落在学生身上。

第一，促进思政课教学与学校思想政治工作的融合。遵循思想政治工作规律、教书育人规律、学生成长成才规律等，结合职业院校学生群体学习基础、身心特点、职业发展情况，综合施策、因材施教，推动思政课教学与学校思想政治工作的深度融合，整合校内外资源，构建校企社联动，全员、全过程、全方位的育人体系，让"我们都是思政课教师"的理念深入学校和企业，实现思

政课程育人、课程思政育人、科研育人、实践育人、文化育人、网络育人、心理与资助育人、管理育人、服务育人、组织育人,科学有效地开展学生思想政治教育工作,让学生在课程教学的实践中、在职业学习和发展中、在培养社会适应性能力中学、思、践、悟。

第二,促进中职、高职、职业本科一体化贯通。高职和中职虽教育层次不同,但有职业教育共性,必须一体化驱动才能形成一个有效的教学系统。职业学院思政课要锚定"中职、高职、职业本科一体化"建设目标,建立高职中职思政课一体化建设机制,以集体备课、互相听课、交换上课等形式,促进中职思政课教师与高职思政课教师的交流和协同,调动全体思政课教师和专业课教师的内在动力,遵循边探索边实践、边实践边研究、边研究边推广的思路,建立"中职—高职—职业本科"衔接育人的一体化驱动机制,在师资、课程、资源、理念等方面共建共享,协同推动职业院校思政课教学改革创新。

第三,促进思政小课堂与社会大课堂的衔接。① 优化思政课课程设置,构建"大思政课"教学模式,优化思政课实践教学资源共建共享机制,与校外红色教育基地、改革开放前沿阵地、企事业单位、社会团体、其他组织等共建实践教学基地,将"小课堂"与"大课堂"结合起来,贴近生活、贴近社会、贴近学生,把思政课从课堂扩展到学生的职业发展、专业学习、岗位实习、技能大赛、班团活动、青马工程、生活交往和社会实践等,既有学校课堂教学,又有"一线"大课堂教学,拉近思政课与学生实际、社会实际和职业发展的距离,理论教学与实践教学相辅相成,引导学生把个人理想追求融入社会建设、促进民族伟业,勇做敢为人先、开拓创新、开放合作、走在时代前列的奋进者、开拓者。② 这样的"大思政课"教学善用中国共产党带领中国人民创造的伟大功绩,善用职业教育校企合作、产教融合的优势,让思政课堂理论教学与工作岗位、社会实践、企业社会的有机衔接,激发学生主动把"小课堂"的理论与"大课堂"的现实结合起来,让理论在实践中"活起来",学生在实践中学习运用辩证唯物主义和历史唯物主义基本原理看待分析和解决实践问题,运用创新思维、辩证思维,运用矛盾分析方法抓住关键、找准重点、阐明规律,亲身经历、用心体悟思想的伟力,养成学生积极的人生态度,培养对社会的适应性、行为的规范性等社会能力,培养面向实际工作的协调协同能力、领导能力、复

---

① 彭庆红. 不忘学术初心　牢记学科使命　推动共同发展:学习习近平给《文史哲》编辑部全体编辑人员的回信 [J]. 思想教育研究, 2021 (6): 6.
② 冯秀军. 善用"大思政课"的三个维度 [J]. 思想理论教育导刊, 2021 (8): 109.

杂问题思考能力和解决能力，真正达到沟通心灵、启智润心、激扬斗志的教学效果。

在构建同向同行协同创新育人体系方面，广州番禺职业技术学院积极探索创新"大思政课"机制，成立建设"大思政课"的虚拟学院——"领航学院"，由学校党委书记担任院长，坚持以习近平新时代中国特色社会主义思想铸魂育人，坚持问题导向、目标导向和效果导向相统一，坚持自信自强、守正创新，整合校内外育人资源，激励全要素协同育人，开展"大思政课"建设和综合改革创新。以设在本校的教育部全国高校思政课名师工作室、全国职业院校"大思政课"建设创新联盟、教育部课程思政教学研究示范中心、教育部职业教育示范性虚拟仿真实训基地培育项目、广东省示范性高校思想政治理论课教学科研单位建设项目、广州市学校思政课协同创新中心等为主要平台，在学校党委的领导下，通过有效的机制，协同职教名师、大国工匠、劳动模范、优秀企业家、抗疫英雄、教育部教学创新团队、团学思想政治工作队伍、学生社团、红色场馆、"大思政课"实践教学基地、知名企业和学生实习企业等各方力量，用好职业教育产教融合、校企合作的优势，协同思政课程的领航力、课程思政的同向力、职教师生的联动力、校企产教的融合力、劳模工匠的榜样力、党政部门的行政保障力等"六力"，形成立德树人教育的合力，全面推动思政课高质量发展。

总之，职业院校要以"大思政课"理念系统谋划、科学设计，真正把立德树人融入职业院校的思想道德教育、文化知识教育、生产实践、社会实践教育各环节，贯穿中职、高职、职教本科各学段，把"大思政课"的"大视野、大情怀和大格局"落细、落小、落实，形成多元主体参与、多方资源汇聚、多种力量整合的"大思政课"育人格局，实现全员育人、全程育人、全方位育人，系统解决职业院校思政课"适应不适应"的问题，大力推进职业院校思政课高质量发展。

（本文原载于《思想教育研究》2022年第10期）

高校思想政治理论课信息化改革

语料库技术助力新时代思想政治理论课改革创新

李 梁

上海交通大学马克思主义学院

摘要：语料库及其技术支持下的思想政治理论课教学，是信息技术与教育教学深度融合的一种尝试。把语料库技术引入思想政治理论课，针对学生在学习过程中产出的词语、句子、段落、语篇的语言描述与表征，采用计算机技术进行主题词检索、词频计算、搭配习惯、同现模式等概率统计分析与研究，为思想政治理论课教学的学情分析、确定教学目标和内容、教学策略选择以及教学顺序再造提供了一种新的思路和方法，有助于在实践中提升思想政治理论课教学质量，深化新时代思想政治理论课改革创新。

现代信息技术与当代教育教学的融合，是我国教育事业的重大发展战略，也是世界教育发展的潮流，高校思想政治理论课（以下简称"思政课"）教学也不例外。近10年来，随着信息技术的发展特别是大数据的兴起，语料库及其技术，作为信息技术与教育教学融合的一种尝试，正日益受到世界各国教育学界的关注。语料库及其技术的理论基础源自20世纪90年代，语言研究者在计算机语料库的开发和研究中，所形成的语料库语言学和计算语言学。语料库研究历史与实践表明，语料库技术不仅是一种基于语料库（实证主义）的教学工具和方法，而且是一种基于规则（理性主义）的科学方法论。党的十八大以来，思政课建设在改进中不断加强，课堂教学状况显著改善，大学生学习思政课的获得感明显增强。同时，传统课堂"满堂灌"和沉默状态的方式方法依然存在；针对学生思想和认知特点的精细研究缺失，"粗放型"教学仍屡见不鲜。当前，在大数据等新技术的全面介入下，如何遵循学生认知特点和规律设计教学内容，借助语料库及其技术，探索行之有效的教学方法，进一步提升课堂教学效果等，无疑是新时代思政课创新发展亟待解决的问题。

一、思政课教学设计与语料库技术的教学逻辑

计算机语料库及其技术的研究具有很强的教育应用属性。自 20 世纪 90 年代英国伯明翰大学语言学教授约翰斯（Tim Johns）率先将语料库方法引入课堂教学后，语料库及其技术对教学的推动作用已逐渐为学界所认可。语料库技术最鲜明的特点，在于教师可以利用课前、课中和课后，采集来自学生的真实信息（文本），运用概率统计、词频计算、搭配研究、共现模式等计算机分析技术和手段，获取学生文本的量化数据和可视化统计结果，通过把定量研究和定性研究结合起来，提升课堂教与学的针对性、有效性。

思政课教学语料库是一种能够满足教师教和学生学的实际需要，方便检索和使用的教学资源数据库，其类别可划分为学习者语料库和教材语料库。从汉语信息处理的视角，概念、命题及理论的语料表征方式，通常是词语、句子、段落和语篇等文本。学习者语料库是以学生的真实语言为建库对象的专用语料，语料主要来自教师布置的为学情分析而收集的学生前测练习（词语）和课堂随堂反馈实录（语句）以及学生课后完成的习题（段落或语篇）。针对学生在学习过程中产出的词语、句子、段落和语篇，采用计算机技术进行关键词检索、词频计算、搭配习惯等概率统计分析与研究，有利于发现学生的言语特征、认知结构、学习特点、倾向性以及态度与价值取向。学习者语料库的技术平台是中成智慧课堂 APP——应用于手机端的智慧教学软件平台，通过手机可以实现师生在线实时互动交流和全程大数据记录评价分析。

从教育技术学的视角，思政课教学所指向的是课堂教学设计中的教什么（确定教学目标和内容）、怎么教（教学策略与方法的运用）和如何判断学生的学习成效（对目标的达成作出评价）三个层面，与此相对应的教学设计程序与步骤可分为学情分析与教学目标的确定和教学内容的设计，教学工具的开发与教学策略（教学模式）的实施，以及评估程序和技术支持体系。语料库及其技术对语言及其意义的研究与探索，对于思政课教学设计，更具有针对性和实效性。概率统计与频率计算是语料库研究的一个主要方法。语料库语言学的一个重要目标是通过语料库呈现的不同来源语料的实际使用状态，解释某种语言现象是否发生或使用状态的概率。① 语料库语言学对语言现象发生的可能性大小以及实际使用情况的统计量，并不只是对语料进行简单的计数，而是通过对核

---

① 梁茂成，李文中，许家金. 语料库应用教程 [M]. 北京：外语教学与研究出版社，2010：10.

心词（关键词、主题词）、句子、段落或语篇，进行概率统计与频率计算后得出的词频而获得的。从思政课教学的针对性和有效性来看，学情是教学的起点，学情分析是开展教学活动的必要前提。思政课教学目标的制定和教学内容的确定应该建立在学生已有的知识、能力和态度以及价值倾向的基础之上，只有把握学生学习的现实起点，才能使教学更有针对性和实效性。从认知心理学的视角，词频在一定程度上可以反映出学习者认知结构中知识的数量、辨析度和组织结构等认知特点。由于建库的目的不尽相同，频率计算的方法也有多种，但基于词语或语词词频的分析与统计方法，在学情分析这一环节，可以为教师提供学生已有的知识基础及其知识分布的信息，为教学目标和教学内容的设计指明方向。

二、思政课学情分析与教学目标和内容的测量

思政课精准教学，始于学情分析，以及对教学目标和教学内容的测量。从自然语言处理的视角，文本是师生交流和思维的主要工具，词语则是构成文本的最小组词结构形式。思政课学情分析的第一阶段是针对学生在学习过程中产出的词语，运用语料库技术进行统计与分析；第二阶段是对思政课教学目标和内容进行测量。以"中国近现代史纲要"课第二章"对国家出路的早期探索"之第一节"农民群众斗争风暴的起落"教学为例。这一节的教学目的与要求可以表述为"了解太平天国农民起义发生发展的基本史实，认识太平天国农民运动对国家出路探索的历史意义，懂得单纯的农民战争不可能完成争取民族独立和人民解放的历史任务"①。

第一阶段，基于学习者语料库的统计、筛选、分析与处理。

首先，获取学生认知结构中与"太平天国"语料相关联的词语，并进行统计和筛选。此次教学对象为2018年新进校的大一学生，学生人数为149人，其中以理工科学生为主。教师布置的作业是"词语联想"，即以词语的方式写出与"太平天国"相关联的时间、地点、人物、事件、影响等。从语料库语言学的视角，选择"太平天国"作语料，是因为第一节阐述的主要内容是围绕"太平天国"而展开的，"太平天国"是第一节整个语篇的中心词，多个段落的关键词和许多句子的核心词。为保证收集到的语料具有真实性和可测量性，教师会宣布一些做题的规则，例如：学生不能查阅任何资料；在规定的3分钟时间内完成；

---

① 王顺生．"中国近现代史纲要"课教学基本要求［M］．北京：高等教育出版社，2016：16.

用手机以电子语言形式发送到中成智慧课堂；答案呈现的顺序按答题时间先后排列，并且内容不能重复；等等。统计结果显示，中成智慧课堂共接收到144份文本，计算机可以识别和处理的文本有140份。经筛选，有效文本135份（符合语词特征），并存储在学习者语料库。

其次，对135份文本进行分析与处理，以可视化方式呈现在大屏幕上。135份文本实测的词频结构和数量，以两种显示方式，分两组依次呈现。第一组，词频数从高到低排列，序次分别为：110，洪秀全；90，起义；70，农民；54，农民起义；41，失败；35，南京；34，上帝；31，清朝；27，反抗；22，侵略；21，太平军……5，金田村、剥削、神权、天朝田亩制度等12个；4，内乱、落后、抗争、资政新篇等16个；3，韦昌辉、西征、局限、内讧等18个；2，洪仁玕、民族英雄、洪天贵、救亡图存等69个；1，内忧外患、可歌可泣、狭隘、乌托邦等357个。第二组，采用词云图方式，形成关键词云层。在云层中心是洪秀全，其他词语如起义、农民、农民起义等按词频数的高低分布在洪秀全的周围。其中，词频排列较高的一些词语，词云图予以视觉上的突出，构成关键词渲染。

最后，对上述两组词语的词频及其结构进行综合分析。从学情分析的视角，教师可以获知当下学生关于"太平天国"的认知结构、言语特征及学习特点，以及与教学目标和内容的关联程度。统计数据表明，学生在中学阶段，已大致了解了太平天国这一历史事件的相关知识，如起义的性质、背景、原因、领导者与参与者、主要内容、起义的过程以及最后的结局等。在学生认知结构中，呈现出太平天国的知识分布不均匀的状况，但对太平天国核心问题辨识度比较高，如洪秀全领导的太平天国的性质是反抗清王朝和反侵略的农民起义，而且这些词语在文本中出现的位置大多比较靠前。关键词渲染，则进一步呈现出了"太平天国"的性质和特点，并强化了词频统计结果的真实性。

第二阶段，基于教材语料库的统计与分析及其处理。

首先，结合教材语料库"第一节"语篇中词语的频次、位置，与学习者语料库进行对比及分析研究。课前，教师对教材语料库中"第一节"的词频进行了统计，词频数按高低排列顺序如下：42，太平天国；29，农民；25，起义；12，斗争、封建；10，方案；9，太平军、制度等；8，洪秀全、领导、土地、西方等；7，天朝田亩制度、失败、天朝；6，侵略、资本主义、农民战争、农民起义、外国、人民等；5，资政新篇……对比结果显示，教材语料库中"太平天国"的一些关键性词语出现的位置和频次，与学习者语料库的统计数据基本接近。但《天朝田亩制度》《资政新篇》等，在学习者语料库中的位置靠后、频次较低，与教材语料库产生了较大的偏差。

其次，结合教材及其内容，对上述对比结果的异同进行定性分析。其一，这个教学班的大部分学生是理工科学生，其历史知识的记忆主要来自中学历史课教学（高二之前参加历史科目的会考）；文科考生由于要参加文科综合类考试（政治、历史和地理），其历史记忆一直会延续到高考结束，甚至迁移到大学。中学历史教材主要来自人民教育出版社，简称"人教版"。人教版初中历史教材中的"太平天国"内容来自《中国历史》八年级上册第2课，第二次鸦片战争期间列强侵华罪行之"太平军抗击洋枪队"。课文简要叙述了洪秀全领导太平天国运动发生发展的过程，详细介绍了太平军抗击洋枪队的过程及其细节。① 高中《历史1》教材则单列了第11课——太平天国运动（三个子目录依次是从金田起义建国到天京、《天朝田亩制度》的颁布、天国悲剧），在初中教材的基础上，叙述了《天朝田亩制度》和《资政新篇》的内容，并作了简要的分析与评价。② "太平天国"属于陈述性知识范畴（能够直接加以回忆和陈述的知识）。从认知心理学的视角，对"太平天国"的"词语联想"属于一种"联想记忆"。因此，通过联想进行记忆的统计结果，或许正是艾宾浩斯（H. Ebbinghaus）遗忘曲线规律的一种反映。由于太平天国的一些基本史实，初中和高中都已涉及，而《天朝田亩制度》等高中教材新增设的内容，文科学生比理工科学生更容易形成长时记忆。其二，现行的《中国近现代史纲要》教材所阐释的"太平天国"，在历史脉络、基本史实、主要内容方面与高中历史教材既相似，又有不同。相似的有"第一节"之"一、太平天国农民战争"（三个子目录：金田起义和太平天国的建立、《天朝田亩制度》和《资政新篇》、从天京事变到太平天国败亡）；不同的是"第一节"之"二、农民斗争的意义和局限"（太平天国农民起义的历史意义、太平天国农民起义失败的原因和教训）。经过比对发现，高中教材第11课太平天国运动的课程标准是让学生"了解太平天国运动的主要史实，认识农民起义在民主革命时期的作用和局限性"③。但教科书没有直接阐述太平天国的历史作用，只是描述了一些能够反映太平天国运动历史意义和农民阶级局限性的史实。而《中国近现代史纲要》之"农民斗争的意义和局限"则明确阐释了"认识农民起义在民主革命时期的作用和局限性"这一中学的课标

---

① 课程教材研究所，历史课程教材研究开发中心. 中国历史：八年级上册［M］. 北京：人民教育出版社，2006：9-10.

② 课程教材研究所，历史课程教材研究开发中心. 普通高中课程标准实验教科书：历史1（必修）［M］. 北京：人民教育出版社，2007：54-56.

③ 教育部.《普通高中历史课程标准（实验）》摘选［J］. 历史教学，2003（7）：11.

要求。

最后，以教材为基本遵循，对教学目标和教学内容进行测量。通过对中学教材的分析并结合语料库统计结果，"中国近现代史纲要"课教学重点应该讲授"农民斗争的意义和局限"这部分内容。由于《天朝田亩制度》是这次农民起义特色的纲领性文件，《资政新篇》是太平天国后期颁布的社会发展方案，这两者共同构成了农民阶级对国家出路早期探索的历程，而数据统计结果表明，部分学生没有认识到这个问题，因此确定其为教学的重点内容之一也是不言而喻的。

基于语料库技术的学情分析，不仅为当下教学目标和内容的确定，提供了真实、可靠、清晰的语言实证信息，而且可以帮助教师了解学生在"已知"知识的基础上，开展有针对性的教学。当然，对教学目标和内容的测量，并不意味着教学设计工作的完成，接下来基于语料库技术的搭配研究和同现模式，可以进一步为教学实践提供有效的帮助。

三、思政课教学方案的选择以及教学顺序再造

从教育语言学的视角，思政课教学活动是师生之间以语言及其意义作为内在环节的交往实践过程。对语言及其意义的探究，不仅是语言哲学和语言学的核心议题，而且是思政课教学研究的中心议题。搭配研究与同现模式，是语料库语言学研究的另一个重要方法。搭配，文本中词语之间的一种"结伴关系"及同现模式，即若干词语同时出现在同一文本中的概率和频率。搭配研究的目的在于探究语言现象及其在语境中的意义。搭配研究涉及词语或语句的语义偏好以及语义韵。① 语义偏好，属于一种用语习惯，是人们在语言交往时的偏好用语，常与某些态度和情感的词语共现。语义韵是语义偏好的子范畴或者说是一种特例。语料库语言学研究表明，语义韵大致可分为积极、中性和消极三种类型。在积极语义韵里，与核心词（关键词、主题词）搭配、共同出现的词语几乎都具有强烈或鲜明的积极语义特点，使得文本语境弥漫着一种浓厚的积极氛围。消极的语义韵则正好相反。② 语义韵常常是语料产出者的搭配习惯，甚至是潜意识的表征，不易为普通阅读者的直觉所觉察到，但它揭示的是隐含在语言现象背后的语料产出者内心的真实态度和价值取向。从搭配研究的语义韵

---

① 何安平. 语料库的短语理念及其教学加工 [M]. 广州：广东高等教育出版社，2013：4.

② 樊斌，韩存新. 语义韵与语义偏好的关系及对外语教学的启示 [J]. 韩山师范学院学报，2008（4）：78.

视角，上述统计与分析结果中的同现模式表明，大部分学生的词语文本不属于消极语义韵，但离积极语义韵还有一段距离。学生提交的语句文本显示，语料中有不少属于语义消极的词语，如狭隘、内讧、内乱、落后、失败等。但也出现了很多如反抗、斗争、抗争、反对、英雄、奋起、救亡图存、捍卫等语义积极的词语。统计结果表明，大部分学生肯定了太平天国的作用，认识到在半殖民地半封建的中国，农民具有伟大的革命潜力，同时也指出了农民阶级存在的局限性。为此，基于语料库技术的语义韵研究，同统计数据基本上反映了这教学对象对太平天国农民起义的态度和价值倾向。鉴于此，在"第一节"教学中，一方面，教师的讲授需要营造更具有积极氛围的语义韵。例如，《天朝田亩制度》是太平天国反封建的革命纲领，它表达了农民阶级要求废除封建地主土地所有制的强烈愿望；又如，太平军通过北伐、西征、东征沉重打击了清政府的统治，充分表现了农民阶级英勇无畏的抗争精神；再如，太平天国有力地打击了西方资本主义侵略者，打破了西方侵略者把中国迅速殖民地化的企图，这有助于学生进一步认识太平天国农民运动对国家出路探索的历史意义。另一方面，如"太平天国后期无法制止和克服领导集团自身腐败现象的滋生，领导集团的一些人在生活上追求享乐，在政治上争权夺利"[①] 等一类具有消极氛围的语义韵，尽管在统计数据中已有明显的反映，但在实际教学中，不应过多渲染其情节和过程，应通过分析农民阶级自身所不可克服的狭隘性、保守性、自私性等特点来说明农民阶级的局限性。因此，语料库语言学对语义韵的研究，为思政课教学实现教材体系、教学体系有效转化为学生的知识体系、价值体系提供了真实、可靠的语言实证信息。

  基于语料库技术的语句统计与分析，为思政课教学选择实施方案以及教学顺序再造提供语言学的实证信息。此次教学对象为2019年新进校的大一学生，学生人数为109人，其中以文科学生为主。以"中国近现代史纲要"课"第二章"之"第一节"教学为例。课中，以随堂反馈的方式，要求学生在"太平天国"词语联想的基础上，遣词造句。词语联想的词频统计结果如下：60，农民起义；41，洪秀全；31，天京；17，天朝、失败；14，农民战争、资政新篇；12，南京、田亩制度；11，清朝；10，清政府；9，反抗、金田起义、镇压、农民、湘军、太平天国运动、资本主义；8，起义、定都；7，拜上帝会；6，中国、鸦片战争、杨秀清、推翻、腐败、事变；5，反封建、侵略、统治、规模、

---

① 《中国近现代史纲要》编写组. 中国近现代史纲要（2018年版）[M]. 北京：高等教育出版社，2018：47.

上帝教、曾国藩、运动、金田村……遣词造句的规则是在 3 分钟时间内，向学习者语料库提供 3 句语句，句子的类型是陈述句和疑问句，其中至少有 1 句是疑问句。陈述句陈述事实，提出观点；疑问句提出问题，寻求解答。

经计算机统计与分析，有 94 名学生提交的文本符合随堂反馈的要求。其中，有效的陈述句 146 句、疑问句 109 句。数据统计表明，语句文本中的词语搭配以及同现模式，与词语文本的词频结构、频词的相似性极高，而且形成了对太平天国的一些基本判断。例如，太平天国（132）是洪秀全（36）领导（37）的推翻（34）清政府（31）统治（31）和反抗（21）外国（4；资本主义 3）侵略（6）的农民（44）起义（104）运动（88）。洪秀全创立拜上帝会（3；上帝教 3；上帝 3），在金田村（3）发动（6）农民起义（57），定都（17）南京（6），后改为天京（12）。太平天国运动（88）最后（9）遭到（6）帝国主义（5）和清朝（18）反动势力（10）的双重镇压（31），最终（13）以失败（85）告终（11）。太平天国起义是中国（23）历史（15）上最大（10）规模（8）的农民战争（8），加速（9）了清王朝（12）的灭亡（6）。太平天国失败的根本原因（3）是农民阶级（5）自身（1）的局限性（3）。语句文本，与词语文本最大的区别在于，语句中没有出现《资政新篇》，而《天朝田亩制度》只出现了一次。从语料库语言学视角，语句文本是基于语词文本的遣词造句，既是为了进一步确认学生对"太平天国"史实的基本认知，又是为了从语句中找寻学生在学习"太平天国"问题域中产生的疑惑，以便确认教学目标与教学内容，并在此基础上，选择教学实施方案以及教学顺序再造。为此，对疑问句（问句）的统计与分析尤为重要。

思政课的一个重要任务就在于面对问题，设疑引思，给大学生分析问题产生的缘由与发展动态，进一步解释历史问题与现实问题以及理论问题的关联。问题逻辑是一种指向问题提出及其解答的教学方法和工具。这 109 个问句，按问题域大致可分为四种类型：第一类，为什么会爆发太平天国运动？洪秀全为什么要领导太平天国起义？第二类，为什么要定都在南京？太平天国定都天京是否有什么深刻意义？第三类，太平天国究竟是积极意义大，还是消极意义大呢？怎样评价太平天国？第四类，洪秀全领导的太平天国起义为什么会失败？太平天国运动失败的根源是什么？从问题逻辑的视角，对上述四类问题进行分析。第一类问题，不是"真问题"。关于太平天国运动爆发的原因，中学历史课教材里有明确说明，学生只是遗忘而已。第二类问题非常明确，但问题的应答集与其他三个问题相关，不宜在教学中专门解答。第三类和第四类问题，与"太平天国"的教学目的和要求直接相关，是教学中要解决的真问题。其中，第三类问题，涉及中学历史教学的课标要求，教学中应确定为主要内容之一。经统计与分析，第四类"为什么太平天国会失败？"占了问句总数的一半以上，学生提出这样的疑问，而且占半数以上，应该作为教学的重点。教师解答这个问题，需要结合中学历史教学，并迁移到大学课堂。其原因之一是，高中历史"太平天国运动"有课标要求，但教材在叙述了太平天国运动的主要史实后，没有相关的说明和评价，只是在"探究与总结"栏目中设计了一个"本课测评"的题目："试分析太平天国运动的历史作用和局限性有哪些？"① 鉴于此，教学方案的实施可以从第四类问题入手，实现教学顺序再造。

教学顺序指教学内容各组成部分的排列次序，它决定"先教什么，后教什么"或"先学什么，后学什么"。教学活动是教师和学生以理解教材为中心环节而进行的认识活动，传统思政课教学一直是按照教材的逻辑、顺序而教。但通过对上述四类问题的分析，实际的课堂教学顺序应该围绕"太平天国运动为何失败"这一问题，先倒序后顺序教学，即通过串联学生问题以及教材的内容，实行教学顺序再造。为此，教学方案实施如下：首先，从农民战争的战略战术视角，以太平天国后期的军事将领忠王李秀成的《自述》中分析太平天国失败原因的"天朝十误（误）"（由于第六误重出，实际上是"十一误"）为切入点。② 分析太平天国早期的军事活动，如北伐（一误、二误、三误）、西征（四误）以及从金田起义、永安封王到天京定都的过程，包括定都天京的缘由。其次，从洪秀全领导农民起义和治理太平天国的指导思想视角，分析农民平等思想、早期基督教思想在太平天国前期的表现和作用，并指出基督教思想（拜上帝教，《劝世良言》等）是流，而不是源（解答太平天国运动爆发的原因），重点讲清楚这些思想怎么会与农民起义联系在一起，尤其是宗教思想（引用恩格斯《论早期基督教的历史》一文的观点）以及太平天国的诉求和理想（《天朝田亩制度》及太平天国的制度）。再次，分析定都天京后太平天国的思想基础（儒家思想）及其行为方式，包括天京事变（五误）和石达开出走（六误）对太平天国的影响以及太平天国对待西方列强的态度（反侵略、《资政新篇》）等。最后，在李秀成"天朝十误（误）"的基础上，借鉴年鉴学派的"总体史观"，结合史学界历年来研究太平天国的成果，包括历史上的梁启超、孙中山、钱穆等对太平天国的论述，尤其是马克思的《路易·波拿巴的雾月十八日》以

---

① 课程教材研究所，历史课程教材研究开发中心．普通高中课程标准实验教科书：历史1（必修）[M]．北京：人民教育出版社，2007：57．
② 李晴．怎样评价李秀成及其《自述》[J]．历史研究，1979（1）：75．

及列宁对农民及其局限性的理论阐述，分析太平天国失败的原因，总结其历史意义及经验教训。最终阐明太平天国起义及其失败表明，在半殖民地半封建的中国，农民具有伟大的革命潜力；但它自身不能担负起领导反帝反封建斗争取得胜利的重任。单纯的农民战争不可能完成争取民族独立和人民解放的历史任务。① 因此，思政课教学实践活动表明：一方面，计算机语料库及其技术不仅改变了传统教学的方法和手段，而且丰富了教学资源，拓展了教学平台，也极大地改善了教与学的环境和氛围；另一方面，由于坚持问题导向和目标导向相结合，增强了思政课的针对性和实效性教学。

随着高等教育信息化的发展，本文对语料库及其技术支持下的思政课教学的一些思考与实践，是探索一种结合教学环境、教学方式、教学对象等发生的变化，围绕教学理念、教学目标、教学内容等方面，大力推进新时代思政课内涵式发展的改革创新之路。作为一个新生事物，这种尝试性的探索，或许会面临着发展中的困惑、争议甚至挑战。其价值不在于探索的结论或结果，而在于在探索过程中对问题的思考。

语料库技术支持下的思政课教学，坚持目标导向和问题导向相结合，注重推动思政课建设内涵式发展，提升学生思想政治理论素养，为深化新时代思政课改革创新提供了一种新的思路和方法。

（本文原载于《思想教育研究》2021年第8期）

---

① 中国近现代史纲要编写组. 中国近现代史纲要（2018年版）[M]. 北京：高等教育出版社，2018：48.

数字马院建设的意义、理念与方案

彭庆红　刘明言

北京科技大学马克思主义学院

摘要：建设数字马院是适应时代变化发展的需要，也是落实思想政治工作新要求、化解马克思主义学院建设难题的需要。数字马院的建设坚守公益为本、精准服务、共建共享、整合创新、循序渐进的基本理念，在具体方案设计中，从使用者角度出发来构建教师应用平台、学生应用平台和管理服务平台，同时根据服务师生实际需要来提供个性化设计和服务。

数字马院是高校马克思主义学院教学科研管理数字化信息平台的简称。近年来，数字图书馆、数字博物馆、数字科技馆等发展迅速，数字城市、智慧城市等也在积极推进中，建设数字马院无疑是马克思主义学院顺应科技进步、适应信息社会发展而改革创新的重要标志。自2017年数字马院概念提出以来，高校数字马院建设逐步推进，近期出现跟进建设的小高潮，也夹杂着个别认识模糊或较混乱的现象，在此背景下，有必要进一步认识建设数字马院的重要意义，澄清数字马院方案设计的基本理念和整体框架。

一、建设数字马院的重要意义

当今世界信息技术创新日新月异，思想政治教育要紧跟社会发展潮流，就必须将思想政治教育的传统优势同信息技术高度融合，推动马克思主义学院的数字化信息平台建设。建设数字马院的意义既在于它适应了时代变化发展的需要、满足了落实工作要求的需要，又在于它是化解当前马克思主义学院发展难题的需要。

（一）适应时代变化发展的需要

2019年10月，习近平总书记在致中国国际数字经济博览会的贺信中指出，

"当今世界，科技革命和产业变革日新月异，数字经济蓬勃发展，深刻改变着人类生产生活方式，对各国经济社会发展、全球治理体系、人类文明进程影响深远。"① 数字化是信息时代、智能时代的显著标志，正确认识数字化是转型发展的前提，数字化绝不是简单的 0 与 1 转换的概念，而是一种深层次的变革。它不仅带来信息处理方式的变革，还带来传播途径和方式的重大变革。从思想政治理论课教学来看，适应时代的变化发展，无疑要以数字化理念来创新教育教学、组织管理流程，构建学校之间互通互连、人员之间交流互动、教学资源共建共享的大平台。只有抓住数字化的历史性机遇，以数字马院平台作为纽带，整合全国马克思主义理论教育教学资源，才能开创高校思想政治教育的新局面，实现思想政治理论课建设的跨越式发展。

（二）落实思想政治工作要求的需要

党的十八大以来，以习近平同志为核心的党中央高度重视学校思想政治工作，出台了一系列重要文件，提出了明确的工作要求。特别是在办好思想政治理论课方面，习近平总书记有一系列的重要批示和论述。2016 年 12 月 7 日，习近平总书记在全国高校思想政治工作会议上强调："要运用新媒体新技术使工作活起来，推动思想政治工作传统优势同信息技术高度融合，增强时代感和吸引力。"② 这一论述为加快思想政治教育与信息技术的融合指明了方向。教育部在贯彻落实习近平总书记关于教育工作重要论述，尤其是在加强高校思想政治理论课建设方面开展了大量工作，包括重点支持设立在中国人民大学的北京高校思想政治理论课高精尖创新中心开展多项思想政治教育重点活动，发挥了很好的组织引领作用。事实上，数字化已经成为一种有力地助推思想政治理论课建设新发展的新动能。正如教育部部长陈宝生所指出的："抓好案例教材建设，建设思想政治理论课案例库、备课资料库，使思想政治理论课教学逐步增大实证含量，运用现代信息技术建设思想政治理论课集中备课的'中央厨房'，让每位教师都有自己的备课'小助手'。"思想政治理论课建设的"中央厨房"、教师的"小助手"要快速建设并充分发挥作用，就需要数字马院这样的综合性、数字化信息平台来支撑。

（三）化解马克思主义学院发展难题的需要

近些年，高校思想政治工作得到高度重视，马克思主义学院建设、思想政

---

① 习近平向 2019 中国国际数字经济博览会致贺信［N］. 人民日报，2019-10-12（1）.
② 习近平在全国高校思想政治工作会议上强调 把思想政治工作贯穿教育教学全过程 开创我国高等教育事业新局面［N］. 人民日报，2016-12-09（1）.

治理论课建设取得显著成绩，但是，从全国范围来看，马克思主义学院以及思想政治理论课教学部（以下简称"马院"）的发展也面临挑战与困难。主要表现在以下四方面。

1. 马院建设的高要求与资源占有量不匹配

《普通高等学校马克思主义学院建设标准（2019年本）》等文件对马院建设进行了具体的规定，也提出了更高的要求。虽然全国高校马院这些年取得一定发展，但要达到高标准，大多数马院在资金、场地、人力及其他资源方面的占有量还是明显不够，这就迫切需要通过新的途径去解决马院发展资源方面的制约难题。

2. 思想政治理论课教学质量的高要求与内容供给的不对称

思想政治理论课既有一般课程的共性，也有自身的特殊性。例如，思想政治理论课紧跟形势、教材内容变动周期短、政治性强等，上级要求与学生期待值均很高。要准备好一堂思想政治理论课不是一件简单的事，尤其是对一些资源相对匮乏的学校而言，"厨房"的"备料"是有限的，这就需要通过建立"中央厨房"、统一备课平台等方式来有效解决供给不足问题。

3. 马院师生发展的高期待与指导服务的不充分

近些年，马院超常规补充教师数量、在读学生规模也迅速扩大，这是适应形势发展必须采取的举措。这些举措有利于马院发展，但是，也要看到超常规发展带来的新问题，例如，青年教师后续发展问题、学生培养质量提升问题等。马院师生的发展当然需要自身努力，但是，对年轻的学科、学院而言，更需要得到高水平指导和高质量服务，教育部等主管部门的指示精神需要快速下达，全国重点马院等单位先进经验需要及时有效推广，教师之间、学生之间也需要搭建跨地域、跨专业、跨学校的交流平台，这一切都在呼唤数字马院的设立。

4. 马院管理的高强度与人力能力支撑的不一致

近些年，马院建设受到高度重视，相应的评估检查越来越频繁，教学科研管理、学生事务管理、行政管理、党务管理等工作越来越繁杂，而大部分学校的马院只配备少量专职行政管理人员，这就不可避免带来管理高强度与人力能力支撑不匹配之间的矛盾。要化解这种矛盾，靠大量增加人力、短时间内提高管理人员能力不太现实，可行途径和方式之一就是利用电子政务、网络技术等辅助管理方式，降低工作强度并提高工作效率。

可以说，解决上述马院发展中的难题成为数字马院建设最基本的动力。数字马院不是万能的，但是，处于数字化时代的马院，不跟上时代发展的步伐，就难以有效履行其职能。而顺势而为，就如虎添翼，可实现自身快速、良性发展。

二、数字马院方案设计的思路与理念

数字马院的方案设计既要将有关马院建设文件要求落到实处，又要遵循信息化平台建设的一般规律，理清数字马院建设的总体思路、树立正确的建设理念是开展好工作的前提和基础。

（一）总体思路

数字马院建设的总体思路是以习近平总书记关于教育，尤其是关于高校思想政治教育的重要论述精神为指导，落实教育部关于马克思主义学院及思想政治理论课建设一系列文件要求，强化问题意识和实践导向，充分运用数字化技术手段，按照共建共享共进原则来整合资源，建设覆盖全国高校并衔接大中小学思想政治理论课的综合性信息化平台。在具体设计方面，要基于不同类型的高校、不同的使用人群来设计，更多从服务的角度保障马院的长远建设。在服务对象方面，既满足教师、学生需要，也满足行政教辅人员需要；在内容供给方面，既满足保障性需要，也满足发展性需要，既满足个性需要，也满足共性需要；在推进进度方面，先满足重点人群、推进重点任务，积累一段时间后，再推进发展性、拓展性项目。

（二）基本理念

理念是行动的先导。建设数字马院必须先确立正确的理念，具体而言，这些理念主要包括公益为本、精准服务、共建共享、整合创新、循序渐进等。

1. 公益为本

立足公益，是数字马院建设的根本出发点和立足点。数字马院的创立，最根本上还是要以服务马院建设为宗旨，而这种服务活动是以不营利为前提的。虽然，在社会主义市场经济环境中，人们越来越接纳网络知识付费等服务形式，但是，数字马院不同于一般的知识服务项目，唯有保持其公益性，才能保证其公信力、号召力。

2. 精准服务

既然数字马院定位于服务马院建设、师生发展需要，那么，服务质量如何就决定数字马院能否得到广泛认可和迅速推广。从马院建设、师生发展需求来看，要求高且差异性很大，这就需要树立起精准服务的理念。也就是要对马院及其师生的需求进行分类分层分群调查分析，有的放矢开发服务项目，提供有针对性的指导和服务。

3. 共建共享

数字马院建设服务马院，同时也依靠马院。数字马院的建设不是依靠一家或者几家，而是要依靠众多高校马院的参与，汇聚马院各自的优势资源和品牌活动，共同搭建一个数字马院平台，同时又通过内部或公开网络向众多马院提供优质教育产品和服务。

4. 整合创新

数字马院的整合创新，就是调动参与高校马院师生的积极性，大量搜集不同学校的优质教学资源和优秀案例，并进行梳理、加工和创新性转化，形成大容量的数字化资源库，建设好"中央厨房"与特色"小灶"，既满足马院师生的近期需求，也为马院长远发展做好必要的资源储备。

5. 循序渐进

数字马院整体建设既需要一个立足长远的宏观设计，又需要分阶段、分步骤、分类别的微观安排。得益于信息技术发展的支撑，数字马院作为一个开放的、动态的系统，可以根据上级主管部门工作要求和政策的变化而及时调整，也可以根据参与学校提供优质资源情况、师生发展新的需求而不断拓展。总之，数字马院的建设要遵循事物发展规律，按照计划有条不紊地推进。

三、数字马院建设的整体方案

尽管数字马院作为新生事物还处于发展的初级阶段，但是，构建一个宏观的整体方案有利于保证建设的方向不偏离正确轨道。根据近些年北京科技大学马院与人民网文华在线教育"产学研"合作的实践，数字马院的整体框架构建遵循模块组合和前后端设计观念，具体则从以受众需求为主的教师应用、学生应用、管理服务三大平台入手实施。

（一）总体架构

数字马院的总体建构基于两个设计概念或基本观念。

1. 模块组合式概念

将整个数字马院平台分为不同的子系统平台来进行有机组合，针对不同的功能需求开发不同类型的平台模块。在教师应用、学生应用、管理服务三大应用对象之下，横向来看，主要包括面向教学（理论教学、实践教学）、科研、人才培养及学院管理等不同应用模块；纵向来看，分为门户网站、实体空间、资源内容、功能平台等不同应用层级。这样一个纵横交错的系统构成整个数字马院平台。

2. 前后端概念

数字马院的前端主要涉及综合门户网站、应用空间、客户端应用（APP、小程序）等，为不同服务对象提供个性化定制类服务，满足广大师生通过前端功能模块进行教学、科研、学习及日程管理应用。平台后端建立一个数据庞大、资源丰富的整体数据层服务，涉及不同的大型数据库、内容资源库、云计算平台等。后端应用大数据、云平台等技术保证前端稳定高效运行，为前端用户的应用提供内容、数据、平台等全方位的支持和服务。前后端实际上是密切相连的，正如一棵树的树叶、花果、树干等地上部分和根部等地下部分，每一个部分均发挥着不可替代的重要作用（如图 1 所示）。

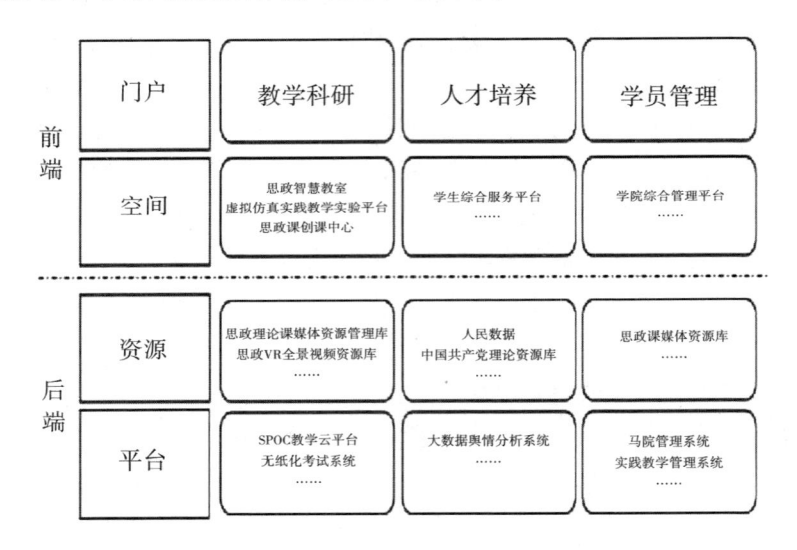

	门户	教学科研	人才培养	学员管理
前端	空间	思政智慧教室 虚拟仿真实践教学实验平台 思政课创课中心	学生综合服务平台 ……	学院综合管理平台 ……
后端	资源	思政理论课媒体资源管理库 思政VR全景视频资源库	人民数据 中国共产党理论资源库	思政课媒体资源库 ……
	平台	SPOC教学云平台 无纸化考试系统	大数据舆情分析系统	马院管理系统 实践教学管理系统

图 1　数字马院总体建设架构图

（二）建设内容与方式

数字马院的建设内容体现"精准服务"的设计理念，强调实践导向，即从实际使用者角度来建设教师应用、学生应用、管理服务三大平台（如图 2 所示）。

```
                    ┌──────┐    ┌────────┐    ┌──────┐
                    │ 教师 │────│数字马院│────│ 管理 │
                    │ 应用 │    │  平台  │    │ 服务 │
                    └──────┘    └────────┘    └──────┘
                                    │
                                ┌────────┐
                                │  学生  │
                                │  应用  │
                                └────────┘
```

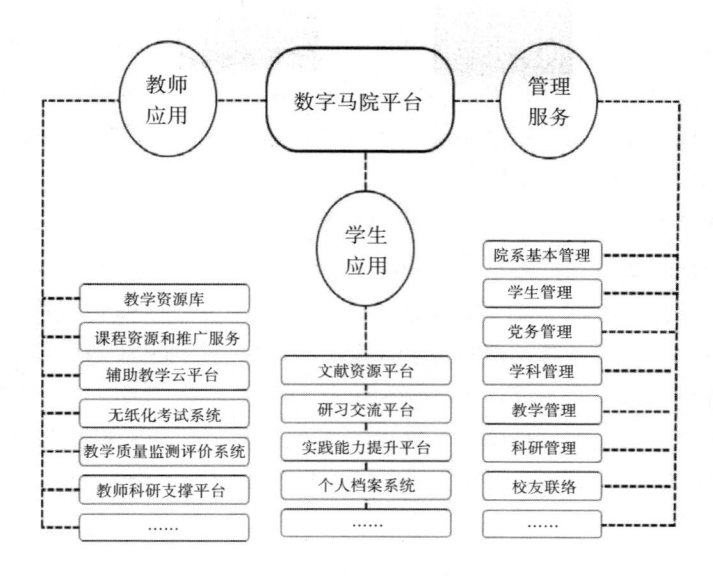

图 2 数字马院建设内容结构图

教师应用：教学资源库、课程资源和推广服务、辅助教学云平台、无纸化考试系统、教学质量监测评价系统、教师科研支撑平台……

学生应用：文献资源平台、研习交流平台、实践能力提升平台、个人档案系统……

管理服务：院系基本管理、学生管理、党务管理、学科管理、教学管理、科研管理、校友联络……

1. 教师应用平台

马院发展、思想政治理论课建设都离不开教师，数字马院的建设首先就应建立教师应用平台，让思想政治理论课教师通过数字马院平台获得教学科研资源支持，同时通过实用软件来降低教师工作强度、提升工作效率。具体内容主要包括教学资源库、管理辅助系统、科研支撑系统等。

一是教学资源库。思想政治理论课教学资源库主要针对高校各人才培养阶段、各门课程来提供文字及各类音视频资源。这里的资源主要以素材形式呈现出来，既来自公共思想理论资源库，又来自一线优秀教师上传的教学素材。

二是课程资源和推广服务。课程资源区别于教学资源，是数字马院平台针对每门独立的思想政治理论课而设置的整体资源包。每门课程资源包括完整的教师授课视频、教学 PPT、每个章节的习题及作业、章节测试及期末考试等内容。课程资源可供一线教师学习借鉴，也可供各个高校使用作为线上教学和混合式教学的课程资源直接服务于教学。此外，数字马院还设计有"创课中心"模块，供有条件的院校及思想政治理论课教师录制自己的课程并协助制作优质课程资源。

三是辅助教学云平台。思想政治理论课辅助教学云平台是以混合式教学模式为基础，集资源、平台、服务于一体的网络教学平台。教师可以构建自己个性化的线上课堂；可以创建对应课程的班级，并通过平台提供的大数据追踪功能实时掌握学生的学习轨迹和进度情况；可以通过课程互动工具，用手机 APP 完成点名、投票、问答、抢答、讨论等课程互动环节；通过综合测评设置课程考核策略，实现全方位、综合性评价。可以说，该平台可以成为一线思想政治理论课教师改进教学管理的好帮手。

四是无纸化考试系统。思想政治理论课期末考试组织难度及阅卷工作量很大，数字马院平台开发的无纸化考试系统则有效解决了这一难点问题。无纸化考试系统前提是平时建立题库，考前仅需数分钟即可创建一套试题，考试时可以进行试卷自动分发。预约后数万名学生可以通过 PC 端和手机端完成考试，系统自动完成客观题批阅，这样可以显著提高工作效率。

五是教学质量监测评价系统。数字马院平台研发了思想政治理论课教学质量监控评价系统，即通过对教学行为大数据的量化分析和学生、督导、同行、社会等多维度评价，支持学校、学院了解思想政治理论课教学过程并全面评估教学质量，最终达到"以评促教"的目的。

六是教师科研支撑平台。这个平台不仅集成了大量思想理论类数据库资源，而且设立线上线下结合的系列科研论坛，邀请马克思主义理论学科知名专家、专业期刊的主编通过平台与一线思想政治理论课教师共同交流，帮助一线教师提升自身科研水平。

2. 学生应用平台

马院的人才培养职责既包括面向全校的学生培养，也包括马院内部的学生培养。数字马院学生应用平台主要是面向马院的本科生和研究生、依托马院管理的学生理论社团成员提供指导和服务。主要内容包括如下方面。

一是文献资源平台。马克思主义学院的学生以硕士生、博士生为主，学生除了完成课程学习外还需要查阅大量文献资料，并掌握文献使用的方法与技巧。数字马院开发文献资源平台主要帮助研究生掌握正确的文献使用方法，学习最新文献资源库的运用并通过平台功能完成文献报告撰写，提升科研能力与学习效率。

二是研习交流平台。数字马院开发的研习交流平台旨在促进不同地域、不同学校、不同二级学科方向的研究生相互交流学术心得，设置的活动项目包括交流研读马克思主义经典著作及行业名家名作的读书会、交流学术思想和前沿理论的"E 言堂"。这个平台还与线下的青年德育论坛相结合，形成一个不断线的网络青年学术沙龙，启迪马克思主义学科青年思想，发现和培养优秀人才。

三是实践能力提升平台。马院研究生除了需要掌握基本理论知识、具备一定的科研能力之外，还需要提高实际工作能力。数字马院开发针对马克思主义理论研究生的实践能力提升系统，主要是基于未来就业过程中所需要的各项综合素质和技能开设专题培训，着重提升研究生党政公文写作、新媒体素养、演讲与授课技能提升等网络课程，同时提供学生实习实训的信息服务。

四是个人档案系统。数字马院的个人档案系统为每个马院学生生成一个网络存储空间，不仅用于记录学生通过数字马院进行学习的过程，包括通过数字马院平台参与的文献报告撰写、理论经典研读、参与读书会和"E言堂"等学术活动的痕迹汇总，而且给学生提供网络密码，使他们可以管理自己的一些档案材料。这样借助网络帮助学生保存有用资料，同时提高自我管理能力。

3. 管理服务平台

数字马院的管理服务平台主要用于马院的常规管理，内容包括但不限于院系基本管理、学生管理、党务管理、学科管理、教学管理、科研管理、校友联络等。当马院规模较小时，这种需求不是特别紧迫，但是，从长远来看，开发具有马院针对性的管理软件、建立相关的数据库是非常有必要的。管理服务平台的建立不仅有利于降低行政人员的劳动强度，而且有利于提升工作的规范性和效率。

从该平台的具体建设任务或内容来看，院系基本管理功能主要还是对应基本的人事管理（人员基本信息入库及在此基础上可自动生成的基本统计数据）；学生管理服务功能主要是关于学生档案及奖惩记录，特别是要解决学生奖学金评选的公平与效率及学生就业服务的精准化服务问题。党务管理功能主要是适应现阶段党组织建设以及党员理论学习记录等方面需要，另外还可实现线上线下民主评议党员的功能。学科管理、教学管理、科研管理这些功能均是满足马院专门工作的需要，建立专门的学科建设数据库，开发专门的教学管理和科研管理软件等。校友联络功能主要是建立校友库，并与其他数据库、APP等相连接，定向解决校友与在校学生一对一指导和就业帮扶问题。当然，这些功能的开发要根据各高校马院的实际去推进，尤其是需要解决数据的安全性问题。

2017年以来，数字马院经历了从概念、方案到实践的过程。2012年至2017年，北京科技大学马院思想理论信息化平台建设的实践可以说是数字马院的前期探索。2018年1月，北京科技大学马院与人民网文华在线教育签订战略合作协议，开始筹建数字马院第一个示范基地。2018年6月，首家数字马院——人民数字马院平台于北京科技大学天工大厦正式落成并投入使用，并获批教育部2018年产学合作协同育人项目。2020年8月，思想政治理论课信息化平台建设研讨会召开，同时正式成立数字马院联盟。全国高校同行对数字马院建设表达了热切的期待，近300所高校马院加盟，而马院之间资源的进一步共建共享，将迎来数字马院发展更美好的未来。

（本文原载于《思想教育研究》2020年第8期）

高校思想政治理论课虚拟仿真体验教学改革创新若干问题探讨

刘新刚

北京理工大学马克思主义学院

摘要：基于新时代高校思想政治理论课教学改革创新的现实需求，针对传统教学表达方式单一化的问题，虚拟仿真技术融入思想政治理论课教学的改革能够进一步贯彻落实"八个统一"的要求，切实增强高校思想政治理论课的亲和力、针对性和实效性。虚拟仿真体验教学与传统课堂教学各有所长，虚拟仿真在增强互动性、复原历史情景、降低社会实践成本、升华实践教学内容等方面独具优势。在信息技术突飞猛进的时代，需要科学研判虚拟仿真体验教学发展趋势，实现两种课堂的有机结合，提升高校思想政治理论课教学的效能，最终服务新时代高校思想政治理论课立德树人的根本目标。

数字技术给人的生存方式带来了重大的改变，知识的呈现和传递出现了革命性的变化，不仅给传统的教学方式带来了巨大的冲击，也提供了教学方式方法革新的条件和契机。虚拟仿真技术是数字时代的前沿技术，高校思想政治理论课（以下简称"思政课"）虚拟仿真体验教学就是利用信息技术融入思政课教学活动的一种新型育人方式。现阶段要进一步提升思政课教学效果，增强思政课的亲和力、吸引力、感染力和时代感，既需要以深厚的学理做支撑，做到内容上的守正创新，也需要不断革新教学的手段、方式、方法，从形式上进行守正创新，坚持内容创新与形式创新相统一。2019年8月，中共中央办公厅、国务院办公厅印发的《关于深化新时代学校思想政治理论课改革创新的若干意见》指出："大力推进思政课教学方法改革，提升思政课教师信息化能力素养，推动人工智能等现代信息技术在思政课教学中应用，建设一批国家级虚拟仿真思政课体验教学中心。"① 因此，进行思政课虚拟仿真体验教学改革创新探索，既是深入贯彻落实习近平总书记关于高校思政课教学改革创新要求的集中体现，也是在新技术革命时代创新思政课教学的顶层设计和战略部署，为思政课教育教学的未来发展指明了方向。本文以传统课堂教学和虚拟仿真体验教学的关系为切入点，明确虚拟仿真技术在思政课教学中的地位作用，探寻虚拟仿真技术融入思政课教学的可能路径，从而实现虚拟仿真在教学改革创新中的推广运用，最后本文在科学研判数字时代发展趋势的基础上，提出要实现两种课堂的有机结合，以提升高校思政课教学的效能，服务新时代高校思政课立德树人的目标。

一、传统课堂教学和虚拟仿真体验教学的关系问题

传统课堂教学与虚拟仿真体验教学的关系问题，实质上是两种教学表达方式的关系问题。两种教学表达方式在教学表达的稳定性、教学表达的科学性、教学表达的效率、学生互动参与度等方面存在差异。学界对以上两种教学方式的关系问题存在两种观点：一是认为虚拟仿真体验教学可以很大程度上代替传统课堂教学；二是认为虚拟仿真体验教学在教学中无法取代传统课堂教学的地位，甚至认为其没有实质价值。为了更好地推动思政课改革创新，我们需要厘清传统课堂教学和虚拟仿真体验教学之间的关系问题。

第一，针对传统课堂教学与虚拟仿真体验教学的关系这一问题，我们提出要将虚拟仿真体验教学"内嵌"到传统教学中这一观点。思政课作为立德树人的关键课程，教师的作用始终无可取代，而将虚拟仿真体验教学"内嵌"到传统教学中成功与否的关键在于是否能够改善教师参与思政课的程度和方式。习近平总书记指出："办好思想政治理论课关键在教师，关键在发挥教师的积极性、主动性、创造性"②，"'经师易求，人师难得。'教师承载着传播知识、传播思想、传播真理、塑造灵魂、塑造生命、塑造新人的时代重任。思政课教师，要给学生心灵埋下真善美的种子，引导学生扣好人生第一粒扣子"③。习近平总书记对思政课教师重要性的强调，也为我们思考传统课堂教学与虚拟仿真体验教学的主次关系提供了重要指导。虚拟仿真体验教学作为一种新的教学表达形式，虽然在某些方面极大地提升了教学内容的表达效率，但是机械采用无疑也容易弱化教师的参与度。相比于虚拟仿真体验教学，思政课的传统课堂教学在

---

① 关于深化新时代学校思想政治理论课改革创新的若干意见 [M]. 北京：人民出版社，2019：13-14.
② 习近平. 思政课是落实立德树人根本任务的关键课程 [J]. 求是，2020（17）：4-16.
③ 习近平. 思政课是落实立德树人根本任务的关键课程 [J]. 求是，2020（17）：4-16.

教师的参与度方面具有明显的优势。

在马克思主义实践论的视野下，教学活动作为一种重要的社会实践活动，是一个极为强调师生互动的实践过程，正是在这种师生互动的过程中，教师与学生的社会属性都得到了重新锻造和升华，教学相长就是在这个意义上而言的。在思政课教学的师生互动中，教师与学生的主观世界都在这一教学互动过程中得到改造和提升。需要注意的是，课堂教学不仅是一个教师面向学生输送知识和价值的过程，还是教师的教学能力提升的重要途径，"只有不断备课、常讲常新才能取得较好教学效果"①。如果思政课完全机械依靠虚拟仿真体验教学，那么就可能出现思政课教师备课力度不足甚至不备课的现象，这样不仅不能培养信念强、素质高的学生，反而会形成不良的学习氛围，给学生带来负面影响。

相比较而言，当前的虚拟仿真体验教学，虽然在获取学生的注意力资源方面有无可比拟的技术优势，但是这种教学在本质上还是一种学生与教学工具之间的交互模式，并不具备传统课堂教学"师生互动"意义上形成的稳定持久的社会联系。与之相反，在传统的课堂教学中，思政课教师与学生的互动联系是一种全面综合的互动关系，这种全面综合性既体现为思政课教师的知识储备的丰富性，也体现为思政课教师作为一个有血有肉的人的情感丰富性与教学表达的灵活性。显然虚拟仿真体验教学作为一种设定好的程序，其教学表达只能是对教学内容某些方面的深化，而不可能达到传统课堂教学中教师与学生形成的这种包括知识、情感、价值互动在内的全面联系。因此，关于思政课传统教学与思政课虚拟仿真体验教学之间的关系，我们既不主张"平等对待""同等重要"，也不主张"传统教学为主，虚拟仿真体验教学为辅"。我们提出将"虚拟仿真体验教学内嵌到传统教学中"的观点。传统思政课教学所有探索成果要继续运用和发展，在提升思政课整体性教学效果的过程中，将虚拟仿真体验较为突出的优势教学环节内嵌到整体性的教学设计中，从而达到思政课教学守正创新之目标。

第二，在提出虚拟仿真体验教学与传统教学之间的关系是"内嵌式"关系之后，我们需要厘清这两者之间的边界，对适合由虚拟仿真技术表达的理论内容和实践内容进行思考并给出观点判断。虽然虚拟仿真体验教学无法真正取代传统思政课课堂教学，但正确地将其内嵌到教学整体中，对思政课的整体教学效果的提升具有事半功倍的效果。因此，我们需要基于不同的教学内容，对这两种教学表达方式的边界进行辨析。一般而言，传统思政课教学方式主要有两

---

① 习近平. 思政课是落实立德树人根本任务的关键课程 [J]. 求是，2020 (17)：4-16.

种：一是通过教师讲授直接阐发；二是通过实践教学力学笃行，学以致用，两者相辅相成、互相支持。在理论教学中加入实践环节可使理论学习更具有获得感，在实践教学中加入理论指导环节可使实践学习更有针对性。比如，在实践活动之前，由思政课教师先对学生进行理论讲授，将会使学生的实践活动事半功倍，学生带着问题意识和教师教授的理论方法进行社会实践，往往效果更好，并进而推动学生形成正确的世界观、人生观、价值观。

相关学者对理论教学、实践教学以及虚拟仿真体验教学之间的关系作了许多研究。实际上，虚拟仿真体验教学在思政课的理论教学和实践教学这两方面都可以有所作为。在理论教学方面，既可以由思政课教师直接阐发教学内容，也可以利用虚拟仿真技术鲜活地表达教学内容。一些有深度的理论，如人类命运共同体、共同富裕等，需要学术素养较高的思政课教师帮助学生打开思维，启发性地引导学生，最终达到理论教学的目标。而对于难以直接表达的理论，可以通过利用虚拟仿真技术表达相关案例的方式来间接表达，也可以通过让学生利用虚拟仿真进行角色扮演的方式来感受理论的推导过程。在实践教学方面，虚拟仿真体验教学的作用则更加突出，通过虚拟仿真体验教学的沉浸式体验，可以让实践教学内容更加鲜活。

习近平总书记强调："要用好课堂教学这个主渠道，思想政治理论课要坚持在改进中加强，提升思想政治教育亲和力和针对性，满足学生成长发展需求和期待。"① 因此，无论是思政课的理论教学环节，还是实践教学环节，都可以根据不同教学内容合理地选取教学表达方式，充分利用虚拟仿真体验教学支持课堂教学，实现思政课的创新性发展。就理论教学环节而言，由于理论本身的抽象性和深刻性，传统思政课的理论教学容易导致学生不感兴趣、不易接受、不好理解等问题。从这个意义上说，虚拟仿真技术能够从某种程度上再现理论应用实践的具体场景，进而引导学生进行理论上的升华，从而能够增强思政课理论教学的吸引力、说服力和影响力。思政课实践教学要想提升实效性、吸引力和感染力，需要推动虚拟仿真技术与思政课深度融合，从而增强实践育人的成效。

二、适合由虚拟仿真技术表达的教学内容及相关问题

将虚拟仿真技术应用于思政课教学已经成为高校思政课建设的重要方向。

---

① 习近平在全国高校思想政治工作会议上强调 把思想政治工作贯穿教育教学全过程 开创我国高等教育事业新局面 [N]. 人民日报, 2016-12-09 (1).

但是，这并不意味着所有的教学内容都适合运用虚拟仿真技术表达，因而要对教学内容进行差异化处理，辨识适合虚拟仿真技术表达的教学内容，"有效的思政课教学必定以适应新形势、新要求的内容体系为基础"①。一些理论教学内容，其深刻思想蕴含于文字之中，需要反复体悟、探讨、思辨，以语言表达的形式相比较虚拟仿真技术表达所产生的效果更好，如果机械使用虚拟仿真技术表达，一定程度上会适得其反，削弱理论本身的魅力。根据虚拟仿真技术本身特性，确立选取运用虚拟仿真技术表达理论教学内容的标准有四条。

第一，选取便于学生参与人机交互的教学内容。虚拟仿真技术具有交互性，学生可以通过设备控制虚拟中的对象，与虚拟情景中的物体和人物开展交互性活动，便于发挥学生的主体性和积极性。因此，应该选取学生个体便于参与人机交互的教学内容。以马克思主义基本原理中的经济危机理论为例，通过运用虚拟仿真技术能够帮助学生从现实的人的角度更深刻理解资本主义经济危机的发生机理，展现出马克思主义和古典政治经济学基于不同的世界观和方法论背后的理论问题。古典政治经济学从"理性人"假设出发，遵循个人主义，每个人仅依据个人成本收益进行决策，认为每个人追求自己的利益，整体也达到利益最大化，因而不会出现经济危机。马克思认为人是"现实的人""人的本质不是单个人所固有的抽象物，在其现实性上，它是一切社会关系的总和"②。现实中，资产阶级剥削劳动人民，致使劳动人民有支付能力的需求相对缩小，商品生产与实现的矛盾逐渐尖锐，导致"生产过剩的瘟疫"和"猛烈的危机"③。学生个体通过虚拟仿真技术参与到经济活动之中，感受经济危机发生的过程，进而引导学生运用马克思主义的基本视角分析经济危机问题。

第二，运用虚拟仿真技术构建无法复原的历史情景。虚拟仿真技术能够使学生参与到思政课实践教学中无法复原的历史情境中，激发学生兴趣，从而增强对马克思主义、中国特色社会主义和中国共产党的情感认同，提高思政课教学实效性。例如，北京理工大学虚拟仿真实验教学中心开发设计的 VR 体验思政课"重走长征路"，以学生体验为主，教师引导讲授为辅，将虚拟仿真技术的实践教学和理论讲授相结合，能够更好地帮助学生加深学习体验。通过虚拟仿真

---

① 刘同舫. 思想政治理论课教学亟须解决的五个问题［J］. 思想理论教育导刊，2019（7）：89.
② 中共中央马克思恩格斯列宁斯大林著作编译局. 马克思恩格斯文集：第 1 卷［M］. 北京：人民出版社，2009：501.
③ 中共中央马克思恩格斯列宁斯大林著作编译局. 马克思恩格斯文集：第 2 卷［M］. 北京：人民出版社，2009：37.

技术重现红军长征历史情境，让学习者以第一人称视角开展体验式、沉浸式学习，能够加深学习者对长征精神和理想信念的认识，从而提升思政课的吸引力和教学的实效性。

第三，运用虚拟仿真技术创造现实成本较高的社会实践场景。在虚拟仿真技术所模拟的虚拟世界中，学生能够全方位沉浸其中，从而达到与现实实践同等的效果。在虚拟与现实社会实践同等效果下，虚拟体验往往成本较低。受时间、空间等条件限制，有些社会实践需要投入大量的人力物力财力才能达成较为理想的实践目的，相对之下，将实践教学内容用虚拟仿真技术表达出来，可以超越时间、空间界限，方便快捷地让学生无须花费大量的时间和精力即可达到实践教学成效。

第四，运用虚拟仿真技术升华实践教学内容。与传统的社会实践相比，由虚拟仿真技术表达的实践教学还可以通过增加变量，灵活地加入多种设计性内容，让学生开展多样化的实践体验，引导学生从理论上分析不同的实践结果，从而激发学习兴趣，更有效地培养学生的理论素养和实践能力。马克思主义认为塑造人的途径有两种：一种是通过学习理论知识来形成科学的世界观方法论，另一种是在实践过程中形成认识世界和解释世界的能力。人类实践的独特性在于"实现自己的目的"①，即实践渗透着人的主观目的性。实践本身又可以分为没有科学理论指导的实践和以科学理论为指导的升华的实践，思政课的实践教学显然是属于后一种升华的实践。因此，运用虚拟仿真技术，以科学理论为指导精心设计实践的背景、环节和结果，可以让学生切实感受到科学理论对于实践的重要意义。

三、思政课虚拟仿真体验教学改革创新发展趋势问题

基于以大数据、云计算、人工智能等为核心的信息技术，信息技术与经济社会的深度融合方向问题已经引起社会各界的争议。信息技术与思政课教学相结合的改革创新之路亦然如此。但毋庸置疑的是，信息技术正在大规模走进经济和社会各个领域，也正在向一些曾被认为专属于人类的脑力劳动领域进军，信息技术正在从根本上改变人的存在方式、生产方式和思维方式。思政课虚拟仿真体验教学就是信息技术作用于思政课，不仅是"适应时代的诉求"②，也是

---

① 中共中央马克思恩格斯列宁斯大林著作编译局. 马克思恩格斯文集：第5卷［M］. 北京：人民出版社，2009：208.
② 靳诺. 新时代高校思想政治理论课改革创新的逻辑、方向和体系［J］. 教学与研究，2020（1）：19.

改变我们教育教学活动的一种新型育人方式。

正是在这一时代背景下,北京理工大学率先将"虚拟仿真技术"引入思政课教学,取得了一定的成功,现为全国高校思政课虚拟仿真体验教学研究中心。然而,我们的思政课虚拟仿真体验教学的内容、功能还有待进一步完善。比如,如何通过虚拟仿真技术实现思政课的学理性和实践性的统一?如何形成虚拟仿真教学与课堂教学的良性互动?解决这些问题的关键在于不能离开思政课培根铸魂、立德树人的根本目标。一方面,要利用虚拟仿真技术抓取学生的感官注意力;另一方面,还要从实践体验和理论体验双重互动中占有学生的多重对象性关系,从而实现育人效能的转化。针对此,在思政课虚拟仿真体验教学改革创新的未来发展中,我们可以作出以下判断。

第一,利用信息技术创新红利,抓住发展的机遇期,实现思政课育人效能的跨越式发展。从新事物发展是必然性与偶然性的统一来说,现阶段虚拟仿真技术应用于思政课教学是未来思政课育人的必然趋势,同时这种创新性的改革处于急速扩散期,谁能抓住这个机遇谁就能在现阶段思政课改革中处于优势地位。对高校来说,谁能率先实现通过虚拟仿真技术表达思政课内容,从某种意义上说,谁就能率先突破传统思政课教学的"瓶颈",在运用新技术表达思政课这一领域实现思政课教学"守正"基础上的"创新"。以北京理工大学思政课虚拟仿真教学前期实践为例,在深入挖掘自身优势资源的基础上,北京理工大学虚拟仿真体验教学中心不断优化思政课内容,打造了一批 VR、MR 课程,逐渐形成体系,并不断加强与各高校、组织单位的合作,与全国多所高校协同、共建、共享,实现了思政课资源优势互补。此外,虚拟仿真体验教学功能还可以进一步扩展,在未来发展中拥有无限的可能,如将思政课虚拟仿真教学建设成面向全国的分布式异地协同智慧思政育人平台,这也是思政课虚拟仿真体验教学未来发展的目标和方向。

第二,思政课虚拟仿真体验教学的内容不仅可以开发"升华性实践"主题内容,还可以挖掘理论的虚拟表达。VR、AR、MR 和大范围投影科技等虚拟仿真技术,正在改变我们传统思政教学的育人手段、思维方式、体验方式等。从技术手段而言,虚拟仿真技术能够融入思想政治教育教学全过程,进而更好地占有学生的多重对象性关系。通过虚拟仿真教学体验,不仅要让学生们从情感上认同马克思主义、认同中国共产党、认同中国特色社会主义,而且要从理性认识的高度去把握这些典型人物、典型事件、典型活动背后所蕴含的世界观和方法论。因此,我们对于虚拟仿真体验教学内容的开发,不仅要注重"升华性实践"教学内容的开发,而且还要以深厚的学理为支持,用虚拟仿真技术再现理论的魅力。理论体验是目前虚拟仿真体验教学中比较弱势的部分，解决此问题需要一大批有着理论建树、深厚学养的学者参与其中，把具象的表达与深厚的学理融合起来，实现思政课教学理论性与亲和力的统一。这是思政课虚拟仿真体验教学未来向纵深发展的方向。同时我们也要看到，由于理论讲解重视道理，需要用概念、范畴、理论体系去把握，其虚拟仿真教学应用的力度和范围受到一定的限制。

第三，不同思政课内部差异决定了其虚拟仿真教学体验改革创新的程度和范围有所不同。每门思政课程在内容和结构上的不同特点就决定了不同的思政课在理论性、情感性与价值性上有差异，各门思政课需要进行理论讲授与升华性实践的内容也不尽相同，因而应用虚拟仿真技术的程度也有所不同，就目前北京理工大学研发的和拟研发的思政课虚拟仿真体验教学专题来说，主要有中国共产党人精神谱系、脱贫攻坚专题、开天辟地专题、重走长征路、青年马克思、徐特立讲思政课等。虚拟仿真教学与思政课结合的关键在于从虚拟仿真体验教学的视角对思政课内容进行再加工，即把传统思政课的课堂叙述内容转化为适合虚拟仿真技术呈现形式的教学内容。这就要求我们的虚拟仿真体验在教学内容表达上不能泛泛而谈，要在具体感性的沉浸式场景与流程中表达出传统思政课教学内容。就现阶段而言，由于虚拟仿真技术尚未完全普及到课堂，思政课相关内容转化为虚拟仿真形式的任务只能由相关团队完成。待虚拟仿真技术普及到每个课堂之后，虚拟仿真课堂内容的创新主体就变成了授课教师。习近平总书记也明确提出："以透彻的学理分析回应学生，以彻底的思想理论说服学生，用真理的强大力量引导学生。"[①] 这就要求我们在虚拟仿真教学方案设计上既要坚持"内容为王"，同时还要用翔实的数据、鲜活的案例、生动的语言把这些理论问题和实践问题表达出来，帮助大学生树立正确的世界观、人生观、价值观，为中国特色社会主义事业培养德智体美劳全面发展的建设者和接班人。这才是信息技术时代思政课虚拟仿真教学改革创新的根本用意所在。

（本文原载于《思想教育研究》2021年第12期）

---

① 习近平. 思政课是落实立德树人根本任务的关键课程[J]. 求是, 2020 (17): 4-16.

移动互联技术运用下的思想政治理论课过程性考试改革初探
——以北京工业大学"思想道德修养与法律基础"课为例

沈 震

北京工业大学马克思主义学院 北京高校中国特色社会主义理论研究协同创新中心（北京工业大学）

摘要：高校思想政治理论课最突出的教学特点，在于对学生价值观的塑造高于对知识的传授，学生的理论学习考查要与其日常践行考核相结合。传统的期末一卷定结果的考试方式，存在着重知识考核、轻价值品评，重理论掌握、轻个体实践等弊端。利用移动互联技术的发展对考试方式进行改革创新，克服教考分离和大课堂教学考核的局限，以理论性考核与实践性考核相结合，以过程性评价代替结果性评价，通过实现考核结果的实时数据反馈，及时改进课堂教学效果，使集约性考核与贯通性考核相结合，是解决当前考试困境的有效路径。

"思想道德修养与法律基础"课（以下简称"基础"课）作为高校思想政治理论课的重要组成部分，对提升大学生崇德守法素养承担着重要职责，对促进大学生知行统一的全面发展具有重要意义。以往单一考试的形式及传统的一卷定结果的考试方式，制约了对该课程实效性的真实检验。基于此，伴随着移动互联网的覆盖与现代教育技术的快速发展，本文尝试在"基础"课考试中借助移动互联等现代信息技术手段实现过程化考评的目标，创建具有一定可推广性的、以过程性评价为主的考试模式，以期为解决当前"基础"课考试困境提供借鉴。

一、当前"基础"课考试的形式及其不足

"基础"课教材中明确指出：一个人的良好的思想品德修养是在学习中升华的结果，在内省中完善的结果，在自律中养成的结果，在实践中锤炼的结果。

显而易见，为了使这一特有教学目标能起到真实的检验效果，就要求教师在课程教学中，不仅要关注学生以卷面考查和知识点考核为显现的静态化结果，更要注重学生从外化到内化这一动态化形成结果的过程。当前绝大多数高校"基础"课的考试方式，通常采取以闭卷式终结性考试为主，以平时成绩为辅（期末卷面成绩占60%或70%，平时成绩占40%或30%）的方式进行，终结性考试的题型往往由选择题、简答题、论述题等组成。不可否认，传统的闭卷式终结性考试方式对于促进学生掌握"基础"课的基本理论知识起到了一定的积极作用，但也应当看到，这种相对单一的考核模式实际上只是对学生知识记忆程度的一次性考查，难以完成对学生内化程度与能力提升的积累性检验，从而削弱了考试的功能，难以体现"基础"课的特点及其教学规律，背离了课程的教育目标，"就新课程体系对学生培养的目标要求而言，现行的思想政治理论课的考试依然存在相对滞后现象，存在着与创新型人才培养不相适应的种种情况"①，影响了"基础"课的教育教学效果。概括地说，这种不足主要表现在以下两方面。

一方面，造成学生认知与践履之间的分离。根据个体思想道德形成和发展规律，道德是由道德认知、道德情感、道德信念、道德意志和道德行为5个基本元素构成，道德的形成和发展过程是5个元素不断平衡发展，知与行从旧质到新质循环往复、螺旋上升，最终形成社会需要的道德品质的矛盾运动过程。在这个过程中，仅仅有道德认知远远不够。因此，"基础"课更多地要求大学生能够综合运用所学的理论知识，来分析和解决自身成长中所面临的各种现实问题。闭卷式终结性考试偏向于考核学生对理论知识的记忆和复述能力，很难对学生日常的思想道德表现和法律行为，甚至是基本的课堂自律行为进行考评，容易形成学生平时学习态度不端正、到课率低、课堂表现差；备考方式以考前突击、死记硬背一些"条条框框"为主；缺乏理性思辨，造成考后迅速遗忘的不良局面，并且难以有效管理约束学生在日常学习中，至少是课程学习中的思想道德行为和法律行为，远远达不到"入耳、入脑、入心"的目的。即使卷面上能够取得很高的分数，学生的思想道德素养和法律素养依然存在着不确定性。

另一方面，造成师生"双主体"之间的隔膜。在教育过程中，教师和学生都是教育过程的主体，教学内容是师生的共同客体。② 在教学过程中，教师把

---

① 王立荣. 创新型人才培养与高校思想政治理论课考试改革 [J]. 思想理论教育导刊，2010（12）：91.
② 叶上雄. 中学教育学辅导 [M]. 新编本. 北京：高等教育出版社，2005：84.

握教学主旨，引导教学方向，起主导作用；而学生在与教师的互动过程中，通过彼此的思想分享与心灵交流，积极进行着从外化到内化的自我教育，最终通过自身的能动作用，提升自身知识、能力和素质，从而形成教学相长的良性循环。闭卷式终结性考试以及与之相对应的授课方式，将学生放在被动接受的位置，更多地反映了传统教育的特点，忽视了学生在全部教学过程中一以贯之的主体地位和参与身份，压抑了学生学习和进行自我教育的积极性和主动性，阻碍了授课过程中师生之间应有的情感交流和实时互动，容易造成学生对"基础"课隐形的逆反心理和消极心态。特别是在今天移动互联网时代，在"用户至上""体验为王"等互联网思维已广泛而深刻地被植入学生的信息获取方式与思维习惯的背景下，这一隔膜的形成，非但无助于思想政治理论教育的深化，而且还容易形成学生在接受与选择信息上的屏蔽。"虽有出勤率、难有抬头率"的教学景观和"人在课堂心在外"的课堂现实，都给当下的思想政治理论教学带来无法回避的挑战。

二、基于移动互联技术对"基础"课过程性考试的技术探索

中共中央宣传部、教育部《关于进一步加强和改进高等学校思想政治理论课的意见》提出，要改进和完善考试方法，采取多种方式，综合考核学生对所学内容的理解和实际表现，力求全面、客观反映大学生的马克思主义理论素养和道德品质。

需要指出的是，虽然考试是教学的重要环节，但"基础"课的考试不同于普通文科课程的考试，它不仅仅要静态考核学生对课程基本知识的掌握和理解，更要动态考查学生思想观点、政治倾向和学生思想进步的发展情况。基于前述"基础"课传统考试方式所折射出的问题和"基础"课的课程特点，特别是根据教学对象在移动互联网背景下的发展变化，笔者一直致力于源自"智慧教育"理念的"基础"课教学与考试的智慧课堂技术研发。所谓"智慧课堂技术"在本文中特指以"中成智慧课堂"APP（以下简称APP）为手机移动终端应用及PC电脑端软件应用相结合的教学软件平台。其主要功能是针对性地辅助高校思想政治理论课课堂教学工作，提高课堂教学效率，便利师生在线实时互动交流，系统同步获取并展示互动数据，有效激发学生自主学习积极性，并实现全程大数据的记录评价分析。

该软件的主要目标是解决思想政治理论课的教与学、教与考的实效性问题。在"教学并重""回归课堂""精准教学""问题导向"等教学理念的指引下，从操作层面和功能设定上来讲，其技术创新点主要是把思想政治理论课的课堂由传统的填鸭式、满堂灌的教师单向"灌输"的授课模式与一卷定结果的考试方式，改为在移动互联技术与云计算技术的支持下，师生通过移动智能终端（智能手机或 IPAD 等）实时进行交互式课堂教学与考试模式。广大师生通过课前预先安装在智能手机上的 APP 来实现课前智能考勤、课堂全员互动的操控与管理、对知识点及问题点掌握程度的实时检测及考察结果反馈；通过 APP 来实现课下的师生互动延续与课前、课后学习资源的实时推送等教学功能。

从有关考试的具体功能上来讲，"智能考勤"主要用来进行课堂管理及对学生平时测验时的身份识别。学生用自己的手机自拍一张照片，软件就可以用面部识别技术与他先前采集的个人资料中的头像进行比对以确认其身份，同时对于学生是否在教室里也可进行精准的定位识别，确保其"在场"。"随堂测试"类似于我们惯常采用的平时测验的试卷，只不过这是在手机上让学生进行选择题、辨析题、简答题的作答。对于选择题的题序，系统是可以打乱后随机生成的，而且，老师可以设定答题的时间限制，所以，不用搬动桌椅布置考场，在课上随时可以进行考试。"时问时答"是只提供一个问题的随机性考核，教师可以选择性地进行只考核一个学生的"点对点"考试，也可以面向全班学生进行"点对面"的考试，同样提供判断题、选择题、简答题等题型。同时，课上还支持学生通过软件进行抢答、举手提问等功能，这些功能的设定和实施都和具备赋分功能的大数据管理系统紧密关联，学生的每次出色表现，都会获得分数的记载，自动生成平时成绩。

三、基于移动互联技术对"基础"课过程性考试的实践探索

（一）理论性考核与实践性考核相结合

"基础"课本身是一门实践性很强的课程。因此，"基础"课的考试内容，不应该仅仅包括道德和法律认知，还应该包括道德和法律行为。考试方式的改革要引导学生学以致用，将理论学习与个人实践相结合，激励学生在理论学习的基础上积极参与实践，真正将课上所学的思想道德和法律知识，内化为自身的思想道德和法律修养。因此，"基础"课要构建理论性考核与实践性考核相结合的综合性考核方式，在利用移动互联技术和软件平台无纸化方式对理论知识进行考核的同时，还要对学生在教学过程中的实践因素给予评定，并按一定权重计入学生总成绩。

就"基础"课的实际教学运行而言，出于安全性、经济性、可行性等方面的考虑，我们对"基础"课实践性考核，涵盖了课堂表现和课内外实践两个

环节。

  在课堂教学环节，教师根据教学内容，结合大学生普遍关心或与大学生密切相关的社会热点问题，联系大学生不同专业和学习状况，设计课堂互动方案，激励学生从自身实际出发，调动学生生活情境和生活经验。学生则利用自己手机上的应用，通过智慧课堂软件进行"随堂测试"，软件系统通过云平台，将课堂全体学生测试的结果实时反馈在教室的大屏幕上，让学生对相关社会热点问题的观点与态度直观、快速地反映出来，为之后教师的讲授、评论甚至组织讨论提供了基本的数据基础及分析依据。教师也可鼓励大学生就社会热点问题和理论难点问题，通过智慧课堂软件中的"课程论坛"开展分组讨论或辩论，各组讨论和辩论的观点也可实时传输到教室的投影幕上，从而引导大学生在接触和辨析不同观点的过程中，潜移默化地接受课堂教学内容；或者就某一专题内容，鼓励学生结合自身专业特长和兴趣爱好进行自主讲授，教师加以引导和点评，锻炼学生收集资料和分析问题的能力，激发学生的自主学习行为。在这一过程中，教师通过智慧课堂的软件系统对学生回答问题、参与讨论、自主讲授等的表现（如回答问题的准确度、积极性，参与讨论的活跃度等）予以实时记载，并以一定权重计入学生成绩。

  在实践环节，除了鼓励学生积极参与课堂外的实践，以社会调查、志愿服务等多种方式参与到真实的社会情境中，对自己关注的社会热点和焦点问题进行实地考察之外，"基础"课教学还应积极关注课堂内的实践考核环节，创新多种实践考核形式。其中关键是要让学生真正地参与到实践教学中来，使实践环节有"迹"可循。

  众所周知，在实际操作过程中，"基础"课教学受到大课堂的制约，演讲、讨论、辩论、谈心得体会等课堂内的实践形式，往往只能由部分学生零星展现，大部分学生充当的只是旁观者，难以产生融入感，现场效果也就大打折扣。但通过智慧课堂中的"课程论坛"，教师可以用手机在课堂中发起讨论甚至辩论，学生在不改变教室空间关系的情况下，通过手机中的快速分组或论坛，直接将自身观点通过指尖发送到大屏幕上。以往课堂讨论时的纷乱嘈杂，被大家聚精会神地敲打手机键盘所取代，观点内容一目了然，这些电子信息通过云端被实时存储，为后期编辑成册留档、积累素材、总结经验都提供了依据。同时，教师还可以通过软件对学生参与实践的态度、实际表现等作出适当评价，形成定量与定性相结合的评价机制。而在整个考核过程中，每个学生始终都是学习过程的参与者、体验者和分享者。

（二）以过程性评价代替结果性评价

以过程性评价代替结果性评价，就是改变以往只对学生学习结果进行终结性评价的模式，注重对学生学习过程的评价，实现评价重心的前移，使评价发挥监督和激励作用，而不是单一的检验作用；使学生真正主动融入教学过程，而不是仅仅作为接受者，对教师的教学作出被动的反应。

北京工业大学马克思主义学院德育教研室于2012—2013年第1学期，实行"基础"课考试方式改革试点，如今已经是第5个年头了。从2015—2016学年引入"中成智慧课堂"教学软件后，开始通过移动互联技术在课堂上的应用，注重对学生日常自主学习行为的考核，将过程性评价代替结果性评价。比如，学生的出勤情况、在课堂上回答问题的情况等。现实中，大课堂的课堂管理对思想政治理论课教师来说，一直是一个老大难问题，但通过智慧课堂"随堂点名"的快速签到功能，利用高技术手段加上教师的管理约束，可以有效地进行大课堂的考勤管理，时间短、效率高、现场气氛好，不占用课堂授课时间。同时，对学生出勤、学习互动等情况的考核，恰是促使学生将文本的道德认知转化为自身道德行为的一个观察点，这也正是"基础"课教学目的的应有之义。

过程性评价的具体做法是取消"基础"课期末闭卷考试，实行平时成绩累计，随堂测试与课下研究性论文写作相结合的方式，满分为100分。总评成绩包括三部分：第一部分为随堂测试，在一个学期内，教师根据课程内容及课堂状况，利用中成智慧课堂教学软件进行3~4次不定期的随堂测试，随堂测试的题目可以是纯客观题目，如判断题、选择题，也可进行简答题的测试。测试题目涉及教师当堂或上一次课讲授的内容，考试时间每次10~20分钟，题目数量为20~30道题，每次计10或20分，共计60分。第二部分为课堂讨论、主观答题及课下对教师推送的学习资源的学习反馈等，满分30分。第三部分为考勤成绩，满分为10分。

从智慧课堂软件获取的实时课堂调查数据的反馈来看，利用移动互联技术进行的考试方式改革，得到了广大学生的认可。在2015—2016学年第2学期伊始，笔者对3个大课堂、10个自然班、248名学生进行了随堂调查，调查数据显示：在"在思政课课堂上你是否喜欢和老师学生通过在线实时互动的方式学习"这个问题上，只有8%的学生持否定的态度，92%的学生表示支持；在"你对移动互联技术进入思政课教学与考试中的态度"这个问题上，78%的学生表示欢迎，12%的学生表示无所谓，8%的学生甚至表示惊奇，只有2%的学生持排斥的态度。在"你支持把期末一卷定结果的考试改为过程化考核测评的考试方式吗?"这个关键问题上,65%的学生表示支持,20%不支持,15%表示无所谓。从课后学生在微信朋友圈、微博中发表的有关本学期课程及考试改革的评论中可以看出,学生们对取消期末一卷定结果的考试,移动终端进入考、教环节表现出支持甚至兴奋的态度,普遍的点赞成为学生对于"基础"课考试改革最好的表态。

综上所述,基于移动互联技术运用的思想政治理论课过程性考试改革研究,是一个蕴含于整个"基础"课教学考试过程之中的探索与调整,需要有备课、授课、组织讨论、课堂管理、软件运用等多环节的配合,需要时刻关注教学过程中出现的新情况、遇到的新问题,并及时针对学生群体的新变化,作出有利于提高教学实效性的回应。随着移动互联技术与教学实践的不断融合与创新,我们将继续完善"基础"课考试方式,将集约性考核与贯通性考核相结合,使其在大学生成长成才的过程中发挥更加积极的能动作用。

(本文原载于《思想教育研究》2016年第5期)

移动网络时代高校思想政治理论课面临的挑战与回应

李海春　李　娟

北京师范大学马克思主义学院

摘要：媒介环境对高校思想政治理论课教学活动具有重要影响。随着移动网络和智能手机的普及，移动网络时代已经到来。在移动网络时代，信息的互主体性、开放性、即时性等特征更加突出，这会对以观念教育为主的思想政治理论课教学活动产生影响。思想政治理论课要把握新媒介的内在特征，更新观念、创新方法、推进教学改革，以保证思想政治理论课教学效果的持续改善。

据相关调查，2011年合肥市高校大学生手机上网的占比为76.3%。[①] 2013年，笔者经调查发现，北京地区在校研究生智能手机使用率达到84%。智能手机的使用与支持 WIFI 运行的"数字校园"直接关联，意味着大学校园内部的移动网络时代已经到来。大学生可以用更加便捷的媒介手段接触信息，这对以观念教育为主的思想政治理论课的教学活动必然产生重要影响。理解新媒介的特征，分析思想政治理论课教学活动可能面临的问题，并探索解决问题的方法，在当前已经非常紧迫。

一、移动网络及其特征

2012年被称为"移动网络元年"。工信部发布的《移动互联网白皮书（2013）》认为，2012年移动互联网的大幕刚刚拉开。在2012年，我国手机网民用户超过4.2亿，用户总量和增速都远超互联网用户。2012年智能手机开始在全球流行，中国当年智能手机出货量为2.54亿部。在第二季度，中国智能手

---

① 汪贵平，刘亚利. 高校学生手机上网的现状分析［J］. 新闻爱好者，2011（6）：62.

机出货规模占比达到53.0%，移动智能终端开始主导内需市场。① 而据赛迪顾问发布的报告，2012年中国平板电脑销量达879.50万台，增长78.6%，同期笔记本电脑增长仅为10.3%。移动网络时代已经到来。② 移动网络时代媒介特征有以下三个。

（一）互主体性——信息传播结构从树状变为网状

在互联网技术出现之前，信息的传播模式以"主客体"传播为主，是"一对多"的单向线性传播。社会信息的主要流动结构为"树状"，传统媒介（报纸、电视、广播等）是这种传播的典型代表。媒介机构（或者国家媒介管理机构）为"树根"，媒介分支机构（以及地方媒介管理机构）为"树干"和大的"树枝"，而每一个受众个体为"枝叶"。"枝叶"那里能接受到什么样的信息，基本由"树根"决定。

随着互联网技术的出现，个体与个体之间的信息传输更加便利，最初的互联网技术虽然还依赖于主要的服务器，但是信息的传播是以非直观的方式出现的，技术在一定程度上分化了媒介管理机构的职能，信息开始以"网状"的方式呈现。当P2P等新技术的进步，以"互主体性"为主要特征的"网状"传播开始取代"树状"传播的特征，成为现代信息传播的基本结构模式。而"移动网络"时代的到来，使"网状"结构凸显出来，成为当前信息传播中的主要结构模式。

在"网状"结构的传播模式下，社会信息是以"网状"为结构的多元主体模式来传播的。每一个可以接入互联网的设备，都是庞大的信息网络中的一个节点。数以十亿计的全球网民，共同"织"成了一个信息不断流动的网络。在这个庞大的网络中，没有了严格意义上的自下而上、从一到多的信息传递机制，每一个节点都是一个独立的信息源，都有信息辐射的力量，他们都是一个独立的主体。从而结束了少数机构、媒介垄断信息的局面，传统媒介"树状"传播模式中的主客体关系不再出现，每个人都可以平等地参与信息传播过程，每个人都享有对信息传播的控制权。

（二）即时性——信息传播方式从录播向直播转变

在移动网络时代，信息从此前的制作后传播转变为即时性传播。在移动网

---

① 工业和信息化部电信研究院．移动互联网白皮书（2013年）[EB/OL]．中国信通院网站，2018-04-26．

② 中国电子信息产业发展研究院，赛迪顾问股份有限公司．中国移动互联网产业发展及应用实践[M]．北京：电子工业出版社，2013：15．

络时代，媒介的随身性和网络的便利性为即时的而且是体验性的传播提供了条件。

首先，在信号传递技术上，以光纤传输和卫星通信等为技术支撑的信号传输手段，基本覆盖了人类可以到达的所有区域，在人类居住比较集中的地区，通过网络进行信息传递就更加便捷。尤其是智能手机中Wi-Fi技术的接入，在资费上大大减轻了使用者的压力，使多数智能手机终端持有者具备了接受或者自己制作"现场报道"的能力。

其次，从体验性传播设备来看，智能手机已经基本完成了主要功能的集成，一个曾经只能够接打电话的移动电话把人们经常使用的电子产品功能和网络软件的主要功能基本囊括。同时兼有照相机、录像机、收音机、录音机、电视机、电子图书和主要电脑软件的运行功能，甚至在有些功能的使用上远远超出了电子计算机。这些功能的集成，为个人的体验性信息传播提供了硬件手段。随着软件技术的更新，持有智能手机的个人可以随时把自己体验到的生活传递到网络空间与他人共享，这在目前已经非常普遍。用这样的方式来记录和传播社会信息，也成为常见的手段。因此，现在所看到的移动网络比较发达地区的社会新闻，几乎全部都有现场目击的视频资料，这是原有媒介手段不可能实现的。即时性、体验性的信息以生动、多元的方式满足了不同受众的需要。

移动终端已经成为多数使用人群离不开的随身品，随时浏览更新的信息成为智能手机使用者基本的生活状态。

（三）开放性——从国家、区域到面向世界

开放性是新媒介区别于传统媒介的基本特征，传统媒介信息的"树状"结构，意味着只要控制"树根"传出的内容就可以保证"枝叶"可能得到的内容，是一个封闭的、可控的信息传播体系。新媒介时代，基于互联网技术所建立的以"互主体"为主要性质的"网状"信息结构，而信息的主体在网络上以隐蔽的方式出现，对信息主体作出具体约束已经不可能，信息主体基本用一种不被约束的开放状态面对网络。

从信息通道来看，由于信息全部以编码的方式流动，只有在终端才能看到具体的内容，所以，通过控制信息通道对信息内容加以管制也是非常困难的事情，虽然目前有数据挖掘技术和信息筛选技术，但是这种管理是非常有限的，除了网络突破技术不断更新，信息内容呈现的方式和载体也会容易躲过筛选，比如，把文字以图片的方式呈现，把关键字以加空格或加符号的方式呈现，等等。

同时，国家的开放政策使信息的开放具有了更大的空间。在传统媒介阶段，国外的信息很难全方位地进入国内，而目前，我们的信息内容是和全世界同步的，这大大强化了开放性的特征。还有从信息的总量来看，开放性网络也是大势所趋，IBM 在 2013 年的研究显示，整个人类文明所获得的全部数据中，有 90%是过去两年内产生的。到 2020 年，全世界所产生的数据规模将达到目前的 44 倍。这样庞大的数据总量，使任何政府管理机构进行封闭式管理已经成为不可能。

二、高校思想政治理论课教学面临的问题

高校开展思想政治课教育的目标并不是理论本身，而是旨在通过理论的合理性阐释来影响人的观念和行动。由于受教育者的观念不仅仅来自课堂本身，还在于对社会行为的学习和了解，所以，传递社会行为图景的媒介信息在一定程度上决定着受教育者的观念。大学生群体是新媒介的易接受群体，再加上移动网络的使用成本较低，使移动网络的使用群体在校园内部迅速增加。而"移动网络"环境极大地改变了现有的信息环境，给思想政治理论教学带来了新的挑战。

（一）对学生价值观产生影响

思想政治教育的核心是世界观、人生观、价值观教育。在思想政治理论教育体系中，具有确定的价值观指向和教育目标体系，这是思想政治理论课教学的基本内容。移动网络时代，信息主体的多元化，信息量的迅速膨大，多元文化、多元价值的互相交融，会对学生的价值观产生直接影响。

思想政治理论课不同于其他专业课程，多数专业知识教育依赖于课堂教学过程。但世界观、人生观、价值观等观念教育只是形成观念中的一个环节，因为观念形成的关键取决于成长过程中的信息环境和信息内容，媒介信息环境在一定程度上对人的观念形成具有重要作用。

移动网络时代，传播媒介的便利性，增加了信息主体的总量和活跃度。仅以微信为例，据互联网相关数据，截至 2013 年 12 月，腾讯公司微信用户数量已经突破 4 亿，其中活跃账户超过 2.7 亿，这些账户跨越了国境、人种，形成了一个庞大的信息交流群体。其中，活跃的公众账户超过 200 万。这 200 万账户的公众信息成为微信使用群体理解社会、传递个人的社会观念的重要信息资源。

信息使用主体的价值观决定了其所使用和传播的信息的价值观，移动网络把全球网络平台这一概念以更加直接、便捷的方式呈现在使用者面前。在网络

平台中，跨地域、跨种族、跨语言、跨文化的多元价值信息在这里出现，而"一键拷贝""一键转发""一键链接"等手段加速了信息在网络中的传播，多元的价值观念以前所未有的速度呈现出来。这些价值观念会对大学生群体的世界观、人生观、价值观产生影响。

（二）对教学内容提出挑战

传统信息环境中，教师的信息量一般会大于学生。教师靠信息的优势可以建立起内容的吸引力。移动网络时代的到来，学生具有了独立获得信息的便利渠道，学生观念内容的建立不再仅仅依赖于课堂。由于大学生是新媒介和新信息的易接受群体，在媒介的使用方面往往先于教师群体，这导致学生掌握信息的丰富程度可能会远高于教师。同时，学生可以在课堂上通过移动网络和智能手机迅速获取课堂教学正在进行的内容，甚至会看到很多不同的价值判断，靠信息的多少来建立教与学之间关系的做法将在移动网络时代结束。

大学生群体有一定的理想主义倾向，正处于喜欢"指点江山，激扬文字"的年龄阶段，理想主义的完美图景，激烈的现实批判更容易吸引他们。移动网络时代，大量信息主体的出现和活跃化，导致网络言论更加丰富多样，偏激的言论有了更大的空间，这些看起来比较新鲜、有激情的言论更容易感染大学生群体。

我国是发展中国家，改革开放以来，国家发展取得了举世瞩目的成就，但是网络空间所提供的判断标准往往是"既定"的现实，而不是"过程性"的标准。我国处于中国特色社会主义建设的进程中，在制度建设和社会管理方面与发达国家还存在一定的差距，与此同时，有部分公共权力的操作者不当使用权力，使社会上的批判性言论增加，在这些言论中，有些是基于情感的义愤，有些是对社会发展和国家进步的过程性和曲折性缺少足够考虑的批判。再加上一些西方国家的政治势力对我国持敌视态度，导致网络上的批判性言论、过激性言论和颠覆性言论层出不穷。在移动网络时代，这类言论将以更加活跃的方式出现，必然会对大学生的观念造成影响。而这些言论中所涉及的社会问题有很多是思想政治理论课教学的相关内容，这也对课堂教学内容背后的观念提出了挑战。

（三）对教学模式提出挑战

现有的思想政治理论课教学活动的主要模式，是在传统的"树状"信息传播结构基础上建立起来，并把教与学的关系建立在以"主客体"为基本架构之上的。2004年以来，根据中共中央、国务院《关于进一步加强和改进大学生思想政治教育的意见》精神，教育管理部门和广大教师对这种教学模式进行了很大程度的改革，但是相对于媒介环境的变化，现有的改革进度仍然有待提速。

首先，新媒介的便利性增加了学生"主体逃离"的机会。教师说、学生听的状况正在发生改变。隐蔽性比较好的手机终端，无所不在的移动网络，给学生提供了"人在课堂心在课外"的途径。课堂教学活动中师生一致性的程度在降低。直观来看，自从智能手机开始在校园普及，各高校课堂上心不在焉的学生数量在增加。

其次，移动网络时代的到来，使开卷考试很难成为有效的考核手段。开卷考试曾经是人文社会科学类课程考核中比较多用的方法，使学生可以更加自主地思考和回答问题，但是随着移动网络时代的到来，开卷考试最后演变成了"抄写竞速比赛"，答题者通过使用移动网络终端获取网络上的"规范答案"，然后把这些内容稍加整理抄写到答题纸上，完成考试。通过开卷考试区分成绩已经变得非常困难。

虽然在教学改革过程中，"双主体""互主体"的概念被部分研究者认同并在教学过程中被大量教师普遍使用，但是，随着移动网络时代的到来，如何有效地开展"互主体"课堂教学，仍然有待进一步探索。现有的教学模式亟待作出适合学生信息环境的改革。

三、移动网络时代的思想政治理论课教学改革

移动网络是现代技术演进的必然结果。移动网络所呈现的特点是现代社会观念在技术中的延伸，未来的技术进步将继续沿着这一方向前进。所以，要探索与同时代大学生媒介信息环境相协调的思想政治理论课教学方式和教学内容，与时俱进，提高思想政治理论课的教学效果，努力做到让学生终身受益、毕生难忘。

（一）合理定位思想政治理论课的地位

2004年，中共中央、国务院《关于进一步加强和改进大学生思想政治教育的意见》提出，高校思想政治理论课是大学生思想政治教育的主渠道，要充分发挥课堂教学在大学生思想政治教育中的主导作用，从而对思想政治理论课的定位作出具体的要求。那么，如何在不同的历史时期，结合社会发展现状和发展规律，准确地理解并合理地建立主渠道地位，是关于思想政治理论课讨论中的一个根本性问题。

观念教育不同于知识教育，是以对人的观念形成影响，使人有更合理的行

为作为目标。知识类教育中的一部分内容是可以通过强制内化为头脑中的观念来形成知识的基础（如语言学习、数学基础规则），然后在此基础上加上适当的逻辑关联扩大知识内容。而观念类教育却必须从受教育者的情感需要出发，通过以经验观察和切身体验为基础的逻辑推导使受教育者能够认知，再通过实践过程内化为自己的行为原则，最后在自己的行为中体现出来。这个过程要比知识教育漫长、复杂得多，将会对人的心灵深处产生影响。

承担大学生世界观、人生观、价值观等基础观念教育的思想政治理论课，并不是唯一的渠道，而是影响大学生诸多信息渠道中的其中一条，这一点在移动网络时代更加明显。从技术进步的角度来看，多元的、"网状"信息结构在社会中只可能被强化，这是必须面对的现实，也是探讨思想政治理论课的目标、内容、方法的基础。

作为主渠道，就是要在大学生观念形成的诸多渠道中起到主导的作用，这包括两方面的内容：其一，思想政治理论课是大学生观念形成中诸多信息渠道中的一条，不是唯一的；其二，要发挥思想政治理论课课堂教学的优势，使其在大学生"三观"教育中占据主导地位。既不能盲目自大，无所不为；也不能妄自菲薄，无所作为。

要想确立主渠道的地位，就要对其他渠道有足够的了解，在诸多渠道的基础上探索如何使主渠道发挥其应有的主导作用。同时要看到，课堂教学具有人员集中、内容突出、手段丰富等优势，可以对某些问题进行具体深入的探讨，这是其他任何渠道都不具备的条件，这也正是思想政治理论课主渠道地位能够建立的基础。要充分发挥课堂教学的优势，承担起主渠道的作用。

（二）教学方法的科学化

教学内容和教学方法的科学化是当前思想政治理论课改革中的一个重要内容，多年来已经取得丰硕的成果，对提高思想政治理论课教学的实效起到了关键的作用。随着移动网络时代的到来，相关改革需要以更快的速度推进，力争走在媒介环境变化之前，获得更多的主动权。

从学科方法角度来看，思想政治理论教育与传播学、教育学和心理学息息相关，要从这些学科的最新成果中有所借鉴，从而更好地建设自身。尤其是传播学的相关理论和方法，对思想政治理论教育教学具有很好的启示作用。传播学以讨论信息对人的观念造成的影响为基本内容，在最近20多年来取得了非常丰富的成果，这些成果被许多学科领域所借鉴。从一定意义上来说，思想政治教育就是一种传播，要把传播学的理论成果和思想政治教育的理论传统结合起来，探索适合新的时代特征的教学方法。

从具体教学方法论来看，"互主体性"是建立课堂教学的方法论基础。在课堂上，学生并不是一个被动的存在者，他们和教师一样也是课堂的主体，二者的主体地位是相互的，只有彼此互相尊重，在交流和互动之中投入程度加深，教学效果才可能更好地实现。观念教育是"说服""引导"教育，在课堂教学中，应该表现为通过理性的解说，在诸多观念中建立自己的合理性地位，必须以"思想"为基础建立"政治理论"的相关观念。

（三）教学内容的科学化

要结合实际，科学规划思想政治理论课课程内容。思想政治理论课要为大学生社会化提供观念和方法基础，要根据学生观念成长的规律、社会发展的长远目标来培育人，来安排思想政治理论课程的具体内容。只有按照科学的规律结合具体实际来考虑实际内容，才会使贴近实际、贴近生活、贴近群众这"三贴近"成为思想政治理论课内在的品质，而不再仅仅是一个外在的形式。

要突出教学中的信息处理方法和品质，不能只靠信息量的堆积来传递观念。移动网络时代，靠信息量基本不再可能达到良好的教学效果。要着眼课堂教学的优势，从信息处理的品质和方法上下手。这是因为，在信息可以随时入手的时代，学生缺少的不是信息内容的量，而是甄别和筛选信息的能力，这种能力背后就是价值判断和观念，其根本就是思想政治理论课的目标指向。

所以，教师要把讨论和研究问题的方法和立场贯穿教学始终，使学生在离开具体问题时还能具有运用方法和立场的能力。要把教学具体内容和教师的研究结合起来，在具体的课堂教学内容设计上把精、专的知识与教学目标结合起来，突出重点，兼顾体系。在探索问题的过程中展示处理信息的立场和方法，从而对学生产生示范作用，使学生理解观念的产生逻辑并进而内化。

（四）基础环境的协调一致

观念培育是一个长期的复杂系统，要从整个系统的角度来考虑大学生思想政治理论课的教学活动及其效果，在信息时代，仅仅靠高校的思想政治理论课并不能撑起培育大学生世界观、人生观、价值观的任务。所以，在推进高校思想政治理论课建设的同时，要注意同人的成长环境的协调一致。

当前，国内媒介环境存在着诸多问题，例如，浏览多数门户网站的首页，都可以看到充斥着拜金、娱乐、低俗的内容，噱头新闻、小报标题等"大行其道"，诱惑性话语和图片也随处可见。在这样的媒介信息环境中，任何观念教育都会大打折扣。提高媒介管理水平，分类管理，建立以人性、责任、公正为基本观念的大媒介环境是社会良性发展的需求，也是培育学生正确观念的必要条件。

要以人的成长规律为依据建立科学的观念培育体系，在不同的成长阶段安排合理的观念教育，当每一个阶段的观念教育都完成其自身目标的时候，人的社会培育才能达到人们期待的效果。目前，在我国的基础教育中，知识教育具有"压倒一切"的优势，这对观念教育和人才培养是非常不利的。

在观念形成的过程中，家庭是一个非常关键的环节，如果社会对上一代人没有给予足够的观念教育，那么下一代人难免出现偏差。所以，培育观念要考虑家庭因素，而培育人往往要从培育家庭和父母的观念开始才可能真正有效。

移动网络时代的到来对高校思想政治理论课教学提出了挑战，也提供了新的发展机会，高校思想政治教育要积极行动，认真应对，使课程内容尽快适应媒介技术条件，提高思想政治理论课的成效，为培育社会主义的建设者提供更坚实的思想基础。

（本文原载于《思想教育研究》2014年第4期）

MOOCs 对思想政治理论课教学的挑战与启示

叶承芳

北京青年政治学院法律系

摘要：近年来，MOOCs 以其独特的教学设计和创新的教育理念，吸引了世界各国众多学生的参与。MOOCs 背后的文化博弈现象，对思想政治教育带来了冲击和挑战，其优质课程资源对思想政治理论课教师素质也是严峻的挑战和考验。高校思想政治理论课教师应当抓住契机，推出自己的 MOOCs 课程，利用 MOOCs 传播中国文化，拓展思想政治教育阵地；适当引入"翻转课堂"教学法，突破思想政治理论课教学困境；借助 MOOCs 大数据分析，增强教学实效性。

MOOCs 是基于网络和移动智能技术发展起来的一种具有交互功能的、开放式的新兴在线课程。学习者可以在任何时间和地点，通过 MOOCs 平台在线学习来自世界顶尖学校名师的优质课程。近年来，MOOCs 以其名校、名师、精品、免费、开放、移动等特点吸引了世界各国众多学生的参与，也给传统高等教育带来巨大震动。身为高校思想政治理论课（以下简称"思政课"）教师，面对这一新生事物，应本着实事求是的态度，认真研究 MOOCs 的教学设计和教育理念，积极探索其给高校思政课教学带来的启示和机遇，并以开放的心态主动反思和改进思政课教学。

一、MOOCs 教学设计特征及其教育理念创新

从 2008 年第一个 MOOCs 的 2300 个注册用户到今天多个 MOOCs 平台所拥有的数百万用户，MOOCs 的井喷式发展得益于其独特的教学设计和创新的教育理念。以 Coursera、edX 和 Udacity 三大平台为例，MOOCs 在教学设计上一般以短小教学视频为主，中间穿插即时思考问题，再辅以在线测试、自动判题、同伴互评、网上论坛、互助答疑等环节。首先，三大平台一般都是将课程内容细分

为若干知识模块，每个知识模块以10分钟以内的短视频形式呈现，配合以随堂测验、课后作业以及相应考试等。其次，MOOCs高度重视互动环节，包括教师与学习者之间以及学习者相互之间的讨论和交流。它通过网络交互工具软件来构建学习共同体，提高学习兴趣和学习质量。学生随时可以把问题发到网上相互讨论，其中不少问题与答案还极大地深化了课程内容，激发了思考与创新。最后，MOOCs平台本身具有强大的数据捕捉和分析功能，能够记录学习者的学习行为。借助大数据的学习分析技术成果，MOOCs教师可以及时改进和完善教学内容，帮助学习者调整学习计划和方法。

在教育理念上，MOOCs更强调学习者的主体地位，充分肯定学生的学习自主权。它运用"翻转课堂"（Flipped Classroom）教学模式来帮助学习者找到学习乐趣。教学不再是教师的单向知识灌输，而是要充分激发学习者的主动思考，使学习者成为知识生成的积极创建者而非消极依附者。教师与学生的角色也不再固定，可以互为师生。此外，MOOCs在教育理念上还致力于推进全球优质教育资源的共享和高等教育国际化，促进教育公平的实现。MOOCs突破了传统教学的时空限制和人数限制，一门课程可以同时供十几万人甚至几十万人在线学习，优秀教师的能量和影响被成倍放大，人人都可以分享世界优质教育资源。不可否认，MOOCs为创新教学模式，提升教育质量，促进教育均衡发展，实现教育公平带来了新的曙光。

如果每个向往学习的人都能够免费接受MOOCs提供的优质教育，获得他们所需要的技能并借此改善自己的工作和生活，那么MOOCs就是一项意义非凡的教育革新。MOOCs作为现代信息技术与高等教育相结合的产物，正使大学与大学、大学与社会的边界变得模糊。有人断言MOOCs正在引领一场教学革命，它是对传统教学的彻底颠覆。[1] 但MOOCs本身也存在许多明显的缺陷。一是课程注册率高但通过率很低。一项调查数据显示，edX17门课程总共有841 687人次注册，但仅有43 196人完成了所选课程的学习并获得相应证书，占总人数的7.2%，其中还有292 852人从未参与任何课程。[2] 二是MOOCs本质上还是一种基于行为主义的传授式课堂，程序化的教学模式非常单一，易于大规模复制，但缺少针对不同学生需求的个性化教学设计，也很难满足高等教育众多学科不同课程的具体要求。三是MOOCs碎片化教学淡化了课程的学术严谨性和系统逻

---

[1] 高地. MOOC在西方高校德育课程中的应用及其对我国高校思想政治理论课建设的启示[J]. 现代远距离教育，2014（2）：25.

[2] 高地. MOOC热的冷思考：国际上对MOOCs课程教学六大问题的审思[J]. 远程教育杂志，2014，32（2）：39-40.

辑性，而缺乏层层推进的即时互动式课堂讨论氛围也很难实现思维的深度碰撞，迸发出思想火花。四是 MOOCs 缺乏面对面的语言沟通和情感交流，不利于学生非智力因素的培养。教育不仅是知识的传授，而且是人格的培养。网络在线教学可以言传但不能身教，无法实现师生面对面交流时所产生的潜移默化育人效果。更何况教育的根本目的在于人的社会化，如果完全依赖网络学习知识，如何促进学生各方面能力全面提升是个不容回避的问题。

二、MOOCs 对高校思想政治理论课教学的挑战

MOOCs 课程起初以理工类学科为主，但随着越来越多的世界知名大学签约加入，在人文社会科学领域也开始大放异彩。MOOCs 在传播知识的同时，也传播了文化理念和价值观。中国高校必须充分认识和重视 MOOCs 背后所隐藏的文化博弈现象，高校思政课更是肩负不可推卸的重要责任。

（一）MOOCs 背后文化博弈现象对思政课核心价值观教育的冲击和挑战

波士顿学院国际高等教育中心主任菲利普·阿特巴赫（Philip Altbach）曾发表《谁将成为知识的主宰者？——论 MOOCs 的教育新殖民主义》。他认为 MOOCs 在很大程度上可以说是一场由美国主导的教育改革。现在为 MOOCs 提供课程的高校，大多来自美国或其他西方国家。虽然发展中国家的大学和教师也加入了 MOOCs 的行列，但他们大多并非内容提供者，而是使用者。[①] 例如，Coursera 官网统计资料显示，其目前已有英语课程 564 门，中文课程仅 50 门。MOOCs 三大平台提供的大部分人文社会科学课程讲授的都是西方经典著作，反映的也主要是西方主流价值文化。因此，必须警惕这场大规模的教育输出演变成一种新的文化殖民。目前，世界各国普遍重视本国文化传统和价值观念的继承和传播。未来国家之间的竞争首要的是文化的竞争，而文化竞争归根结底在于教育。教育是国家文化和价值观输出的重要载体，在线教育今后将成为不同文明交流、交融和交锋的主战场。北京大学前校长周其凤在卸任演讲时谈到的五个梦想之一就是通过网络课程让全国人民共享北京大学优质资源。他说："如果我们北京大学在这方面不努力，可能有一天学生坐在燕园里上的课程是哈佛的课程、MIT 的课程、牛津的课程、剑桥的课程。……北京大学不能落伍。这个事情既能提高我们的教育质量，也能提高北京大学的国际影响力。事实上，

---

① 孙华. MOOCs 背景下"思想道德修养与法律基础"课教学改革探索［J］. 思想教育研究，2014（2）：50.

如果我说得严重一点，也许关系到存亡的问题。"① 如果我国的教育缺乏竞争力，中国的学生从基础教育到高等教育，学习的都是国外提供的在线课程，那不仅意味着教育主权的丧失，更将导致中国文化传统和社会主义核心价值观的丢失。我国高校思政课是对大学生进行思想政治教育的主渠道，承担着马克思主义理论教育和社会主义核心价值观培育的重要任务。如何在教育信息化、全球化的浪潮中，主动提升思政课教学质量，增强思政课教学实效性，并积极利用MOOCs平台传播中华优秀传统文化，让大学生在多元文化的交汇与碰撞中认同和传承本国优秀文化传统，践行社会主义核心价值观是我们必须面对和思考的问题。

（二）MOOCs优质课程资源对思政课教师素质提出的挑战和考验

现在的大学生是与网络共生的"数字原生代"，习惯通过互联网来获取各种信息，对网络在线学习具备天然的适应能力和亲近感。如果打开电脑就可以听到MOOCs平台上来自名校名师的精彩讲课，那么谁还愿意坐在教室里忍受枯燥乏味的课程呢？所以，从某种意义上讲，MOOCs时代高校教师将要面临的是与全世界优秀教师的竞争，"这场教育革命就是革传统教师的命"②。美国《高等教育纪事》开展的一项调查显示，MOOCs授课教师投入了大量的时间与精力精心准备课程。调查中，杜克大学物理系副教授罗恩·普莱泽（Ronen Plesser）表示，为了应对大量水平不等的学生，在拍摄讲课视频时，他不得不仔细地推敲教学讲稿，这让他的教学达到了十年来的最高水平，最后的网上课程比他在校内面授的版本更为严谨，要求更高。③ 正因为如此，MOOCs优质课程资源对包括思政课教师在内的所有高校教师提出了严峻挑战，也将倒逼思政课教师从知识和技能两个层面不断完善和提高自身素质，提高课堂教学质量。例如，与Coursera合作的网易公开课平台上，哈佛大学迈克尔·桑德尔（Michael Sandel）教授讲授的《公正》与耶鲁大学谢利·卡根（Shelly Kagan）教授讲授的《哲学——死亡》以其生动的语言和深刻的思想吸引了众多中国学习者的参与，让人在听课的同时享受了思考的乐趣。但从上述教学视频看，录像实际上都是在真实课堂中完成的。这恰恰又反证了一个事实——在传统高校中也有很多精彩课程。如果我们高校思政课教师在校园里也讲授着同样精彩的课程，那么学生坐在教室里面对面听课的感觉不是更好吗？所以，只要思政课教师拥有深厚的

---

① 尚俊杰. MOOC：能否颠覆教育流程？[N]. 光明日报，2013-11-18 (16).
② 王铁军．徐子沛：教育革命是革传统教师的命 [J]. 中国远程教育，2013（2）：47-49.
③ KOLOWICH S. The Professors Behind the MOOC [EB/OL]. Chronicle，2014-05-25.

学术功底、独到的学术见解以及精湛的教学技能，能够呈现出自己独特的教学风格，就一定不会被 MOOCs 所取代。当然，思政课教师同样也可以主动学习和借鉴全球的优质教育资源，提升教学质量；积极借助 MOOCs 平台展现自己，扩大学术影响力，在教育国际竞争中占有一席之地。

三、MOOCs 对高校思想政治理论课教学的启示

MOOCs 对高校思政课而言，是挑战，更是改革创新的发展机遇。高校思政课也应以此为契机推出自己的 MOOCs 课程，利用 MOOCs 传播中华优秀传统文化，拓展思想政治教育阵地；引入"翻转课堂"教学法，突破思政课教学困境；借助 MOOCs 大数据分析，增强思政课教学实效性。

（一）利用 MOOCs 传播中国文化，拓展思想政治教育阵地

思政课是对大学生进行思想政治教育的主渠道。实践证明，思想政治教育仅仅依靠教师在课堂上短时间内的单向理论灌输是远远不够的。思想政治教育是一个长期渗透的过程，需要在更广阔的环境中得到持续不断的浸润和强化，必须把课堂"主渠道"的显性教育与网络、社会实践、校园文化等"多阵地"的隐性教育结合起来。中共中央、国务院《关于进一步加强和改进大学生思想政治教育的意见》指出，要"主动占领网络思想政治教育新阵地"，而 MOOCs 就是需要我们占领的一个网络思想政治教育新阵地。国外高校已经开始利用 MOOCs 开展德育教学，如耶鲁大学保罗·布卢姆（Paul Bloom）教授在 Coursera 开设的"日常生活中的道德"课程。同时，还有众多政治、宗教、伦理、哲学等人文社会科学课程也在进行道德渗透，这种渗透形式更为隐蔽。因此，我国高校思政课也应当积极拓展思想政治教育新阵地，利用 MOOCs 平台开发建设自己的优质课程，主动加入国际教育竞争，并借此向全世界传播中华优秀传统文化和社会主义核心价值观。我们不仅要在 MOOCs 平台推出优质思政课程，而且要围绕思想政治教育目标开发建设一系列相关课程，多角度引导和激发大学生更深层次地全面思考和讨论问题，使他们通过对东西方多元文化、多元思想与多元价值观的比较，找到文化自信，自觉认同并践行社会主义核心价值观。同时，这些课程也将成为世界各国学习者了解和学习中华优秀传统文化的一个窗口。

（二）引入"翻转课堂"教学法，突破思政课教学困境

一直以来，我国高校思政课教学面临着许多困境。一是教学内容体系庞杂而课时容量非常有限，许多理论知识讲解只能点到为止，无法深入；二是课堂

教学班级规模过大,很难就理论难点或现实热点问题全面展开互动讨论,激发学生深入思考、深度参与,提高学生的学习兴趣;三是"05方案"将多门思政课程整合后,导致多数思政课教师的学科知识结构出现缺漏,对个别章节内容难以讲深、讲透,甚至只能是避而不讲。为此,我们可以积极引入MOOCs的"翻转课堂"教学法,采用大规模视频教学与小班级课堂讨论相结合的混合教学模式来突破思政课教学困境,增强思政课教学实效性。首先,教师应当把教材的理论逻辑体系转化为问题逻辑体系,以问题为导向设计与制作不超过10分钟的"微课程"教学视频。每一段教学视频聚焦一个理论或现实问题,层层剖析并嵌入小测验,学生只有答题正确才能继续观看学习。然后,学生通过"微课程"自主学习相关理论知识,并将自己的学习笔记、问题和困惑发到课程论坛中,与其他学生一同分享和讨论。教师则可以通过MOOCs平台掌握学生的学习情况,关注和解答学生的问题和困惑,随时调整和优化课程内容。大规模视频教学使得教师重复性的教学工作量减轻,可以有更多的时间和精力来组织小班级课堂讨论,课堂也就真正成为师生之间、学生之间思想交流、观点碰撞以及情感沟通的绝佳场所。各高校还可以组织联合起来打造精品,整合全国优质教学资源和技术力量共同开发建设思政课MOOCs平台,实现优势互补和资源共享。这种大规模视频教学与小班级课堂讨论相结合的混合教学模式不仅充分发挥了教师的主导作用,而且激发了学生的学习能动性。学习不再是单纯的接受,而是学生主动思考和自觉内化的过程。

(三)借助MOOCs大数据分析,增强思政课教学实效性

随着信息技术的高速发展,大数据(Big Data)进入人们的视野。教育研究者也开始利用大数据对学习者的学习行为进行计算分析,研究和挖掘其背后隐藏的规律,并提出相应学习建议和教育对策。我国高校思政课MOOCs平台建成后,也可以借助MOOCs所形成的海量数据信息,对学生的学习行为以及思想状况等进行跟踪分析和研究,改进教学内容和方法,使思政课教学更具针对性和实效性。一是MOOCs技术平台能够自动记录每一个学习者的学习行为,如观看教学视频的次数、重复段落与完成练习的时间、错误率等。教师可以根据MOOCs平台自动汇集反馈的数据,发现教学中存在的问题并及时改进。Udacity的创始人,斯坦福大学教授塞巴斯蒂安·特龙(Sebastian Thrun)曾经说过:在一个面授课堂如果只有2~3个人犯同样的错误,作为教师可能不会太在意,但是如果在一个上万人的课堂,有200人或2000人犯同样的错误,老师就可能会

严肃对待了。① 二是政府、高校以及相关研究机构也可以依托MOOCs平台开展调查研究，全方位掌握大学生的思想素质状况。以往相关调查主要都是通过纸质问卷调查或网络随机调查方式展开，调查对象的局限性和随机性较大。借助思政课MOOCs平台积累的大数据以及云计算的处理分析，教师就能及时捕捉当今大学生的思想动态，关注学生现实需要并开展有针对性的教学，增强思政课的教学实效性。

（本文原载于《思想教育研究》2015年第2期）

---

① 王铁军．徐子沛：教育革命就是革传统教师的命［J］.中国远程教育，2013（2）：47-49.

新媒体环境下利用 Blackboard 平台加强思想政治理论课教学改革

郭凤志

东北师范大学马克思主义学院

摘要：以何种教学方法使教学内容"入脑入心"一直是制约思想政治理论课（以下简称"思政课"）教学效果的关键节点。思政课的教学内容改革和教学方法改革是保证教学效果的两大支点。新媒体时代的到来，极大地冲击了传统思政课教学，促使我们必须作出改变。我们尝试依托 Blackboard 平台多媒体等技术对思政课进行教学方法和大学生学习方法改革，变革终结性课程测评方式为全过程、多方式的考核方法，激发大学生自主学习兴趣和能力，对实现思政课教学目标起到了明显推动作用。

新媒体的优势是它能为大众同时提供个性化的内容，将传播者和接受者融会成对等的交流者，而无数的交流者相互间可以同时进行个性化交流。以平等、民主、互动和交流的方式实现思政课教学是新媒体带给我们的新理念。可能不同的学校、不同的学生采用的媒体形式也不尽相同。新媒体的形式很多，考虑到学校的实际教学条件，学生能够普遍使用的情况，东北师范大学主要采取了 Blackboard 教学平台改进思政课教学，取得了一定的效果。

应用 Blackboard 教学平台的功能在于加强课程虚拟学习环境、丰富教学资源，补充和延伸课堂教学；使教师有效地管理课程、制作教学内容、生成作业，并为加强师生协作提供有效载体，其最大优势是为培养和开发学生自主学习和探究性学习能力提供了可能，最终实现提高课程教学效果的目标。思政课 Blackboard 平台的应用正在逐步改变传统的教学模式，Blackboard 平台优化了课程资源的配置，使师生进行互动式教学得以实现，使对学生学习课程评价的过程性设想得以落实。要从根本上提高教师使用 Blackboard 平台的积极性，重在提高教师对使用 Blackboard 平台的操作能力。

Blackboard 是一个软件平台，教师可以用它创建、发布和管理课程的网络内容。它可以为传统教学的课程增加在线内容，也可以开发基本或完全没有面授环节的网络课程。网络教学平台在网络教学中发挥着基础性支撑作用，国内有很多类似的软件产品。其中 Blackboard 网络教学平台是行业内领先的应用软件，它可用于加强虚拟学习环境、提供丰富的教学资源，补充和延伸课堂教学；它可以使教师有效地管理课程、制作内容、生成作业，并为加强师师之间、生生之间以及师生协作提供有效载体，最终实现提高课程教学效果的重要目标。Blackboard 教育软件以帮助学生构建一个自主、开放的数字化学习环境为核心目标，进而支持学校的网络课程资源建设，传承院系经典教学资源，实现优质教育教学资源的共建共享；辅助教师开展教学活动并进行学习监控，因材施教，为学生构建课堂内外的学习环境，使学习无处不在。

Blackboard 平台建设的最大优势是为培养和开发学生自主学习和探究性学习能力提供可能，也是目前适应大学生学习习惯的一种较好的"教"和"学"的方法。所谓"自主学习"是以学生作为学习的主体，通过学生独立的分析、探索、实践、质疑、形成认识等方法实现学习目标。让学生动手、动口、动脑，使学生积极参与教学活动，对课程内容真学、真懂。

一、东北师范大学思政课 Blackboard 平台应用效果

东北师范大学思政课 Blackboard 平台建设酝酿于 2010 年，于 2011 年春季学期首先建成"中国近现代史纲要""毛泽东思想和中国特色社会主义理论体系概论"2 门课程的 Blackboard 教学平台并开始在教学中运用，取得了明显的效果。2011 年秋季学期，"马克思主义基本原理概论""思想道德修养与法律基础"2 门课程的 Blackboard 平台完成建设并启用。学校思政课 4 门主干课程的 Blackboard 平台建设基本完成。这样，仅思政课 4 门课程一个教学流程结束，在校师生中参与日常教学的用户就可达到 7550 余人。思政课应用 Blackboard 网络教学平台以来，对教学活动产生了积极影响。

（一）Blackboard 平台的应用正在逐步改变传统的教学模式

将 Blackboard 平台应用带来的教学模式改变说成是一场教学"革命"也不为过。Blackboard 教学平台的支持，使改变以教师讲授为主和"满堂灌"的传统教学方式能够成为现实。其深远的"革命"意义在于促使教师的教学观念以"教师为主"转向"以学生为主"，全面支持教学过程中的自主学习、互动学习和协作学习。我们利用 Blackboard 建立了思政课 4 门主干课程统一的教育教学资源平台。并以此为契机，开始了混合式教学的新尝试。教学活动不再局限于

教室,"教"与"学"在课外同样开展得丰富多彩。教师在平台上备课,布置作业,编写题库、组织在线考试,答疑、讨论教学内容;学生通过平台来预习、复习,完成课后作业,参加在线考试,讨论学习内容,与教师进行个性化需求的交流等。自教学引进 Blackboard 平台后,思政课教师将 Blackboard 网络教学平台和现有课堂教学进行有机结合,开展基于网络的辅助教学活动。教师在课堂难以讲清的知识和思想借助该平台可以讲得清楚透彻,学生课前课后也能利用平台自主学习。应用该平台延伸了传统课堂时空,提高了整体教学质量。

(二)Blackboard 平台优化了课程资源的配置

网络课程资源包括多种形式:有基础资源,包括网络课程中的文本、图形图像、动画、音频库、视频库等;有集成资源,包括教学单元库、案例库、试题库、常见问题库、名词术语库、参考资料库等。课件有授课教案、幻灯片、电子教材等几种形式。在 Blackboard 平台上建立课程,上述各类资源得到了有序配置。存放在平台上的资料不仅包括教师信息、课程简介、教学周历、教学大纲等基本资料,而且包括电子教案、演示文稿、电子课本、课外作业、测试试题、教学录像、案例分析等课程内容。实践证明,借助 Blackboard 平台,可以使教学内容更完整,立体化,其优势一目了然。

(三)Blackboard 平台使师生进行互动式教学得以实现

Blackboard 平台的互动功能主要体现在讨论版,教师根据教学内容设定讨论题目,学生提出问题、发表见解。教师根据学生讨论的情况,进行个别指导或公开评析。讨论版的互动还体现在学生可以上传文件,这样资源检索功能便从单一的教师上传资料,变成学生也可以上传问题和发表个人意见,仁者见仁,智者见智,活跃了讨论气氛,提升了学生参与的积极性。此外,Blackboard 平台提供了在线聊天功能,教师和学生能够进行文字、语音和视频交流,如同面对面的交谈。学校在该平台上建立的课程发挥了该平台交互式教学的优势,师生积极参与讨论,在促进以教师为中心的讲授型教学模式向以学生为主体的互动式教学模式的转变过程中取得了良好的效果。

(四)利用 Blackboard 平台跟踪检查教学质量,使对学生学习课程评价的过程性设想得以落实

Blackboard 平台跟踪检查教学质量的功能体现在两个方面。一是测试管理器可以进行在线考试,跟踪学生掌握知识的情况。系统的在线阅卷功能使教师从繁重的阅卷工作中解脱出来,题型多种多样,对于客观题,平台可以自动阅卷和评分,并对每题的得分情况进行统计。Blackboard 系统使教师对学生学习过程

的监控由"虚"变"实"。测试管理器与成绩簿相连，教师可以通过透视图查看每个学生的成绩。二是系统的统计功能反映师生参与课堂的情况，包括学业表现统计和课程统计。教师可以查看学生参与课堂的情况。目前，思政课Blackboard平台上建立的课程一部分已经实现了在线考试功能。

二、思政课Blackboard平台应用中存在的问题

目前思政课Blackboard平台的应用和开发还处于初始阶段，其层次和水平都有很大的提高空间。对于大部分课程，Blackboard平台只是起到了陈列课程材料的作用。具体地讲，大部分课程只是把教师信息、教学大纲、课件等教学内容放置在平台上，存在的比较普遍的问题是教学资源尚待丰富，课程设计需要进一步加强，师生之间互动的常态化以及教师和学生全员参与等方面还有一定的问题。针对这种情况，今后需要加强以下几方面的工作。

（一）教师使用Blackboard平台的积极性有待提高

使用Blackboard平台进行教学，是对多年来传统教学习惯的挑战，在此平台上建设课程一定程度加大了教师的工作量，有的教师短时间不适应、应用的积极性不高也是可以理解的。平台引入之后，很多教师在平台上建立了课程。但是真正在平台上开展教学的只有一部分，有一部分课程是为了应付检查建立的，检查过后就没有内容更新了。但是，从教育发展方向上看，也许是否使用Blackboard平台进行教学对个体来讲是没有选择性的，它代表着现代的教学潮流，是现代教育的客观要求。所以，改变教师的观念，提高其使用Blackboard平台的积极性是关键。

提高教师使用Blackboard平台的积极性应当首先要解决视点高移、理念转变等观念变革问题。视点高移即每位教师都应从世界课程改革趋势、从我国教育教学现代性发展走向的视野认识新时期思政课使用Blackboard平台的必要性。如大学生日益增长的主体性、社会存在的多元文化价值观、传媒的发达、学生自主学习能力的培养、大学生接收信息方式的改变等，都是我们课程使用Blackboard平台要正视和思考的依据。只有主导思政课现代化建设深层次的价值观念真正体现时代精神，使用Blackboard平台的积极性才能真正提高，课程建设也才能在更高起点进行。

从观念上教师应注重学生自主学习能力的开发与运用。由"以教师为中心"和"以学生为中心"的单极思维向"以教师为主导"和"以学生为主体"相结合的偏重培养学生自主学习能力的教学理念转变，确立以引导、发展、民主和

关怀为特征的研究型教学观。面对大学生群体日益增长的主体意识，只有充分调动和激发大学生自主学习的积极性，提倡独立思考、深刻追问、平等对话和讨论，才能达成"意义"的建构、价值的生成。依托、使用 Blackboard 平台，加之针对问题设计的专题式教学，作为教学方法的课堂外教学策略，使用 Blackboard 平台在培养学生发现问题、自主学习、独立思考、创造性地解决问题的素质、能力和态度上下功夫能够发挥独特的功能。自主学习能力表现为对事物的关心和问题意识、有逻辑的思考力，多角度的探究力量和反省能力等。因此，教学过程中学生的体验和参与更重要。

（二）教师对使用 Blackboard 平台的操作能力有待提高

有些教师只是应用 Blackboard 平台上传资料，因为这项操作比较容易，而设置教学进度、编写题库、布置作业、组织考试、组织讨论等操作复杂一些，很多教师的计算机操作能力有限，这就影响了 Blackboard 平台的应用水平。因此，教师应当有提高自身素质和水平的要求和压力，具备与时俱进的能力；同时，学校教学管理部门应当强化培训，明确对教师计算机操作水平的要求。因为真正要建设好一门网络课程，还是需要教师具备计算机操作的基本能力和水平的。

（三）使用 Blackboard 平台过程中存在的一些制约条件

学校网络不稳定、平台难以运行的问题，往往会影响教学的正常开展。还有，刚进校的新生一部分人没有电脑。学校公共机房条件有限，不能满足所有学生随时上机的要求等。这样，在线考试有时也难以组织。

三、思政课提高使用 Blackboard 教学平台效果的想法

（一）强化师生对于网络教学模式的认识

教师和学生习惯了讲授式的教学手段和方法，使用 Blackboard 平台教学的应用时间不长，无论是教师还是学生对新的教学手段和模式的认识有限，接受并熟练应用需要一定时间，教学管理的思路、方式、标准也要有相应的变化。所以，教学主管部门和教学单位应当采取切实措施，让师生认识使用 Blackboard 平台是以学生为主体、以课程为中心的全新教学模式。使用 Blackboard 平台教学能够向学生提供更全面、广泛的学习内容。帮助学生更好地理解和吸收新知识，拓展学生的思维空间，激发学生的创新思维和创新能力。同时，使用 Blackboard 平台学习环境提供了学生与教师、学生与学生，甚至学生与专家之间广泛的交流途径，特别是为学生提供了向教师反馈信息的通畅途径。

（二）重视思政课 Blackboard 平台教学资源的设计与建设

Blackboard 教学平台是网络教学的技术支撑环境，其作用相当重要，但是没有资源的平台只是一个空壳，没有资源的网络教学也是无源之水。做好教学资源的设计与建设，大力推广网络教学平台才有意义。创建 Blackboard 课程网站在着手组织课程的在线内容之前，至少需要考虑以下问题：我的课程为什么要采用 Blackboard 平台？课程的哪些内容要在线进行或发布？网络环境应怎样促进课程教学目标的达成？为了取得某一特别的教学效果，可以采用 Blackboard 的哪种工具？在开发和修改在线内容上大概需要花多少时间？教师可以列出创建课程网站的工作清单。在课程开发的每个阶段，教师都需要问自己这样一个对教学设计来说最为重要的问题：哪种材料和活动能最大限度地帮助学生的学习，同时培养他们的分析能力？

由此可见，网络教学资源不是指印刷教学材料的电子版本，不是教材搬家和黑板搬家，而是在现代教育技术思想指导下，对教学内容、结构、教学方法及教学过程进行精心设计的基础上，按教学资源共享原则开发和制作的教学材料和资源。其主要特点和功能是充分体现学生的主体性和教学方法的现代化，具有严格的技术规范性、兼容性、交互性、无冲突性和无限共享性等。

总之，Blackboard 平台在思政课中的推广和运用，引发了教学模式的改变。目前 Blackboard 平台已经成为思政课教学改革工作不可或缺的组成部分之一。现在，学校的思政课基于 Blackboard 平台已经建立了大量用于学生在线自主学习和创新性学习的具有专业特色、巧妙运用多媒体技术的优质课程资源。相信通过 Blackboard 平台的进一步建设和推广，进一步把网络教学平台上的教学与现实的课堂教学有机结合，能够使教学质量得到进一步提高。

Blackboard 平台稳定的性能、灵活的系统框架和丰富的功能模块，为思政课教学管理和互动交流方面带来了极大益处，让教学信息化的道路越走越宽。思政课引进 Blackboard 教学平台，平台的实用化、个性化等方面都有待开发，推广平台的应用是一个逐步完善的过程。只要广大师生高度重视、更新观念、积极尝试、互相配合，一定能够最大限度地发挥平台的作用，实现真正意义上的网络教学。

（本文原载于《思想教育研究》2015 年第 8 期）

微电影：高校思想政治理论课教学的新载体
——以河北大学微电影教学法为例

柴素芳　沙占华

河北大学马克思主义学院

摘要： 中宣部、教育部印发的《普通高校思想政治理论课建设体系创新计划》为思想政治理论课教师担当重任指明了方向、搭建了平台。在微博、微信、微电影"微"风蔓延的新时代，以微电影为教学新载体，有利于将课堂教学、实践教学和网络教学有机融合，是一条值得探索的、提升思政课育人质量的新路径。

2015 年 7 月，中宣部和教育部印发《普通高校思想政治理论课建设体系创新计划》（以下简称《创新计划》），高度重申了办好高校思想政治理论课（以下简称"思政课"）的重要性和艰巨性，提出了实施《创新计划》的目标是"培育推广理论联系实际、富有吸引力感染力的多种教学方法"，"努力把思想政治理论课建设成为学生真心喜爱、终身受益、毕生难忘的优秀课程"。强调《创新计划》的重点建设内容是"充分发挥课堂教学的主渠道作用和实践教学、网络教学的有效补充作用"。高校思政课教师应认真领会、落实《创新计划》精神，创新教学方法，将课堂教学、实践教学和网络教学有机融合，实现《创新计划》目标。笔者多年的教学改革实践证明：以微电影为教学新载体，是一条值得探索的、提升思政课实效的新路。

一、微电影：高校思政课教学新载体产生的时代背景

首先，随着互联网和信息技术的迅猛发展，微博、微信、微电影以势不可挡之势"微"风蔓延，中国进入"微"时代。目前，学界对于微电影的概念尚无统一的界定，在笔者看来，微电影是相对电影而言的一种艺术形式，其"微"在于微时长（短时播放）、微制作（制作周期短）、微投资（投资少、成本低）。

微电影不仅包括剧情片，也包括纪实性、广告性的视频短片。因微电影"三微"特点，普通人亦可成为编剧、导演、演员、制片人等，让酷爱时尚的年轻人可以通过微电影这一艺术载体表达思想、传播文化、体验美感。

其次，作为影视文化的一种新样式，微电影具有重要的校园文化引领作用。"纵观全球，一些发达国家高度重视影视文化软实力建设，引领有术，借助媒介传播力、艺术感染力与文化向心力，凝聚民众，增进文化认同。"① 比如，韩剧《大长今》《来自星星的你》等电视剧在我国乃至亚洲热播，使观众对韩国的风土民情、生活方式和文化价值产生喜爱和崇拜之感，极大提升了韩国的公信力、吸引力。微电影艺术是文化传播的重要方式，既有审美作用，又有教育意义，因此备受追求时尚的大学生推崇。2011年以来，国际大学生微电影节、华语大学生微电影节、中国大学生微电影节等频频亮相，大学生们纷纷将自编、自导、自演的微电影在微信、微博、优酷等网站中分享，大学校园亦步入微电影时代，微电影以其艺术感染力发挥着对大学生的文化价值引领作用，使大学生在创造美和体验美的过程中得到精神的陶冶。

最后，大学生微电影热给高校思政课教学改革带来了新契机。目前，从某种程度而言，思政课存在价值性与实效性脱节的现象，其中，极具价值的教学内容未能通过有效的载体被学生认可，致使学生学习积极性不高、参与度不高。思政课犹如大学生健康成长与全面发展所必需的营养丰富的精神食粮，教师只有像技艺高超的厨师一样烹调出佳肴，才能吸引学生品尝一道道精神大餐，进而汲取其营养价值。因此，思政课教师组织学生拍摄微电影并将优秀作品运用到教学中，与时代合拍，与年轻大学生的需求吻合，接地气，可操作，能够发挥微电影的美育功能，润物细无声地开展思想政治教育，因而成为思政课教师值得探索的教学新路径。

二、微电影：高校思政课教学新载体形成的价值依据

"高校思政课教学载体，是指在高校思政课教学过程中承载并传递教学信息，能为教学主体所操作并与教学客体发生联系的一种物质存在方式或活动方式。"② 在这里，教学主体指高校思政课教师，教学客体指高校大学生。教学载体丰富多样，并随着时代变迁而不断增加新的形态。微电影之所以能够成为高

---

① 胡智锋，杨乘虎. 引领力：中国影视文化软实力的核心诉求[N]. 光明日报，2015-06-29 (14).
② 韦廷柒，赵金和. 高校思想政治理论课教学载体建设探析[J]. 思想理论教育导刊，2010 (4)：64.

校思政课教学新载体，是因为它兼具文化载体、活动载体、传媒载体等综合功能，对于提升高校思政课教学质量具有重要的价值。

（一）微电影具有文化载体的功能

教育是文化传承的重要方式，教育的原则是"通过现存世界的全部文化导向人的灵魂之本源和根基"①。《创新计划》明确指出："思想政治理论课是巩固马克思主义在高校意识形态领域指导地位，坚持社会主义办学方向的重要阵地，是全面贯彻落实党的教育方针，培养中国特色社会主义事业合格建设者和可靠接班人，落实立德树人根本任务的主干渠道，是进行社会主义核心价值观教育、帮助大学生树立正确世界观人生观价值观的核心课程。"可见，思政课承担着通过中国特色社会主义文化为大学生塑造灵魂、引领思想的重任。为更好地完成这一重任，合理选择、创新使用思政课文化载体至关重要。所谓思政课文化载体，是指在思政课教学中，教师为实现教育目标而运用的能够负载和传递一定的教育信息，发挥着连接师生关系、促进双方交互作用的教育活动形式。就内容而言，思政课文化载体包括物质文化、制度文化和精神文化三个层面。物质文化载体包括爱国主义教育基地、祖国大好山河等。制度文化载体包括国家的法律、制度等。精神文化载体包括影视、音乐、舞蹈等。在形式上，文化载体可分为企业文化、校园文化、社区文化、家庭文化等。② 微电影在内容上属于精神文化，在形式上属于校园文化，突出体现着校园文化载体的精神涵养功能，其主要价值主要体现在以下几方面。

其一，有利于增强思政课的磁性和魅力。思政课微电影主题紧紧围绕教学而设计，教师通过微电影使深刻、严肃的教育内容通过通俗、生动的艺术载体表达出来，与大学生的精神需要和接受心理贴近，隐性教育的优势得以发挥，显性教育的劣势得到弱化，把思政课课堂演变为强磁力场，使学生由"要我学习"转为"我要学习"。

其二，有利于提高学生的综合素质。微电影剧本首先由学生来写，再由教师指导修改，学生要经历一个理解教材和其他大量资料，再从艺术审美的视角创作剧本的过程，通过拍摄、剪辑、配乐、加字幕等过程，学生学习了很多电影专业知识，提高了创新能力、协作能力，既接受了精神洗礼，也在实践中磨砺了意志，体验着创造的幸福，促进了大学生全面发展。

---

① 雅斯贝尔斯. 什么是教育［M］. 邹进，译. 北京：生活·读书·新知三联书店，1991：3.
② 骆郁廷. 思想政治教育原理与方法［M］. 北京：高等教育出版社，2010：174.

其三，有利于大学生践行社会主义核心价值观。社会主义核心价值观是贯穿于思政课的主线，对大学生的思想和行为发挥着重要的引领作用。目前，国内大多数微电影以感伤、爱恋、现代都市为主题，以轻松愉悦为目的，但弘扬社会主义核心价值观，引导大学生将个人梦与中国梦、个人幸福与他人幸福有机融合的微电影还很少见。可见在高校，微电影作为一种新的育人载体，其文化引领作用还远未发挥出来。因此，微电影对于大学生运用微电影文化载体弘扬社会主义核心价值观具有重要的现实意义。

（二）微电影具有活动载体的功能

所谓思政课活动载体，是指为实现思政课教育目标，以大学生为主体，通过开展各种教学活动，寓教育内容于活动之中，使大学生在潜移默化中受到教育。微电影作为思政课活动载体之一，有着重要价值。

其一，有利于教师将课堂教学与实践教学有机融合。当前，思政课教学实效性不强，课堂教学与实践教学、网络教学脱节是重要原因。比如，在课堂教学中，部分教师理论讲授多是空洞说教，缺乏阐释力和吸引力，加之教学的实践性不足，致使学生听得多、参与得少，主体性、积极性未能有效发挥，故学生的到课率、抬头率较低。在实践教学中，很多高校采取了学生利用暑期开展社会调研、完成调研报告的形式。但部分学校缺少实践教学专项经费，致使教师组织学生开展实践教学的条件受限，不能亲身参与社会实践过程并对学生具体指导，难以保障学生的调研成果质量，未能达到巩固理论知识、用理论知识解决现实问题的实践教学目标。另外，在课堂教学中，教师面临着与手机"争夺"学生的困境，即使是上专业课，即使是优秀教师，也难以确保学生上课不走神。因为相较于课堂授课内容，互联网不仅信息量大，而且内容丰富、鲜活，对学生极具吸引力。因此，倘若教师不创新教学方法、载体，"提高育人质量"就会成为空谈。笔者的教学实践表明，微电影是连接课堂教学、实践教学、网络教学的活动载体：在课堂教学和实践教学中，教师均可根据教学内容精心设计微电影主题，组织学生创作、拍摄、制作微电影，再将优秀微电影作为教学案例运用到课堂教学中，还可以将微电影上传到网上分享。欣赏自己和同学的作品使大学生倍感亲切，充满正能量的主题促使大学生思考人生。最后，教师从理论高度对学生的微电影活动进行点评，使学生将理论学习与实践体验有机结合，在这种方式下，教学效果自然提升。

其二，有利于大学生将接受教育与自我教育有机融合。在传统的思政课教学模式中，师生是授与受的关系，这种教育模式存在三个盲区。一是生活上的盲区——脱离丰富多彩、复杂多样的现实生活，脱离学生的现实需要。二是操作上的盲区——教师的说理教育未能给学生带来学习的愉悦感。三是考评上的盲区——考高分的未必是道德素质最高、综合能力最强的。叶圣陶先生早在20世纪三四十年代就质疑过这种教育模式，并提出"教是为了不教"的理念，意在说明学生自我教育的价值。微电影教学恰恰是强化学生自我教育的活动载体，教师在指导学生完成微电影的过程中，思政课教学就成为社会主义文化的传承、习得、创造的社会实践活动，这个活动就是学生自我教育的活动。创作微电影具有三种功能。一是导向功能。通过微电影教学活动，引导大学生自觉地将个人需要与社会需要、个人价值与社会价值、个人幸福与他人幸福有机统一起来，促使他们自觉地担当责任，肩负使命。二是评价功能。通过微电影教学活动，使大学生通过影片理性地思考现实问题，通过实践过程发现自身优势与不足，进而合理地选择人生方向。三是激发功能。通过微电影教学活动，激发大学生的道德情感，增强他们对中国特色社会主义理论体系的认同感，提高他们认识问题、分析问题和解决问题的能力，为实现中国梦作出更大的贡献。

其三，有利于将显性教育与隐性教育有机融合。显性教育与隐性教育方式各有利弊，如果将二者相对立，既不符合唯物辩证法规律，又不利于实现教育目标，因此，将二者有机融合，取长补短，是提高教学质量的必然要求，微电影教学正是使两种教育方式有机融合的重要活动载体。比如，在理论教学活动中，显性教育相对突出，容易出现"三多三少"问题，即"教育者的理论灌输多，与受教育者的有效沟通少；教育者主导作用发挥得多，受教育者主体作用发挥得少；教育内容关注社会需要多，关心受教育者个体需求少"①。如果将微电影融入教学中，就会改变这一现象，转变为教育者依据理论内容指导学生设计微电影主题及呈现方式，受教育者在理解理论的前提下设计微电影，制作微电影，进而理论教学由于有了微电影实践活动而鲜活起来，隐性教育"润物细无声"的价值得以体现，实践教学因此有了理论支撑，微电影内涵有了深度和高度。

（三）微电影具有传媒载体的功能

传媒载体指承载、传递信息的物质形式，主要包括报纸、杂志、影视等。2015年9月，国务院办公厅印发《关于全面加强和改进学校美育工作的意见》（以下简称《意见》），明确要求各级各类学校要开设丰富优质的美育课程（主要有音乐、美术、舞蹈、戏剧、戏曲、影视等），"把培育和践行社会主义核心

---

① 柴素芳.大学生幸福观教育论［M］.北京：人民出版社，2013：204.

价值观融入学校美育全过程,……培养造就德智体美全面发展的社会主义建设者和接班人"。高校思政课是落实《意见》的主渠道,教师充分运用微电影这一新的传媒载体对实现美育目标具有重要价值。

其一,有利于思政课与美育有机融合。美育是培养人的审美观念、审美能力的实践活动,与思政课关系极为密切,思政课涵盖着美育的内容、目标,美育体现着思政课的价值追求。倘若思政课不能让学生产生激情和美感,不能在思想上对理论产生共鸣和认可,那么,学生就无法真正接受理论。微电影教学新载体也是美育的新形式,它激发、体现着大学生的审美需要,深受学生喜爱。学生在教师指导下参与微电影教学的过程,就是一个认识美、创造美、体验美的过程,就是一个思考人生、锻造品格、提升能力的过程。

其二,有利于理论教学与网络教学有机融合。微电影教学主要采取两种教学方式,即自谋出路与借船出海。"自谋出路"是指教师组织学生创作微电影,并将优秀作品运用到课堂教学中。这种教学方式具有体验式教学特征,教师引导学生在"做中学",引领大学生感知和领悟生活,并在实践中验证所学理论。"借船出海"是指教师根据教学内容需要,在网上精心选择适合的微电影作为课堂教学案例,发挥优秀微电影的文化育人作用,这种教学方式具有案例教学特征,是一种寻找理论与实践结合点的有效教学方式,适应学习者建构知识、接受知识的内在认识秩序,符合人在社会化进程中不断增强和发挥自身主体性的客观规律。在理论教学中,教师"借船出海"使用的优秀微电影来自网络,教师可以根据教学内容需要任意选取作为案例,丰富了教学资源,鲜活了教学内容,满足了学生的艺术审美需要,从而激发了学生的学习兴趣。在理论教学的实践环节及实践教学中,学生"自谋出路"完成的优秀微电影彰显着学生的审美价值,体现着学生的审美情感,上传到网络后,学生通过点击率、好评等体验自身的价值感、幸福感。

三、微电影:高校思政课教学新载体的实践价值

河北大学微电影教学法的实施源于2013年暑期的实践教学。两年来,教师指导学生完成700多部作品。这些微电影种类繁多、题材丰富、思想性强,反映了大学生的精神风貌、对信仰的追求和对社会主义核心价值观的理解,反映了大学生对中国城乡经济、社会、文化发展过程中的重大现实问题的关注与思考,取得了较好的教学效果和社会反响。

(一)对学生而言,微电影教学激发了兴趣,提升了实效

其一,思政课成为大学生真心喜欢的课。把微电影引入思政课教学中,教

师根据教学内容设置主题，学生在微电影拍摄前，分组对所学的内容即拍摄主题进行深入细致的了解，这就使学生由过去被动接受理论变为主动学习和掌握理论，求知欲望增强，提高了学生学习理论课的积极性和主动性。

其二，思政课成为大学生终身受益的课。开展微电影教学的主要目的不是追求作品的数量和艺术效果有多么专业，因为多数学生缺乏专业知识和技能，微电影教学的着眼点在于通过组织学生拍摄微电影，使其将理论内化为品格、锻造为能力：在编写剧本时，学生们通过查阅大量资料，从艺术审美的视角感受思想政治理论的价值与魅力；拍摄、制作影片时，学生们不仅从故事中一次次接受着精神洗礼，也在实践中学会了合理分工、精心策划与密切配合，磨砺了意志，体验着创造的幸福。学生在"做"中学做人、学做事，较好地实现了思政课的育人目标。

（二）对教师而言，微电影教学创新了载体，拓展了路径

广大思政课教师具备强烈的爱岗敬业精神，为了提升育人质量都在兢兢业业进行教学改革，教改创新之花开遍全国。然而，毋庸讳言，思政课教学质量还有待于进一步提高，尤其是面对当前国内外复杂多变的现实环境，思政课作为"事关中国道路拓展延伸、中国力量积聚勃发、中国气派凝结彰显的立德树人'主渠道'"①，铸牢高校意识形态"主阵地"的重任更加突出。因此，大胆创新教学载体，积极拓宽教学改革新路径是必然选择。微电影教学作为一种新载体，将教学的科学性与微电影的艺术性及学生的参与性有机统一，大学生在新颖愉悦的活动中得到全面素养的提升，使社会主义核心价值观教育接地气，因而是值得推广的教学范式。

（三）对高校而言，微电影教学塑造了品牌，扩大了影响

微电影发展符合国家文化大发展的趋势与潮流，特别是微电影的"三微"特点，便于大学生参与并提高其创新能力、实践能力，河北大学微电影教学为增强思政课的针对性和实效性提供了有益启示，也产生了较为广泛的影响。

一是十多家媒体先后报道。2014年3月27日河北电视台新闻联播节目以《柴素芳：播散幸福阳光的使者》为题报道；2014年8月4日《光明日报》以《用"仰望天空"和"触摸大地"的收获改进教学》为题报道；2015年1月5日《中国教育报》以《一场微电影与思政课的幸福相遇》为题报道；2015年1

---

① 王斯敏，杨谧，张胜. 信仰有根基，课题有意思——高校思想政治理论课建设站上新起点［N］. 光明日报，2015-01-19（1）.

月 19 日《光明日报》以《信仰有根基，课堂有意思》为题报道；2015 年 3 月 9 日中国教育报以《扩，教育质量向上的空间》为题报道；中国社会科学网、新华网、河北广播网等多次报道。

　　二是微电影教学改革成果以多种方式在全国推广。笔者主持的《高校"思政课"微电影教学方法运用研究》入选 2014 年《高校思想政治理论课教学方法改革项目择优推广计划》，《小切口，大立意——河北大学社会主义核心价值观教育"四新"模式》入选教育部《社会主义核心价值观教育典型案例》。笔者在"全国高校思想政治教育'实践育人'研讨会"、全国高校"培育大学生社会主义核心价值观与高校思政课教学方法改革研讨会"等多次交流微电影教学经验，得到有关领导、专家和同行的认可。广西高校思政课骨干教师考察团，福建农林大学马克思主义学院领导、教师等来到河北大学共同探讨微电影教学改革工作。以上这些都是微电影教学所带来的影响力。实践证明，微电影教学是提升思政课育人质量的新路径，因此，高校应鼓励教师对这一思政课教学的新载体进行推广和认真实践。

（本文原载于《思想教育研究》2015 年第 10 期）

图像时代高校思想政治理论课建设的路径选择

陈 涛

西南大学马克思主义理论研究中心

摘要：图像时代的来临改变了人们的认知和交往方式，给高校思想政治理论课建设带来挑战。为了让高校思想政治理论课适应图像时代的新变化，引导大学生践行社会主义核心价值观，我们需要主动赋予鲜活图像元素以正确价值内涵，努力提升教育主体的图像素养，积极推进教学话语的图像转化，着力营造富有亲和力的图像情境。

高校思想政治理论课是系统诠释"培养什么样的人、如何培养人以及为谁培养人这个根本问题"[①]的主渠道，也是培育和践行社会主义核心价值观的重要引擎。高校思想政治理论课建设的质量不仅关乎高校思想政治工作的总体水平，更关乎高校人才培养的基本素质。然而，随着信息传播数字化程度的不断提高，人们在获取资讯时的"图像化"倾向也日益凸显，如何准确把握图像时代人们认知和行为的新特点，积极应对图像时代下高校思想政治理论课面临的新挑战，已然成为高校思想政治理论课建设的一项重要任务。

一、图像时代高校思想政治理论课建设面临的挑战

随着数字化信息技术的迅猛发展，人们已然进入一个图像时代。图像成为人们认知和交往的主要媒介，而图像中蕴含的信息和价值重塑着人们的思维方式和生活状态。换言之，以文字叙事为主要特征的信息传递正逐渐让位于以读图解码为指向的认知模式。无论是高校思想政治理论课教师还是大学生都被裹挟，应该说，"图像改变思想政治教育主体的认知方式，并生成思想政治教育主

---

① 习近平在全国高校思想政治工作会议上强调 把思想政治工作贯穿教育教学全过程 开创我国高等教育事业发展新局面 [N]. 光明日报，2016-12-09（1）.

体的多元形态"①，对高校思想政治理论课提出新的挑战。

（一）如何避免高校思想政治理论课的价值内核被图像遮蔽

随着图像时代的来临，人们的思维方式和生活习惯也随之变化。图像化的信息以其富于变化的构图，多层次的色彩搭配以及富于延展性的想象空间而受到人们的青睐。在图像时代，每一个置身其中的人都在消费图像带来的视觉和精神快感，并用自己的知识和经验解读图像的"画外音"。然而，这样的消费和解读往往止步于图像表面的"有趣"而忽略了图像背后的"意义"。因此，人们对图像信息消费的泛娱乐化与图像价值解读的平面化是高校思想政治理论课建设必须直面和回应的课题。

一方面，高校思想政治理论课在运用图像进行信息传递时需要处理好思想性与亲和力之间的关系。诚然，推动高校思想政治理论课的图像运用主要是为了让思想政治理论课更贴近大学生的生活实际，进而唤起他们对社会主义核心价值观的理解、认同和践行。但是，为了迎合大学生的消费心理和娱乐化倾向而降低甚至消解思想政治理论课图像信息的思想内涵和价值内核是不可取的。只有坚持图像信息传递中的正确价值导向，才能使思想政治理论课的图像符号成为"有魂"的"意象"，才能让思想政治理论课的图像审美与价值建构实现统一。

另一方面，高校思想政治理论课运行需要警惕图像元素的泛化。高校思想政治理论课的图像元素运用应该为大学生正确价值观的塑造和思想道德的知行转化服务，因此，只有那些能够承载和传播社会主流意识形态和引领个人思想道德修养的图像信息才能纳入高校思想政治理论课的实践中。需要注意的是，高校思想政治理论课的图像运用并非让图像彻底取代教师的课堂讲述，教师在学生读图和解图过程中的点拨和总结，恰恰是图像化教学实现情感和价值观升华的关键。因此，高校思想政治理论课同样需要处理好"图"与"文"的配合，并对不同类型图像信息进行甄别和选择。

（二）如何避免大学生对思想政治理论课图像信息的误读

栖身于图像场域中的当代大学生，虽然可以及时便捷地获取大量的图像信息，但他们对图像内涵的解读由于受到自身信息辨识能力和外界意见的干扰而产生多重变数，这是由图像的"解码"和"编码"机制决定的。在由图像符号所承载的信息中，虽然图像的直观、具象能让价值观的传递更有效，但不同主

---

① 周琪. 思想政治教育主体图像化构建［J］. 思想教育研究，2016（10）：11.

体基于对图像信息的感知和理解程度的差异则可能出现"一千个读者有一千个哈姆雷特"的现象。"思想政治教育中的图像需要通过看得见的形式表达图像背后的价值观和情感，即事实呈现、情感呈现和意义呈现之间的统一"①，因此，高校思想政治理论课的图像信息能被大学生完整地接受并正确地解读，除了图像本身的价值感召和教师的引导外，还依赖于大学生自身的知识背景和图像素养，即大学生在面对纷繁复杂的图像信息时，具有独立研判其价值内涵的自主性和对各种歪曲解读的辨识力。

例如，每年的3月5日是学习雷锋纪念日，毛泽东同志题写的"向雷锋同志学习"和青年雷锋朴实的笑容共同构筑出"助人为乐"的道德召唤，其可谓榜样教育的图像化典型。然而，在对"学习雷锋好榜样"的图像信息进行解读时，网络空间中某些历史虚无主义的"异见分子"，却以雷锋为什么要将所做好事都记入日记，以及雷锋生前部分照片有明显摆拍的痕迹等为托词，质疑雷锋助人为乐事迹的真实性，甚至诋毁和消解雷锋在大学生心中的榜样形象。类似这样对英雄和榜样形象的解构还有很多。如果在依托图像信息对大学生进行道德引导和价值观塑造的过程中，忽视对其图像素养的培育，抑或未能对网络"异见分子"的无稽调侃和肆意曲解进行有理有据的回应，那么这样的图像化教学就只能是表面的"热闹"而无法走进大学生的内心。因此，在图像信息过载的当下，帮助大学生获得和提升图像信息的辨识和选择能力，是高校思想政治理论课教学目标得以实现的重要保障。

二、图像时代高校思想政治理论课建设的路径

图像时代的高校思想政治理论课建设不仅需要精准把握图像信息在生成与传播中的特点，而且需要深度探究高校思想政治理论课各要素与图像信息交互的机理和形态。当前，高校思想政治理论课需要从掌握图像价值赋意的主动权，提升教育主体的图像素养、塑造教学话语的图像形态和创设图像情境等维度加强建设。

（一）掌握高校思想政治理论课图像价值赋意的主动权

高校思想政治理论课的图像运用正面临着来自不同领域的意义解构和价值虚无挑战，而对于生活于图像时代的大学生，如何让他们在众声喧哗的图像漩涡中坚持自己的价值判断，避免沦为只满足于感官娱乐而缺乏理性自觉的"图像人"，同样是高校思想政治理论课亟待解决的问题。面对纷繁复杂的图像符号

---

① 周琪．思想政治教育的图像化转向［J］．思想理论教育，2017（1）：54．

的价值内涵，如果我们不主动对其进行赋意，那么非主流的网络调侃和意义解构将会遮蔽那些图像信息的本真面目，而大学生群体也会由于无法透视图像的"真相"而陷于价值纷争的迷雾中。

在高校思想政治理论课的图像运用中，需要注重图像所蕴含的"意"是否与其呈现的"象"相吻合。内涵丰富的"意"是"象"进行演绎的源泉。这些图像符号具有两重指向。一是鲜明的价值指向，借由图像的象征或隐喻，把抽象的价值观念转变为"看得见"的视觉形象。例如，"将中国古代的建筑，诸如气势撼人的长城、高大庄严的天安门、腾飞的巨龙等以视觉图像进行呈现，这种具象化形象象征作为整体的国家，是社会群体进行国家认同的典型象征符号"①，这成为社会主义核心价值观国家价值目标的图像标识。二是价值叙事功能，借由图像把高度凝练的价值准则生活化，并引导大学生践行之。例如，"从先秦时代的'孔子观乎明堂，睹四门墉，有尧舜之容，桀纣之像，而各有善恶之状，兴废之诫焉'，到汉代画像砖中的'二十四孝''周公辅成王''荆轲刺秦王'，魏晋隋唐时代的莫高窟佛教壁画的本生图、净土图，以及宋元明清的二十四节气图、耕织图、忠孝图"②等，既是中国古代社会核心价值观图像化的典型形态，又是一个个相对独立的图像叙事表达。高校思想政治理论课同样可以运用图像这一"叙述者"把社会主义核心价值观与大学生日常生活相关联，借助微影像、微课堂等图像符号进行价值叙事，把社会主义核心价值观的精髓进行生活化和具象化，进而唤起大学生的情感共鸣和行为自觉。这一目标的实现，需要高校思想政治理论课教师以更加主动的姿态对教学过程中的图像符号进行准确的价值赋意，引导大学生树立正确的价值标准。

（二）提升高校思想政治理论课教育主体的图像素养

高校思想政治理论课教育主体的图像素养指向两个维度。一是高校思想政治理论课教师的图像驾驭能力，包括对图像信息的选择和价值定位，以及将图像元素与思想政治理论课的教学环节相契合等。高校思想政治理论课建设绝非只是图像信息的简单罗列和大学生图像信息解码的随性而为，教师对图像信息的价值预设和对大学生读图、解图的启发和引导才是促进高校思想政治理论课教学目标如期达成的关键。因此，高校思想政治理论课的图像运用并非将图像

---

① 周琪. 论社会主义核心价值观的图像化构建［J］. 社会主义核心价值观研究，2016，2(4)：38
② 周琪. 论社会主义核心价值观的图像化构建［J］. 社会主义核心价值观研究，2016，2(4)：37.

的审视和解读权利完全让渡于学生，而是要求教师肩负起促进有形图像与无形的意识形态传播之间有效互动的责任。从这个角度看，高校思想政治理论课教师应该有意识地锤炼自身的图像化思维和图像信息辨识能力，正确把握图像信息中的意识形态内容，引导学生掌握精彩图像背后的实质。

二是大学生的图像解读和价值迁移能力。大学生不仅需要"看清"图像本身的形态和结构，还应该"看懂"图像背后的价值意蕴，这就要求大学生了解图像信息传播的特点，理解图像信息的隐喻和象征功能，并且能够逐渐树立起对图像信息的批判性建构意识，而这种对图像信息的批判性解读能力，是大学生在图像化时代确立自身的价值自主性和进行图像创新性再生产的必备素养。此外，大学生的图像价值迁移能力也是其图像化素养的重要组成要素，大学生只有通过对图像信息的表现方式及其价值内涵之间关系的把握，领悟出某一类图像在价值表现方式上的规律，才能在分析其他类型的图像信息时，更加自觉地探寻图像中的价值信息，避免迷失在表象的繁华中。

（三）塑造高校思想政治理论课教学话语的图像形态

推动高校思想政治理论课教学话语的图像形态发展，旨在实现高校思想政治理论课话语由静态抽象的文字说理向生动直观的图像解析跨越。高校思想政治理论课要贴近学生、贴近生活、贴近实际，成为大学生"真心喜爱、终身受益"的课程，关键是要准确把握大学生的交往方式和实际需求，自觉融入大学生的学习生活。

当前，信息技术的不断更新、自媒体平台的急速扩展让越来越多的大学生对实时、直观以及交互性强的信息符号兴趣斐然，而高校思想政治理论课的信息编码带有显著的意识形态属性，如何让高校思想政治理论课的教学话语走进大学生兴趣的"识别区"，这需要推动抽象性的理论话语表达向富有生活气息的图像话语形态转化。将图像话语形态引入高校思想政治理论课的教学话语体系，有利于将严肃抽象的意识形态说教转化为大学生可感知的构图和意象，能够最大可能地激发学生的参与兴趣和意见共享。以静态文字的严谨说理和"独白式"的循循善诱为架构的思想政治理论课话语形态，可能导致教材和教师的话语风格与学生的话语兴趣之间不能有效对接，从而出现教师自说自话和学生无动于衷的尴尬局面。

高校思想政治理论课教学话语的图像转化，以图像符号为话语互通的桥梁，打破了"教"与"学"的话语对立。教师与学生在共同"观看"和"解析"图像信息中，逐渐找到话语风格的默契，并在探讨图像的价值蕴含中，建立起师生对话的双向轨道，教学的过程也由"他者"的单向"述说"，转变为"我们"的共同"发现"。简言之，将思想政治理论课倡导的价值观念融入大学生熟悉的图像符号中，依托图像的"象征、隐喻和叙事"① 功能，让师生共同"走进"图像，并在体悟图像的价值启迪中达成思想共识，这正是高校思想政治理论课图像话语形态转向的旨归。

需要注意的是，作为高校思想政治理论课教学话语形态的图像，其在价值预设和意象塑造方面与一般的图像符号存在明显不同，它的价值导引功能远大于其自身的娱乐效应。从这个角度来说，在推动高校思想政治理论课图像话语转向时，应避免其承载的核心价值被娱乐化和虚无化。

（四）创设高校思想政治理论课的图像情境

创设高校思想政治理论课的图像情境，是依托图像符号的感官调动和氛围营造功能，将蕴含思想政治理论课价值观念的图像符号按照一定的视觉层次和逻辑结构进行编排，从而构筑出主题鲜明的图像场域，让大学生在与图像的"共情"和对话中，理解并认同思想政治理论课传递的价值主题。高校思想政治理论课的图像情境创设内在地规定着各图像元素的属性，依据高校思想政治理论课价值主题的不同，各图像元素的功能发挥亦呈现出差异。例如，在对大学生进行革命信念与爱国主义教育时，重庆歌乐山烈士陵园的红岩魂广场即是图像情境塑造中的典范。名为"浩气长存"的革命烈士群雕，以凸显革命志士对共产主义信念的忠贞和对所受迫害的大义凛然成为诠释红岩精神的核心符号；而广场另一侧的大理石碑上镌刻的"狱中八条"和一个以少年身体构成的"？"雕像，则拷问着当代人对理想信念和革命传统的态度。在这一图像集合中，烈士群雕是整个图像情境的中心，它集中诠释着"为真理而斗争，宁愿把牢底坐穿"的革命英雄气魄；而大理石碑刻和"？"雕像则是连接革命传统与现代精神之间的图像纽带，它用具象化的符号集合，展现出革命精神的传承与今日共产党人之使命，激发每一个置身情境中的观众反思共产主义理想的时代意蕴。在图像时代，高校思想政治理论课教师应该主动发掘教学环境中具有价值承载力和视觉亲和力的图像元素，创设适合高校思想政治理论课价值目标的图像情境。

高校思想政治理论课图像情境的创设还应该立足大学生图像化生存的实际，处理好"软"与"硬"的配合，以及"显"与"隐"的协调，即在推进高校思想政治理论课图像情境建设中，既要注重对现有教学硬件设施的图像化升级，

---

① 周琪. 论社会主义核心价值观的图像化构建 [J]. 社会主义核心价值观研究，2016，2（4）：35.

也要兼顾对蕴含在校园文化和大学生日常交往中的图像要素进行优化配置与整合。一方面，高校思想政治理论课教师在教学设计时应该充分利用多种教学媒介，将思想政治理论课的知识、情感、价值观目标融入图像化场景中，通过激发大学生对图像信息进行辨析和解码的兴趣，实现思想政治理论课的价值传递。另一方面，高校思想政治理论课的图像情境创设还应与高校校园文化环境和大学生日常交往环境的改善相协调，将校园文化和大学生日常交往中具有思想政治教育价值的图像元素渗透到教学情境中，让大学生在春风化雨的图像熏陶中把握生活图景与思想道德价值愿景之间的联系。

（本文原载于《思想教育研究》2017年第3期）

大数据时代高校思想政治理论课创新路径探析

王卫国[1]　陈迪明[2]

1. 华中师范大学马克思主义学院　2. 华中师范大学物理科学与技术学院

摘要：思想政治理论课是高校思想政治教育的主渠道。大数据时代的高校思想政治理论课面临着前所未有的机遇和挑战。面对大数据时代的来临，高校思想政治理论课要基于大数据特征确立个性化教学、互动式教学、科学性学习的现代教学理念；运用大数据技术积极探索线上线下融合教育法，着力推进多元合力教育法，注重运用信息推送教育法，自觉强化预防引导教育法等教学方法；运用大数据技术推进形成性评价，促进多元化评价，完善评价标准；建设适应大数据时代要求的高素质教师队伍，进而促进大数据时代高校思想政治理论课的创新发展。

当今世界，科技进步日新月异，引起了经济社会的深刻变革。随着移动互联网、云计算等现代信息技术的迅速发展，以大容量、多样化、速度快、应用价值高为特征的大数据把人类带入一个全新的时代。大数据时代，人们从海量复杂的数据中探寻数据所蕴含的内在价值，挖掘事物变化规律，准确预测事物发展趋势，使得"用数据说话、凭数据决策"变为现实。大数据不仅已经成为生产力提升的重要手段，而且正在加速变革着人们的思维方式、生产方式、生活方式和学习方式。高校思想政治理论课是巩固马克思主义在高校意识形态领域指导地位的重要阵地，是落实立德树人根本任务的主渠道，是帮助大学生树立正确世界观、人生观、价值观的核心课程。大数据时代的高校思想政治理论课正面临着前所未有的机遇和挑战，为此，抓住机遇，应对挑战，基于大数据特征确立现代教学理念、运用大数据创新教学方法和教学评价、建设适应大数据时代要求的高素质教师队伍，是改进和创新高校思想政治理论课的必然选择。

一、基于大数据特征确立现代教学理念

理念是行动的先导。高校思想政治理论课教学创新，首先是教学理念的创新。变革落后的教学理念，基于大数据特征确立现代教学理念，从以教为中心向以学为中心转变，是大数据时代高校思想政治理论课创新的起点。

（一）个性化教学

传统高校思想政治理论课以课堂、教材、考试为中心，按照夸美纽斯提出的班级授课制进行规模化、平均化、标准化的模式培养人才。虽然这种人才培养模式对于大规模培养人才起到了重要的作用，但也并非尽善尽美。当前，高校学生大多是伴随互联网成长的"95后"，他们作为复杂、虚拟的网络世界的"原住民"已经掌握了快速、离散和碎片化的学习方式，进而形成了崇尚民主、追求自由的个性。面对教育对象的新特点，班级授课制越来越暴露其忽视个体差异而无法满足学生个性化发展的弊端。学生个性化要求与教学规模化的现实构成了客观存在的矛盾，严重影响到高校思想政治理论课的实效性。《国家中长期教育改革和发展规划（2010—2020年）》明确提出："关心每个学生，促进每个学生主动地、生动活泼地发展，尊重教育规律和学生身心发展规律，为每个学生提供适合的教育。"① 显然，学生发展需求和国家有关规定都聚焦于共同的取向，要求高校思想政治理论课以人的差异性为出发点，推进个性化教学，促进受教育者个性发展。

大数据的首要特征就是通过深入分析，从大量非结构化数据中挖掘有价值的信息，包括学生的个体差异，为化解个性化与规模化二者之间的矛盾提供有利条件，也给规模化中的个性化教学带来了现实可能。利用大数据技术，教育者能够在及时、准确地了解受教育者思想情绪及所关心的热点问题的基础上，针对其个性特点和发展潜能而采用适当的教学策略。学校和教师还可以根据学生需求的差异性，利用网上教育平台定制适合不同学习者发展的个性化学习方案，推送个性化学习内容以及进行个性化学习评价等。高校思想政治理论课教学理念的变革，首要的是利用大数据技术分析差异，因材施教，实现规模化中的个性化，从而"建设'人人皆学、处处能学、时时可学'的学习型社会"②。

---

① 国家中长期教育改革和发展规划（2010—2020年）[EB/OL]. 中华人民共和国教育部政府门户网站, 2010-07-29.

② 习近平致国际教育信息化大会的贺信[N]. 人民日报, 2015-05-24（2）.

（二）互动式教学

传统高校思想政治理论课主要通过教育者与受教育者以面对面、心贴心的直接交互方式进行思想交流，教育者的教育引导是否为学生接受，更多依赖于听其言、观其行等直观的经验判断，学生对于教育内容是否真正内化于心、外化于行，教育者往往难以准确把握。

大数据时代使基于数据分析工具和数据分析结果的教学可视化具有直接的现实性，教学双方利用人机交互的方式进行思想对话，通过可视化技术手段直接交流，不仅有利于教育者精准了解教学效果，而且也有利于受教育者提高学习效率。教育者利用可视化分析工具对受教育者的网络应答、交流互动、浏览记录等行为进行自动记载和及时分析，借助交互式、超大图动态化等大众可理解的可视展示方式了解和评价教学效果，并作出实时反馈和决策；受教育者能及时直观获得其课程学习、互动交流、考试与学习作品、课外资源学习等教与学的反馈信息，并对照反馈情况进行自我调节，甚至可以根据自身实际提交教育教学需求订单，在人机互动中增强学习的主动性。因此，高校思想政治理论课教师要适应大数据时代的要求，逐渐从以往的经验教学转向以海量数据分析为基础的量化教学，对教育对象的认识要从有限判断转向对其学习需求、学习风格、学习态度乃至学习模式等复杂信息的精准分析和可视化把握，进而以直观形象的方式呈现复杂教学过程，推动师生双边互动，增强教学的实效性。

（三）科学性学习

传统高校思想政治理论课受科学技术条件的限制，缺少记录、储存和分析数据的精密工具，因而信息处理能力较差，主要依赖阶段性、针对性的样本分析来获取学生兴趣、思想状况、教学成效等具体信息，虽然有"一滴水可以看见大海、一粒沙可以看见整个世界"的主观愿望，但客观效果未必如此，难免以偏概全。这是因为，尽管整体是由具有某种共同性质的众多个体构成的，但个体不同于整体，整体中的个体是相对独立的、个体与个体也存在着差异，因而整体不能代替个体。况且，样本分析依赖于采样的随机性，一旦采样过程中存在偏差，分析结果就会相去甚远，进而影响高校思想政治理论课教学的科学性。

科学性学习的重要特征在于它符合学生实际。大数据时代，随着记录、储存和分析数据等技术的进步和发展，高校思想政治理论课获取学生信息有条件从样本分析过渡到全数据诊断，即通过过程性、即时性的行为与现象记录等观察方式，了解学生思想状况和发展实际，在尽可能多的数据里研判教学效果，进而根据学生需求和学习规律调整教学策略，以彰显教与学的科学性。具体地说，教育者通过学生的网页浏览记录、社交动态、网络言论、日志信息、图书借阅和消费记录等多项数据的归类与分析，及时掌握每一名学生的知识结构、兴趣爱好、性格特征、心理状况等信息，有针对性地进行思想动态的个性化诊断，及时地调整教学内容、方法和评价等，有效掌控受教育者的学习过程，引导其在学习过程中克服盲目性，增强自觉性。

二、构建以大数据为基础的教学方法体系

（一）积极探索线上线下融合教育法

所谓线上线下融合教育法，即教育者借助大数据技术从不同的信息来源中挖掘受教育者的思想和行为的信息，为高校思想政治理论课教学活动的实施提供客观依据，从而实行线上教育（网络教育）和线下教育（传统课堂教育）深度融合，最大程度地发挥教育教学活动的功能与价值。这种教学方法，继承和发扬了线下教学的原则和经验，并结合新的时代特点注入了新鲜元素和内涵，融合了线上教学与线下教学各自的优点，做到了扬长避短、优势互补，体现了教学双方的主体地位。在整个教学过程中，作为双主体的师生基于数据挖掘，共同商定学习计划，兼顾群体和个性的需求和差异，允许有学习计划约束下的一定自由，实现传统教室和网络空间的穿越，根据需要分别采用课下知识获取、课堂知识内化的翻转课堂，以及线上微课、MOOC 统讲与线下专题讲座、互动研讨相融合的混合式课堂等自由多元的新型课堂。所有这些，对于推进高校思想政治理论课教学在继承、创新和发展中不断焕发出新的生机和活力具有重要意义。

（二）着力推进多元合力教育法

所谓多元合力教育法，即对受教育者思想和行为的量化数据进行深度分析，提炼出与教学相关的信息，营造良好的教学生态，整合各种教育资源和手段形成合力，发挥教育的整体效应。这种教学方法，有利于在目标上统一要求，在空间上无缝衔接，在作用上优势互补，保持教育影响的一致性和整体性，"把思想政治工作贯穿教育教学全过程，实现全程育人、全方位育人"①。其主要表现有四：一是能够形成教与学的教育合力，正确处理规模化与人本化的关系，促

---

① 习近平在全国高校思想政治工作会议上强调 把思想政治工作贯穿教育教学全过程 开创我国高等教育事业发展新局面［N］.人民日报，2016-12-09.（1）

进教育从以课堂教学为主向课内外学习结合转变，注重师生教学互动，充分调动学生学习的积极主动性。二是能够形成第一课堂与第二课堂的教育合力，促进课堂教学与日常教育相结合，充分发挥网络课堂、传统课堂、实践课堂各自的育人优势。三是能够形成思想政治理论课与专业课的教育合力，发挥所有课程的育人功能和所有教师的育人职责。四是能够形成社会、家庭、学校的教育合力，坚持校内与校外相结合，整合所有资源，探索建立适应社会需要、符合家庭期望、结合学校实际、体现学生特点的全程育人、全方位育人模式。

（三）注重运用信息推送教育法

所谓信息推送教育法，即对受教育者思想和行为进行数据挖掘和分析，借助智能数据传播系统，为受教育者推送有针对性和个性化学习内容的方法。运用这种教学方法，教师能及时了解学生学习特点、学习需求、学习风格，实现信息从"一对多"拓展方式走向"一对一"或"多对一"的传播方式，注重个体之间的差异，增强教育教学精准度和高效性。运用这种教学方法应突出"三性"：一是确保信息推送的精准性，通过全数据诊断摸清受教育者的思想和行为现状，在知道学生"要什么"的基础上"对症下药"；二是注重信息推送的针对性，精心选择确实能提高受教育者思想、政治、道德素质的信息，做到"有的放矢"；三是增强信息推送的趣味性，针对95后大学生直观、感性的特点，把深刻严谨的教育内容蕴含在看似价值中立的信息形态中，渗透到深入浅出和生动活泼的网络表现形式中，通过形象生动的信息互动进行教化和引导，使之自觉或不自觉地接受科学思想的洗礼和优良道德的熏陶。

（四）自觉强化预防引导教育法

所谓预防引导教育法，即通过挖掘隐藏在海量数据背后关联物之间的内在关系，针对受教育者可能或将要发生的思想问题和行为偏向进行判断，"事先进行教育，防止思想问题和行为偏向发生，或者将思想问题和行为偏向进行引导和转化"[①]。这种教学方法，充分利用关于受教育者的思想状态和行为方式的数据，结合工作经验并按照一定规律预测大学生思想和行为发展的趋势和前景，肯定和鼓励好的发展趋势，及时干预不良的发展趋势。对于后者，做到提前引导、促进转化，尽可能把问题解决在萌芽阶段，从而"防微杜渐""防患于未然"，增强高校思想政治理论课的前瞻性和导向性。发挥这种方法的正能量应当

---

① 《思想政治教育学原理》编写组. 思想政治教育学原理 [M]. 北京：高等教育出版社，2016：250.

把握两点：一是数据源的真实可靠，这是保证预防引导教育法科学实施的重要前提，因此，不仅要分析全部或几乎全部的数据，更重要的是"去伪存真"，否则就会被假象所迷惑。二是把握数据所体现的规律性，因为规律是事物内部的、本质的、稳定的联系，只有正确认识和运用与思想政治教育相关数据背后的规律，才能争取教育主动，保障预防引导教育法产生及时、正面的效应。

三、运用大数据技术实施科学的教学评价

教学评价对高校思想政治理论课教学具有诊断、导向、激励和调节功能。大数据时代提供的新技术新手段，成为推动教学评价从经验化向数据化、科学化转变的重要动力。

（一）运用大数据技术推进形成性评价

人的素质养成是一个长期的、动态的过程，仅靠终结性评价无法准确体现受教育者思想行为的变化发展。形成性评价注重的是学生学习过程的评价，它以分析确认和发挥学生的潜力为取向，有针对性地改进和引导学生的学习过程。大数据时代对学习过程的影响既深且广，必须实现从以终结性评价为主向以形成性和终结性评价结合转变。我们应该利用大数据技术建立全面的、实时的、动态的教学评价体系，跟踪受教育者学习的整个过程，系统收集教学过程的任一阶段或任一环节数据，为教学评价提供精准、实时的依据，进而及时、有效地调整和改进教学内容和方法，确保教育教学过程始终沿着预期的教学目标运行。形成性教学评价的反馈，对于改进教学会产生两种情形：一是正面强化与教学目标相符的思想、政治、道德行为，激励受教育者自我评价、自我调整、自我教育、自我发展；二是帮助学习效果较差的受教育者，使其对照评价标准明确自身存在的问题和努力改进的方向。

（二）运用大数据技术促进多元化评价

传统高校思想政治理论课单一的教学评价体系忽视受教育者的个体差异，严重制约了受教育者的个性发展。而利用大数据技术挖掘、分析、预测等技术可以为高校思想政治理论课教学进行定量和定性评价，有利于满足受教育者的个性发展需要，彰显教学评价的多元化。多元化评价是"对学生知识、能力、素质开展综合评价的多元系统，反映为评价角度、标准、内容、过程、方式、

方法、手段及管理等环节的多样性和个性化"①。运用大数据技术为每个受教育者配备电子档案袋，收集和存储每位受教育者的认知、情感、意志、信念和行为等方面的学习轨迹，能够全过程评价受教育者思想品德形成发展的具体环节与效果，做到教学评价多元化。在评价角度方面，从受教育者掌握知识程度的评价拓展到参与状态、交往状态、情感状态、思维状态等方面的评价；在评价方法方面，通过档案袋评价、表现性评价等新方法，实现定量和定性评价的有机结合；在评价主体方面，实行教师评价与学生互评、学生自评相结合，教育管理者与辅导员、任课教师评价相结合，学校与家长评价相结合。

（三）运用大数据技术完善评价标准

大数据时代，教学评价从以终结性评价为主向以形成性和终结性评价结合转变，从单一性评价向多元化评价转变，必然要求不断完善评价标准。完善评价标准不是任意的，必须有所遵循。一是要坚持知行合一原则。思想政治理论课教学评价的目的不同于知识性课程评价，既要考量学生对教学内容"真学""真懂"的认知水平，更要尽量检验学生"真信""真用"的践行效果。这就要求充分利用电子学档和评价量规等工具，建立起符合高校学生思想政治理论课学习效果的科学评价标准及其体系。二是要统筹课内与课外、网下与网上诸方面的评价，丰富教学评价的内容。主要包括：其一，受教育者学习内容、学习兴趣、学习行为、学习进度、讨论和互动等一系列课内外学习活动；其二，学生的图书借阅、消费记录、奖勤助贷等多项数据所反映的学生兴趣爱好、性格特征、心理状况等个性化信息；其三，受教育者网页浏览记录、社交动态、网络言论、日志信息等一系列网络学习活动。三是要把管理与服务结合起来，构建全面系统、运行有效的综合评价体系，使制度规范和纪律约束的他律转化为学生的自律，转化为学生自主发展的动力。

四、建设适应大数据时代要求的高素质教师队伍

在大数据时代，高校思想政治理论课面临一系列的新情况、新问题、新挑战，思想政治理论课教师除具有传统教师或专业课教师所共同具有的素质和能力外，还应具有思想政治理论课教师特有的素质，如具有应用大数据等现代信息理念和技术实施思想政治理论课教学的素质和能力。只有建设一支适应大数据时代要求的高素质教师队伍，才能使高校思想政治理论课教学取得实效并创

---

① 张燕南. 大数据的教育领域应用之研究：基于美国的应用实践［D］. 上海：华东师范大学，2016：117.

新发展。

（一）增强教师应用大数据的自觉

大数据能否运用于教学、怎样运用于教学、运用的效果如何，关键在教师。大数据时代引起了人们求知途径、思维方式、价值观念的重大变化，特别是人们对国家、社会、工作、人生的看法的重大变化。思想政治理论课教师是真正意义上的人类灵魂工程师，不仅首先要提高自身思想政治素质，发挥自身正效应，而且还要紧跟科技前沿，主动适应大数据时代对思想政治理论课的挑战，掌握和运用大数据技术，努力成为具有大数据意识、大数据知识、大数据运用能力的高素质教师。思想政治理论课教师要努力熟悉大数据的工作原理和数据运用流程，积累大数据运用的技巧和经验，掌握运用大数据提高教学质量的规律，促进大数据与马克思主义的立场观点方法、教育基本理论的深度融合，合理运用大数据的技术优势进行"导学""诊学""助学"等教学活动，切实提高思想政治理论课教育教学质量和实效。

（二）优化教师应用大数据的条件

建设适应大数据时代要求的高素质教师队伍，需要有宏观、中观、微观的多方联动，为教师运用大数据创造有利条件。国家要做好顶层设计和统筹规划，为教师运用大数据营造思想政治理论课大环境；地方要建立健全大数据相关的制度规范，提供政策和资金支持，推动学校与大数据企业合作，及时解决教师应用大数据教学中面临的实际问题；学校要把提升教师大数据素养和能力作为关键措施，着力推动大数据技术在思想政治理论课的广泛运用。在具体做法上，一是优化结构、坚持多元，除传统意义上的专兼结合的教学队伍外，还应充实一些精通大数据技术的专业技术人员，为思想政治理论课教育教学提供强有力的技术支撑；二是通过典型带动、制度拉动、培训推动等方式引导教师更新观念，增强思想政治理论课教师应用大数据的意识和能力。应当指出，大数据具有很强的专业性，有些内容仅靠自学难以掌握，这就要求职前教师教育和职后教师培训都要加强相关教学内容，使高校思想政治理论课教师在运用大数据的过程中，从学习活动的实施者转变为组织者，从学习过程的管理者转变为导学者，从教学资源的使用者转变为开发者，从教学方法的实践者转变为创新者。

（三）明确教师应用大数据的要求

近年来，教师考核虽然制度化，但过于简单化，虽然纳入年度全员考核体系，却没有充分体现教师工作性质，更没有显示大数据时代的特色。高校思想政治理论课教师的考核，既要突出思想政治理论课教学的特点，也要展现大数据时代教师考核的创新，从教师课堂授课水平的考核转变为教学全程能力和教学实绩的考核。既然大数据已然是制约教育教学过程的重要因素，就应该把教师基于大数据技术的教学设计、教学组织与指导教学活动等具体情况，以及学生思想道德素质是否得到实质提升等，都作为考核教师的重要内容。学校应把教师应用大数据的能力作为教师职务（职称）评聘、考核奖励等的必备条件，纳入教师资格考核和绩效考核指标体系。要通过建立健全教师队伍建设制度，促进教师学数据、懂数据、用数据，开创高校思想政治理论课教育教学新局面。

（本文原载于《思想教育研究》2017年第7期）

弹幕语言对提升高校思想政治理论课话语亲和力的启示

冯文艳[1,2] 戴艳军[1]

1. 大连理工大学马克思主义学院 2. 大连海洋大学马克思主义学院

摘要：作为网络语言的一种新兴形态，弹幕语言以其简洁凝练、形象生动、符号混搭、诙谐幽默、情感饱满、即时互动等特点，从即时、生动、和谐、沟通等方面对提升思想政治理论课话语亲和力提供了有益的启示。与传统话语相比，弹幕语言能够增强思想政治理论课话语的感染力、针对性和吸引力，提高大学生的注意力和参与感。在运用弹幕语言提升思想政治理论课话语亲和力上要遵循加强思想政治理论课弹幕语言运用的价值引导和规范性、提高思想政治理论课教师网络话语运用能力等原则，以充分发挥弹幕语言这一新媒体语言在高校思想政治理论课中的作用。

习近平总书记在全国高校思想政治工作会议上指出："思想政治理论课要坚持在改进中加强，提升思想政治教育亲和力和针对性，满足学生成长发展需求和期待。"① 这为进一步改进和加强大学生思想政治理论课建设指明了方向。对"互联网原住民"——大学生而言，弹幕语言是一种具有吸引力的话语表达方式。为此，了解弹幕语言的内涵、特征，分析和把握弹幕语言提升思想政治理论课话语亲和力的逻辑依据和一般原则，对提高思想政治理论课话语亲和力将具有重要意义。

一、弹幕语言的内涵与特征

弹幕，原指由于火炮、子弹密集而形成的"幕布"，后引申为从屏幕飘过大量评论形成像枪林弹雨一样的密集效果。弹幕语言，就是用户将编辑的文字发

---

① 习近平在全国高校思想政治工作会议上强调 把思想政治工作贯穿教育教学全过程 开创我国高等教育事业发展新局面［N］. 人民日报，2016-12-09（1）.

送到服务器并在播放媒介上用字幕形式动态呈现的评论语言。作为基于互联网广泛传播的语言形态,弹幕语言既有网络语言的共性特征,又有其形式特征、语义特征和表意特征等方面的独特之处。

(一)简洁凝练、形象生动

由于弹幕语言是在屏幕上快速滑过,太过冗长的评论信息不仅传达率低,还容易遮挡观众的视线,因此,必须用最精练的语言符号达到表达思想、抒发感情、吸引眼球的作用。弹幕语言中大部分是形意结合、以形表意的话语,呈现出简洁、凝练的特点。"短、平、快"的弹幕语言从屏幕飘过,文字由静态走向动态,给人全新的交流体验。与普通语言的单一化相比,弹幕语言的文字形状和颜色都可以进行设计和创造,具有视觉化强的特点。弹幕的颜色还被赋予特定含义,如红色弹幕有警示意义,暗示内容重要,需格外关注。色彩在文化意义上的隐喻也极大丰富了弹幕语言的视觉修辞。同时,屏幕上出现文字与图像高度融合的丰富多彩的弹幕景观,产生强大的视觉冲击力,最大限度地刺激了感官。

(二)符号混搭、诙谐幽默

弹幕语言的用语来源非常广泛,不仅局限于汉字、中英文字母,还包括符号、数字、图形和表情等多种元素,呈现"混搭"的效果。例如,"666"(很溜,很厉害)、"萌 cry"(非常萌)、"美 die"(美呆了)这种话语表达方式,一方面在表达效果上更加惟妙惟肖,另一方面在声韵上也更和谐,更加接近口语,朗朗上口。弹幕语言被年轻化的网民群体赋予了幽默、诙谐的时尚活力,在表达上有很多具有特定内涵表意的词组。例如,用"前方高能"提醒注意,"大清朝已亡"形容某人思想、行为太过老套、不合时宜,用"墙都不扶只服你"表达极度钦佩,用"辣眼睛"形容不忍直视、惨不忍睹,等等。这些词组不仅言简意赅、画面感强,还具有很强的幽默感和时尚感。

(三)情感饱满、即时互动

弹幕语言在表意时融入了发布者的价值取向,情感饱满度高。例如,"请收下我的膝盖,跪了"等形象地表达了对某人、某物的极度崇拜和喜爱,用"告诉大家一个鬼故事,进度条君撑不住了"表示对即将结束的无奈。同时,弹幕语言在表意上与观众的交流性和互动关联度较高。弹幕中时常会出现"前面说××的别走,××放学别走"的互动式弹幕语言,表示某人的观点被其他人认可或表示赞赏。弹幕用户人群中的"科普帝""细节帝"所发的弹幕成为视频的有益补充,类似于书籍的注脚,能够帮助观众更好地理解播放内容,甚至出现

"弹幕比剧好看"的独特现象。当经典情景或经典话语出现时，相同句式的弹幕刷屏还会引发集体狂欢，形成壮观的弹幕景象。这种在一定网络群体传播空间之内的交流给观众带来"天涯若比邻"的心理贴近感。

二、弹幕语言提升思想政治理论课话语亲和力的逻辑依据

思想政治教育话语是在特定的社会意识形态和社会情境中，思想政治教育者和思想政治教育对象之间用来交往、宣传、灌输、说服以及说明、解释、评价思想政治教育内容和思想观念、价值取向和行为的言语交际的符号系统。[①] 如在大学生思想政治理论课中，教师所使用的话语。思想政治教育话语包括将意识形态性渗透于内的学术话语，宣传主流意识形态的理论宣传话语，反映日常生活、内心情感的日常交往话语，[②] 以及具有特定风格的文本话语等。在表达思想政治教育内容、进行有效的思想政治教育活动等方面发挥了不可替代的重要作用。但是，随着新媒体的大量涌现，新形式的话语表达方式日益增多，导致传统思想政治教育话语场域滞后于大学生网络思维的发展和网络语言的使用。于是，话语"亲和力"的问题，成为思想政治教育者掌握教育对象、提高教育实效性的主要障碍因素。弹幕语言在高校思想政治理论课中的运用，以其简洁凝练、生动形象、幽默诙谐、便于交流和富于情感等特点，受到大学生的广泛关注和接受，增强了高校思想政治理论课的话语亲和力，成为拉近思想政治理论课教师与大学生之间距离的"黏合剂"。

（一）弹幕语言能够增强思想政治理论课话语的感染力

思想政治理论课话语的感染力是其亲和力的主要表现方面之一。人民网舆情监测室发布的《弹幕语言研究报告》显示，弹幕用户中24岁以下的占7成，以高中和本科学历的学生为主。[③] 可见，大学生是迷恋弹幕文化的主要群体，他们是弹幕语言的主要使用者。弹幕语言情感饱满、诙谐幽默、即时生动的特点，满足了大学生成长与发展的心理和情感需要。运用弹幕语言能够引起大学生产生同向思想感情的力量，使他们内心深处与教育者产生共鸣，有助于提高思想政治理论课话语的生动性，增强思想政治理论课话语的感染力。

首先，弹幕语言能够满足大学生寻求归属感的需要。大学生生活于高校这

---

① 邱仁富.思想政治教育话语论［M］.上海：上海交通大学出版社，2013：28.
② 许家烨.网络语言流变与思想政治教育话语创新［J］.黑龙江高教研究，2016（3）：120.
③ 弹幕语言研究报告［EB/OL］.搜狐网，2016-12-15.

个"准社会"环境中,他们渴望得到这个"社会"群体的接纳和认同,得到他人的认可。在寻求"认同"的过程中,需要与人交流,表达自己的思想观点,获得他人的看法和评价。思想政治理论课课堂弹幕语言的运用,不仅给大学生提供了即时表达、即兴创作的平台,也为他们创造了与人沟通、平等交流的渠道,更为他们实现被人认可、与人共鸣的被认同感提供了可能性。因此,具有情感温度特征的弹幕语言在思想政治理论课中的应用,能够调动大学生参与课堂教学的主动性和积极性。

其次,弹幕语言能够缓解大学生面对思想矛盾时的心理压力。思想政治理论课需要面对一系列社会生活实际中的思想问题。大学生恰恰生活在充满了各式各样思想压力"应激源"的环境之中,几乎每名学生都承受着不同程度的学习、考试、就业、情感、人际甚至经济和健康等方面的压力。长期、持续的压力不仅可能产生病痛,而且会造成严重的心理问题,导致身心障碍,而有意识地调节情绪成为一个有效的应对压力的途径。思想政治理论课运用弹幕语言,让学生以诙谐幽默的方式沟通调侃,用轻松有趣的话语来面对问题,帮助大学生释放心理压力,沟通内心情感,使教师和学生在内心深处产生共鸣,从而提高应对压力的信心和能力。与此同时,弹幕语言幽默、新奇,极具个性化,相较于平淡无奇的话语更易于贴近大学生内心,满足大学生成长和发展的心理需求,激励其形成健康情感,同时也有助于提高思想政治理论课的生动性和感染力。

最后,弹幕语言能够满足大学生平等对话的心理需求。法国思想家福柯认为:"话语即权力,人通过话语赋予自己以权力。"① 传统思想政治理论课,教师处于教育信息资源的主导和优势地位,掌握着课堂的话语权。而大学生独立意识、主体意识逐渐增强,他们更渴望拥有平等对话的交流平台,通过话语彰显自己的权利。"弹幕+课堂"的模式提供了这样的平台。弹幕圈子中,弹幕的发布者即成为思想政治教育的主体,师生享有在话语空间、话语权力、话语沟通等方面的平等地位,有助于思想政治理论课由权威模式向平等模式转变。在话语交往方式上,平等的对话更易打动人心,参与式、互动式的话语相较于单向度的、灌输式的话语更具感染力。

(二)弹幕语言能够提高思想政治理论课话语的针对性

提高思想政治理论课话语亲和力,就必须使思想政治理论课的课堂教学内

---

① 倪建均.新媒体语境下网络流行语泛化与高校思想政治教育话语创新[J].黑龙江教育(高教研究与评估),2017(11):78.

容具有较强的针对性，真正帮助大学生解决令他们困惑纠结的思想问题。弹幕语言用于思想政治理论课课堂，使每名学生都有"射弹""吐槽"的机会，既可产生课堂内容"聚焦"的效果，又能使思想政治理论课教师有的放矢。

一方面，弹幕语言强化了思想政治理论课预设问题的课堂效应，使弹幕的密集发送集中于某一问题的讨论，从而改变事不关己、无人应答的局面，使课堂气氛更热烈、意见表达更集中、问题讨论更深入。同时由于弹幕的发布是非制度化、非集中化的，每一条弹幕语言都渗透着发布者的世界观、人生观、价值观，因而弹幕的交互传播也具有自发性和平等性的特点。学生之间互动和交流频度高，群体感情和群体归属意识更稳固，形成一种即时的群体意识，对个人的趋同认知有重要作用。例如，在《人民的名义》影视作品中，当老党员陈岩石在省委常委会上给常委们讲起他年少入党的经历，讲到战斗的惨烈、战友的牺牲情景时，弹幕顿时密集起来："哭了""看得眼泪掉下来""那叫民族大义""向革命先烈致敬"……而那些诋毁、戏谑、辱骂革命先烈的弹幕语言，一般都会招致铺天盖地的口诛笔伐，达到群体内自发的思想政治教育效果。

另一方面，弹幕语言加强了思想理论课教师对大学生思想动态、思想问题和思想政治素质水平的了解和摸底，从而使思想政治理论课教学更有针对性。在传统思想政治理论课课堂上，学生往往会有怕围观、怕答错的心理负担而不愿提问或回答问题，错失了与师生交流思想的机会。而匿名发送的弹幕则缓解了学生当面交流的尴尬，让学生既有存在感又消除了紧张感，并增强了参与感和安全感，从而更有效地激发起学生思考，促使其表达思想观点。而且弹幕语言的匿名性能够真实地呈现出学生的思想倾向和关注重点，为教师打通了了解学生思想的渠道，使教师能够对学生的思想状况"把准脉"，对学生的疑难困惑"对准焦"，了解学生深层思想动态。弹幕语言有利于教师针对学生的求知需求有的放矢，达到讲解重点与解释学生难点的"无缝对接"。教师及时进行答疑解惑、及时进行纠偏纠错、及时进行理论升华，这种方式相较于传统课堂具有更强的针对性和实效性。

（三）弹幕语言能够增强思想政治理论课话语的吸引力

传统思想政治理论课由于"配方"比较陈旧，"工艺"比较粗糙，"包装"不那么时尚，使课堂教学情感交流和启发互动不足，存在吸引力不够、"抬头率"不高的问题。"弹幕+课堂"的模式以其新颖生动、即时互动等优势，有助于增强思想政治理论课话语的吸引力，提高大学生的注意力和参与度。

首先，弹幕语言的新颖性契合了大学生猎奇求变的心理需要。大学生正处于喜欢打破传统规则、强调个性、重构规则的时期。为了显示与众不同、突出自我和吸引注意，获得受到众人瞩目和被模仿的快感，他们喜欢独特、新奇的体验，拒绝一成不变的生活方式，想要摆脱现实生活中种种死板、保守的束缚。而弹幕这种评论形式给了他们在思想政治理论课课堂上一展身手的机会。他们可以不断进行思想政治理论课课堂语言的创造，可以标新立异，可以夸张搞笑，可以多种元素混搭，对创新思想表达的语言形式产生极大的兴趣，对运用新的语言创新成果与人沟通并得到理解和认同充满期待。

其次，弹幕语言利用新媒体牢牢抓住大学生的注意力。弹幕语言突破了传统思想政治教育口头表达话语和文字表达话语的限制，将新鲜的网络话语通过画面展示的形式延展到思想政治理论课话语体系之中，丰富了思想政治教育话语资源。每个人的弹幕语言都是"个性化定制"，不仅内容丰富多样，外在形式上也呈现出大小不一、颜色各异的多样化特征，且动感十足，将学生的注意力从手机娱乐功能转移到学习功能上来，充分发挥了手机媒体的作用。"弹幕+课堂"的模式变"堵"为"疏"，一定程度上解决了高校思想政治理论课抬头率不高的问题，是新媒体与思想政治理论课教学相融合的有益尝试。

最后，弹幕语言能够提高大学生参与课堂教学的积极性。弹幕语言为思想政治理论课提供了更具开放性、参与式的互动对话平台，不仅加强了师生交流，而且也加强了学生与学生之间的交流，提高了课堂交流的广泛性。弹幕语言是贴近大学生话语体系的网络话语，最能引起学生的共鸣，因而能大幅提高学生的参与度。弹幕语言的匿名性也有助于大学生积极进行情感参与，这是让思想政治理论课课堂教学贴近学生，增强吸引力从而提高思想政治理论课话语亲和力的有效因素。

三、运用弹幕语言提升思想政治理论课话语亲和力的一般原则

作为一种形式新奇的语言载体，弹幕语言也存在夸张化、重口化倾向以及规范性不足等诸多问题，为此，必须加以正确的价值引导，加强规范化管理，搭建平等对话平台，进而使之在提升思想政治理论课话语亲和力方面发挥有效作用。

（一）要加强思想政治理论课弹幕语言的价值引导

在网络群体传播中经常会出现偏激言行、语言暴力和集体暴民等现象，这些现象与网络群体传播中群体道德影响的特殊现象密切相关。法国心理学家古斯塔夫·勒庞在其著作《乌合之众：大众心理研究》中，对群体心理特征进行

了分析：有共同目标，因为某些事件而产生心理及情感上的共鸣从而形成"心理群体"。心理群体一旦形成，就会生成一些暂时性的，然而又十分明确的普遍特征，如冲动、急躁、缺乏理性、没有判断力等，群体中的个人易于受到他人暗示影响而情绪失控。① 群体之外谦和的人，在群体中却可能变成一个粗鲁的、野蛮的人。在弹幕群体中，大家经常会对某一核心事件展开激烈讨论，在一轮轮的唇枪舌剑中，会出现博学者和不学无术者都一样没了观察能力，道德高尚者和思想偏激者一样变成缺乏理性思考、不做推理判断的网络"喷子"等现象，容易拉低群体的整体道德水平。因此，思想政治教育者要用令人信服的理论积淀、准确规范的思想表达和鲜活生动的思想政治教育话语进行社会主流价值观的认同引导和价值引领，营造积极向上的话语环境，发挥思想政治教育的导向性功能。

（二）要加强思想政治理论课弹幕语言运用的规范性

弹幕语言受"宅圈文化"思维习惯和审美取向的影响，在语义表达上追求刺激性和冲击力，寻求更有力道的词语来完成语义进阶，因此，会呈现夸张化、极端化的特点，如用"一脸血"表示坑爹，也用"萌我一脸血""帅我一脸血"表示萌和帅的程度，呈现夸张化倾向。有的在创造使用弹幕语言过程中有意打破原有规范，任意发挥、随意改造、生造词语，如把"丧心病狂"简写为"丧病"，挑战了大众原有的认知和语言的规范发展。弹幕语言中也存在着一些低俗的网络用语，如来源于生活中的脏话在网络中变形而产生的同音词（"尼玛"），英文发音的中文化生造词（"bigger"）以及网民自我矮化、自我挖苦的新造词语（"屌丝"）等。低俗的弹幕语言虽然只是用于发泄情绪的网络谩骂或以标新立异为个性的网络表达，但如果任由其扩散、蔓延，甚至出现在思想政治理论课课堂上，则会严重污染思想政治教育环境，并对现实生活中的教育话语体系产生不良影响。

人民网舆情监测室《网络低俗语言调查报告》称，对表达自由的尊重，并不意味着可以肆意放纵；包容每一个人的话语权利，并不意味着他们可以随心所欲。网络不是某个网民的"私有之地"，而是亿万网民的"公地"，文化认知的约束机制，共同的伦理观，一致的操作规则，严格的约束机制，才能让低俗淡出，让文明回归。② 对语言鲜活、表达自由的追求要以思想表达的准确、语言表达的规范为前提。因此，在建设和使用弹幕网络平台的同时，应进一步优

---

① 勒庞. 乌合之众：大众心理研究［M］. 冯克利，译. 北京：中央编译出版社，2004.
② 网络低俗语言调查报告［EB/OL］. 人民网，2015-06-03.

化弹幕工具功能,加强对弹幕语言的实时管理,利用技术手段过滤低俗、媚俗、歧视等偏离主流价值观的内容。要在弹幕语言的运用中制定规则,使弹幕语言的运用通俗而不低俗、诙谐而不媚俗、吐槽而非诋毁、活泼而非嬉戏,使弹幕语言成为正能量的有效传播载体。

(三)思想政治理论课教师要提高网络话语运用能力

不同于传统上课、作报告等以教育者为中心"自上而下"的单向度、灌输性强的话语传播形式,弹幕语言作为一种在表意和语义方面打破传统、形式新奇的语言载体,以平等自由的姿态捍卫着网民的网络表达权,以生动幽默的特点消除了网民之间的距离,增进了彼此间的亲密度和认同感,形成了独具优势的网络信息传播模式。但是,在思想政治理论课教学中,如果思想政治理论课教师对弹幕语言一无所知,则会出现与学生信息不对称的现象,必然会造成话语交流的阻隔与不畅,削弱对学生的话语引导能力,甚至出现思想政治教育活动中的"失语"现象。相反,如果教师能够加强对弹幕语言等新事物的学习,培养互联网思维,提高网络素养,增强网络话语运用能力,就能与教育对象置于同一话语体系之中,实现话语平等、话语互通,从而进一步通过对话提升教育效果。当然,思想政治理论课教师不仅要紧随时代发展,加强对新事物的学习,让思想政治理论课的"包装"更加时尚,更要夯实思想政治理论课的理论根基,透彻把握思想政治理论课的理论体系,只有这样才能做到深入浅出,精彩演绎。

总而言之,思想政治教育话语体系是一个开放的体系、一个与时俱进的体系。弹幕语言为高校思想政治理论课话语创新提供了有益的启示。思想政治理论课不断探索用好弹幕语言这一新媒体语言的规律和途径,必然对提升高校思想政治理论课话语亲和力起到推动作用。

(本文原载于《思想教育研究》2018年第2期)

慕课在高校思想政治理论课教学中应用的现状、问题及发展

张祎嵩

清华大学马克思主义学院

摘要： 思想政治理论课教学是高校意识形态工作的重要阵地。近年来，随着教育技术的创新，基于慕课的思想政治理论课教学改革已经在高校逐步推广，并取得了一定的实践经验。但在实践过程中，由于对慕课的定位与功能认识不清，慕课教学流于形式的问题仍然存在，影响着思想政治理论课的教学效果。从思想政治理论课的教学目标与慕课的本质属性出发，探讨思想政治理论课如何更好应用慕课的问题，并对其应用前景进行展望具有重大意义。

2016 年 12 月，习近平总书记在全国高校思想政治工作会议中提出，要用好课堂教学这个主渠道，思想政治理论课（以下简称"思政课"）要坚持在改进中加强，提升思想政治教育亲和力和针对性，满足学生成长发展需求和期待。这就进一步明确了高校思政课改革的出发点与落脚点。一方面，思政课面临着不断创新教学模式、提升教学质量的迫切要求；另一方面，一场教育界的变革风暴也席卷开来，为思政课改革目标的实现提供了机遇。

一、慕课在思政课教学中的应用现状及研究综述

所谓慕课，即"大规模在线开放课程"（Massive Open Online Course，简称 MOOC 或慕课），是通过互联网将大学课程传输到世界各地以满足人们求知欲望和追求的一种新的教育模式。① 2013 年慕课在中国迎来大发展，同年 5 月，清华大学加入了"edX"（教育在线），并于 8 月面向全球网络初步开放了"中国建筑史"和"电路原理"2 门课程。10 月，发布了全球第一个中文慕课平台

---

① 朱庆峰. 我国高等教育"慕课"发展的困境及理路选择 [J]. 教育发展研究，2014，34（23）：73.

"学堂在线",并同时推出了第一批慕课①,之后慕课平台建设与课程设计迅速推广,至 2016 年 10 月,国内慕课网站用户规模已突破 1000 万人。②

慕课从产生到传入国内并不断发展的过程中,也与思政课的教学连接起来。2014 年 9 月,第一门思想政治类的慕课"马克思主义基本原理"课在"学堂在线"平台正式上线,首个学期选课总人数就超过 11 000 人,其中近 1000 名清华学生通过在线学习获得校内的学分认证。2015 年和 2016 年,清华大学其他 3 门本科生思政课——"思想道德修养与法律基础"课、"中国近现代史纲要"课、"毛泽东思想和中国特色社会主义理论体系概论"课也相继以慕课形式进入在线平台,教学覆盖面进一步扩大。同时,武汉大学、浙江大学等高校也陆续推出自己制作的思政课慕课,为社会学习者提供了更多元的选择空间。以慕课为基础的思政课教学模式的探索已经大踏步地开展,并在实践中逐步积累着经验与教训。迄今,仅清华大学在"学堂在线"平台开设的 4 门思政课慕课,已经有 150 余所高校选用,累计覆盖 45 万学生;"中国大学 MOOC"平台上线 19 门思政课慕课,开课 34 期,选课近 40 万人次(见图 1)。

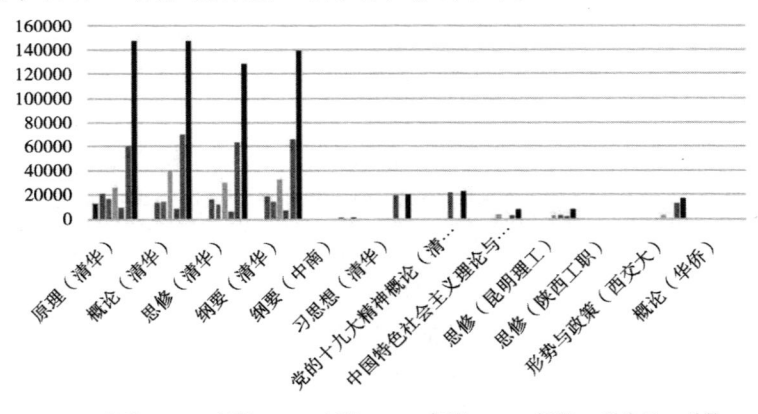

图 1 "学堂在线"平台开设的思想政治类慕课选修人数情况统计图

把思政课作为高等教育中的一般内容来看,积极进行教育方式的新变革,

---

① 于爱华. MOOC 时代背景下的图书馆服务模式创新研究 [J]. 图书馆学研究,2014 (21):82;教育部在线教育研究中心在清华大学成立 [J]. 现代教育技术,2014,24 (5):1.
② 2016 年中国慕课行业用户规模及用户付费意愿分析 [EB/OL]. 智研咨询,2017-02-23.

尝试教学的新模式是十分必要的，而从思政课教学的特殊性来看，慕课更具有独特的吸引力。2014年开始，越来越多的学者和教育者开始提出在思政课中引入慕课的必要性，应对信息时代的多元价值观的冲击，实现优质教育资源的共享，催生更加多样的教学过程和形式等是主要的支撑性观点。① 随着以慕课为基础的思政课教学实践的开展，更加具体的围绕课程设计的方法和路径的讨论与对于教学效果的评价也开始提出。例如，刘震、曹泽熙基于在清华大学的"马克思主义基本原理概论"课程的教学实践提出，将思政课与慕课结合起来以实现教育的目标和功能，要做到3个结合：线上教学与线下教学相结合、第一课堂的教学与第二课堂的活动相结合、纸质教材与电子教材相结合。② 吴超在对上海6所高校本科生进行调查后，提出不能盲目地以慕课替代现代大学教育，对我国高校思想政治教育工作者及相关部门而言，顺应慕课发展趋势，还要积极引导大学生养成自主化学习、社区化互动和交互式研讨的能力与习惯，才能增强大学生思想政治教育的针对性与实效性。③ 石攀峰在成都某新建本科院校的"思想道德修养与法律基础"课的慕课教学认知调查后也发现，慕课形式本身并不能扭转学生对于思政课教学意义的认知偏差，因此外部的引导和严格的教学过程管理同样不可或缺。④ 吕秀侠针对混合式教学中存在的教师角色定位不清、线上线下教学衔接不理想等问题提出了小班化指导、改革教师考核方式等举措。李超超、钱佳蓓、龚苑嫒，符子娇、高昕等学者基于不同地区学生群体的研究也基本反映了上述观点。高地则通过对西方高校德育课程中的慕课应用案例——耶鲁大学教授保罗·布卢姆（Paul Bloom）在 Coursera 平台中开设的"日常生活中的道德"课程的分析，提供了国外基于网络平台进行价值观引导的经验。⑤

从现有的对于慕课在思政课中的应用的研究文献来看，对待慕课的态度可

---

① 郭芸，白琳. 网络环境下高校思政课教育教学方法创新研究：慕课对教学模式改革的启示 [J]. 现代教育科学，2014（11）：62.
② 刘震，曹泽熙."慕课"时代思想政治理论课的挑战和机遇 [J]. 思想理论教育导刊，2014（11）：60.
③ 吴超. 接纳与认同：大学生对思想政治理论课"慕课"教学的态度——基于对上海6所高校本科生的调查 [J]. 探索，2015（2）：139.
④ 石攀峰. 新建本科院校思政课中慕课教学的困境及对策：基于成都师范学院师生对思想道德修养与法律基础慕课教学认知的调查 [J]. 成都师范学院学报，2015，31（12）：60.
⑤ 高地. MOOC 在西方高校德育课程中的应用及其对我国高校思想政治理论课建设的启示 [J]. 现代远距离教育，2014（2）：22.

以分为两个阶段。在实践尚未开展及开展的初期，多数学者对于慕课的应用持非常积极的态度，并从"教"与"学"的重心转换，优质资源共享等方面提出支撑意见。而第二阶段，随着教学实践的开展，一方面，慕课本身的光环消失，大家更为理性地看待慕课，单一地通过慕课进行教学的形式基本被否定；另一方面，不同形式的线上与线下相结合的混合式教学方法开始提出，更多的注意力从鼓励运用慕课转移到如何发挥慕课对于教学工作的积极作用上。慕课从一个由科技进步而孕育出的新鲜事物逐步融入传统的思政课教学实践中，其功能与定位也在慢慢清晰。

二、慕课的功能局限与在思政课应用中的问题

（一）慕课难以实现"教"与"学"角色转变的目标

慕课最早使用于一门名为"联通主义和联通性知识"的课程中。该课程遵循倡导"让所有好学的人能随时获得可用的资源；让所有乐于分享知识的人找到乐于接受他们知识的人；最后，为那些想向公众提出问题的人提供展示机会"①。无论是不是巧合，联通主义已成为慕课的一个重要理念，即每一个学习的个体通过一定的平台相互联结，他们在学习知识的同时也提供自己的知识，分享资源并对其评论，以他们的方式影响课程的建设。

这一理念引申出国内学者通常所说的慕课带来的"教"与"学"的中心转换，但是如果仔细比较，两者存在主动与被动的关系。联通主义中所指的学习者之间的联结以及对于整体学习效果的促进作用是一种基于慕课平台的出现而客观产生的现象的描述，其中学习者加入平台主动参与讨论并提出课程建议是改善学习效果的前提，而这一前提是否可以顺利实现，还需要考察具体的学习环境、内容与学习者的态度。目前国内外同行的慕课平台设计都包含了讨论区部分，为教师和学生、学生之间的联通提供条件，但是实践效果并不是十分理想。讨论区的设计方式类似于国内的贴吧，通过发帖与回帖的形式进行交流，但由于缺乏提醒功能，无法产生交流的时效性，且总体热度大多不高，因此讨论区功能在大部分慕课中都难以被学生自发地运用起来。可见，联通主义意义上的慕课尽管在理念上是成立的，但在实践中仍面临较大的挑战。而具体到思政课的慕课教学，由于课程内容无法迎合学生的功利化需求（以考研、公务员考试为目的的功利性学习者除外），很难从功利角度对学生产生吸引力；而在世

---

① 丹尼尔，翁朱华，顾凤佳，等. 理解教育技术：从慕课到混合学习，下一步走向何方？[J]. 开放教育研究，2015，21（6）：10.

界观、人生观、价值观的塑造上，在长期教条式的初、高中教学下学生又常常带有对于思政课的潜在偏见，这就使得思政课的慕课教学更难以保障学生自发地产生学习的主动性。尽管从教学经验中多数工作者可以得到共识，增进师生间的交流、讨论对于思政课教学效果的提升具有（甚至比一般专业课程更）明显的作用，但在单一的慕课教学中，联通效果产生的前提条件无法成立，因此也就不能寄希望于慕课本身来达到转变"教"与"学"角色的目的。

（二）慕课在高校思政课教学应用中存在的问题

如上文所述，慕课引发教育革命的重要原因，在于其基于社交网络的师生间、学生间的互动技术和基于大数据分析的学习效果测评技术的应用，使得增强学习者间的交流与讨论成为可能，也使得大规模并且个性化的学习成为可能。而这些效果的实现，在思政课教学中仅依靠学习者的自主性是远远不够的，还需要更多的教师引导和制度保障。可以这样理解，慕课作为一种科技催生的产品，正如同过去的幻灯机、投影仪一样，是辅助教学的工具，而不是教学行为本身。慕课在高校思政课教学应用中暴露问题的主要原因，正是这种手段与目的的混淆，甚至倒置。总结来说，主要表现在以下三方面。

1. 慕课教学流于形式，对学生的管理、监督不足

慕课教学的主体部分是在网络上完成的，虽然可以采取技术手段，获取学生在线观看视频的时长，并通过限时的习题督促学生按期完成在线学习任务，但由于技术上仍存在一定的局限，学生规避监督手段的方法仍然很多，视频的播放并不意味着认真的学习，习题的抄袭现象也一定程度地存在（因为主观题的评阅难度较大，习题基本以客观题形式为主）。对部分学生而言，慕课并没有达到碎片化学习的效果，其每周的学习时间仍然集中在作业截止前的若干小时。缺少了线下更直接、有效的监管，更大的自由度也意味着学生更大的"逃课"可能。尤其是对于思政课这类以价值引导为核心，缺少实用性技能知识的课程，不能过度依赖学生的自主性。以"马克思主义基本原理"课为例（见图2）。

学习习惯 活跃时间热力图 ⓘ

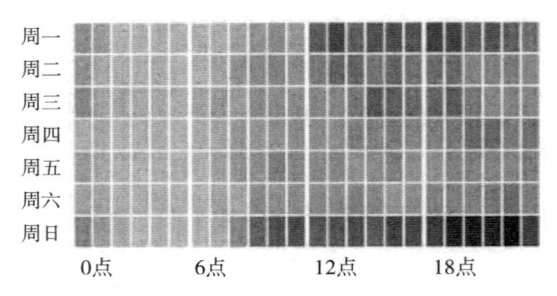

周一
周二
周三
周四
周五
周六
周日

0点　　6点　　12点　　18点

热点：周日晚上　周日下午　周一下午

图2　基于学堂在线平台的2016年秋"马克思主义基本原理"课程学习
活跃时间热力图

注：颜色越深代表活跃人数越多

2. 在线上与线下相结合的混合式教学实践中，往往存在线下教学内容定位不清的情况

为实现对线上教学部分的更好监管，部分教师尝试开设了与线上教学相结合的线下课程，但两部分教学内容不相匹配的现象一定程度地存在着。线上教学与线下授课内容相割裂的现象，使得慕课教学进一步形式化，线下教学内容定位更加模糊。

3. 师生交流互动不够，意识形态教育功能减弱

思政课教学的主要功能在于价值观的塑造，而不同学生由于其个人成长的差异性，价值观的形成路径和影响因素是多样的，因此引导工作也必须因人而异、因材施教。一方面，慕课教学将优质的教育资源进行共享的同时，也使得教学的内容变得同质化（尽管已经有不同高校制作了不同版本的慕课资源，但这与需求的巨大多样性相比仍然相去甚远）。另一方面，成功的意识形态工作往往要求教师对于学生的问题进行直接而快速的反馈，这对线上教学而言实现难度很大。

三、思政课应用慕课的目的和改进措施

（一）明确思政课应用慕课的目的

在思政课教学中应用慕课需要准确把握教学的目标与育人的理念。2015年10月16日，清华大学第24次教育工作讨论会上发布的《清华大学关于全面深化教育教学改革的若干意见》提出了全面深化教育教学改革的总体目标，要求

面向国家长远发展战略和世界变革的未来趋势，围绕立德树人根本任务，深化人才培养体制机制改革，建立价值塑造、能力培养和知识传授"三位一体"的教育模式。这一教育模式正与思政课的教学是契合的。在初、高中的政治课程体系中，马克思主义理论体系以知识传授的方式教授给学生，这在一定程度上契合了这一阶段学生的学习行为特点与需求。思政课教育不能仅仅停留在知识传授层面，而更应该着力于能力培养和价值塑造层面。知识传授在思政课教学中作为一种基础，目的是帮助学生树立马克思主义立场，构建马克思主义视角，活学活用马克思主义方法，真正做到"入脑入心"。

在讨论慕课给思政课带来的可能的改变时，实现"教"与"学"的辩证统一被普遍认为是最重要的一点，这种启发式的、带有实践性的教学方法也应该成为思政课教学改革的方向。但这种改变的实现，与其说是慕课的功能实现，不如说是"翻转课堂"的意义所在。这种教学形式在信息化时代获得了更好的推广环境，学生在上课前完成对教学视频等学习资源的观看和学习，师生在课堂上一起完成作业答疑、协作探究和互动交流。这种提升学生的参与感，加强教学针对性的方法对于价值观塑造的思政课教学无疑具有更大的意义。通过增加学生讨论、探究和自主学习内容，要求学生在学习中必须经过小组讨论和共同的主题研究，提高其课堂参与度，促进学生们思想激荡、观点交锋，达到更加充分地检验学习成果的目的。

对于思政课的线上教学，在功能上目前还难以超出知识传授的范围。因此需要着力探索的是如何将知识点更加通俗易懂，与现实问题相结合地进行讲述，帮助学习者进行温习，加深理解。在知识传授的层面，慕课提供了比传统教材更加灵活和具有亲和力的形式。2014—2015年秋季学期，在清华大学的"马克思主义基本原理"课程教学的实践中，笔者对慕课学习者与传统课堂学习者进行了对比调研。在教学效果方面，慕课学习者在认同马克思主义是一个完整的理论体系与增进对其了解方面的表现都优于传统课堂（见图3）。

(二) 完善和挖掘慕课教学体系

在思政课教学中更好地运用慕课这一教学工具，需要立足于思政课教学的改革目标，并结合慕课的本质与特殊优势。总结来说，慕课应服务于翻转课堂的实现，在本质属性上，慕课希望通过互联网平台将更多学习者串联起来，而更加灵活的知识展现形式使其在知识传授的功能上具有更好的效果。慕课是一种教学的工具，同时是超越于传统的幻灯机、多媒体、网络公开课的更为优质的工具。在当前对慕课的使用中，有两个极端的倾向，即把慕课作为教学的全

修完课后对马克思主义的了解程度

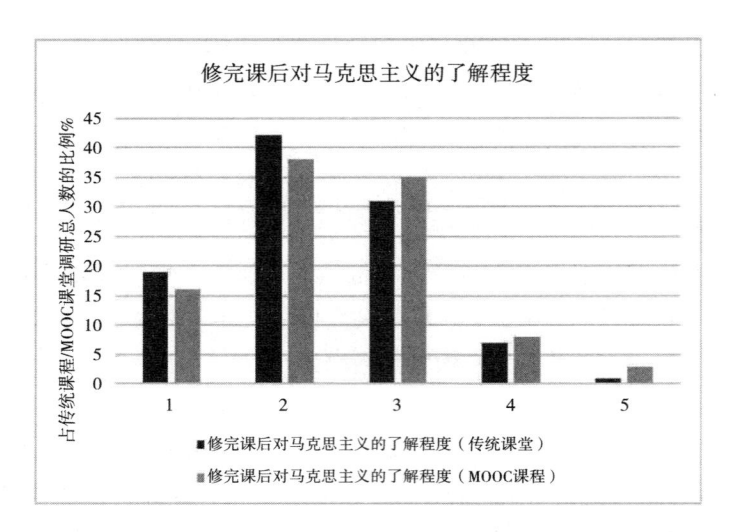

图3　慕课学习者与传统课堂学习者调研对比图

注：1表示完全不了解，5表示非常了解。

部或仅仅把慕课作为一般的视频资源提供给学生，都会影响其功能的发挥与应用的前景。对于慕课未来应用的展望，有三方面是有待进一步探索的。第一，线上资源深度挖掘、整合，完善慕课教学体系。通过影视作品、拓展性阅读材料、案例库、习题库、微信公众平台等内容的匹配，形成更加完整的知识传播体系。第二，提高教师的主动性，积极探索多元的课堂翻转形式。慕课教学内容，不应命令式地要求授课教师采纳，而是经由教师设计，融入其思政课教学环节中，这就有利于线上与线下教学部分的有机融合。教师运用慕课资源的方式可以是多样的，如要求学生课余完成基本知识点的学习，并在课上进行知识拓展。线下教学中，教师可以在保障知识框架的完整性以及马克思主义立场和方法准确性的基础上，采用与自身专业研究相关的、具有个性化的教学内容。这就有利于发挥授课教师的自主性，并为学生提供更大的课程选择的自由度。第三，加强校际合作，构建不同学生群体间的交流平台。同一所高校内的学生价值观塑造往往是封闭的，在缺乏外部刺激的情况下，学生容易疏于思考，意识僵化。通过在线平台，不同学校、地区的学生可以实现更好的互动，产生更加激烈的意识形态碰撞，这既有利于高等院校优质意识形态工作的扩散，同时也使象牙塔内的学生能够认知到不同层次、多元意识形态的社会群体的存在，对其增进对社会的认知、产生更加宏观的社会视野起到帮助作用。

（本文原载于《思想教育研究》2018年第11期）

人工智能必将引发思想政治理论课变革

张志丹 刘书文

上海师范大学马克思主义学院

摘要： 没有教育的信息化，就没有教育的现代化。教育信息化既是推动教育变革的技术力量，也是促进教育公平的政策工具。在科技浪潮风起云涌的新时代，处于第四次工业革命中的人工智能，正深刻地改变着人类的生产生活方式，同时也悄无声息地点燃了思想政治理论课的"大革命之火"。人工智能，特别是高级智能机器人的出现，毫无疑义将引发思想政治理论课的教育主体、教育客体、教育中介和教育环境四要素的重构和创变，进而推动实现人工智能时代思想政治教育形态的创造性重构。如何以人工智能技术为依托实现新时代思想政治理论课教育模式的革新，以信息化方式引爆思想政治理论课革命，实现主动学习、自主学习和深度学习，成为新时代人工智能浪潮语境下思想政治理论课课堂革命的重大契机。

当今时代，自然科学在与社会科学空前分化割裂的同时，也出现了交融互涉、相互渗透的趋势。科学需要幻想，需要基于时代征兆的大胆的想象力，有无想象力，是科学能否走得更远的关键。以大数据、脑科学和人工智能为代表的科技产物，正逐步刷新人类对于宇宙、生命和人类前途命运的既有思考，深刻地改变着世界和人类的生产方式、生活方式和思维方式，这种革命可谓超乎想象。与此同时，也有人对人工智能持一种质疑态度，认为人工智能的许多领域只是一种机器学习，真正的人工智能革命尚未到来，目前的鼓吹不过是信息时代的"狂想曲"。面对智能技术的广泛应用，面对"索菲亚"被授予了公民身份，面对"机器—思考"等诸如此类的问题，我们人类会发笑吗？我们究竟应该如何看待，何去何从？

何谓人工智能？界定各不相同。尼尔斯·J.尼尔森（Nils J. Nilsson）提出："人工智能是致力于让机器变得智能的活动，而智能是一种品质，它能够让一个实体在其环境中恰当而有远见地发挥作用。"① 习近平总书记在致首届国际人工智能与教育大会的贺信中强调:"充分发挥人工智能优势,加快发展伴随每个人一生的教育、平等面向每个人的教育、适合每个人的教育、更加开放灵活的教育。"② 智能时代亟须培养大批创新型人才,需要借助智能科技的力量,推进标准化、规模化的工业化教育向个性化、多样化的智能化教育全面转型。可以说,不管我们对人工智能如何看待或如何对待,有一个并不算大胆的基本预测就是,在智能革命和信息技术的强大支撑下,未来思想政治理论课的技术形态和教育形态必然发生重大变化,思想政治理论课也将由表及里随之转型,甚而引发巨大的划时代革命。

一、人工智能给思想政治理论课带来的机遇

思想政治教育是以人为主体和对象的实践活动,包含思想政治教育主体、思想政治教育客体、思想政治教育中介和思想政治教育环境四个构成要素。本文所论述的思想政治教育并非泛指一般的思想政治教育,而是特指思想政治理论课中的思想政治教育。在思想政治教育实践过程中,思想政治教育主体和客体的划分是确定的,"思想政治教育主体应是思想政治教育的承担者、发动者和实施者","思想政治教育客体是思想政治教育的接受者和受动者"③,即分别是思想政治教育者和思想政治教育对象。思想政治教育主体和客体之间是主客二分和主客合一的辩证关系,也是对立统一的辩证关系。思想政治教育中介是主体为实现教育目标而使用或选择的载体、手段和工具,而思想政治教育环境则是影响思想政治教育主体、客体和中介的一切外部因素的总和。以思想政治教育中的四大构成要素为研究对象,人工智能为此四要素带来了重大机遇。

(一) 思想政治教育主体维度

从主体本身来看,人工智能条件下的思想政治教育主体应该由两方面构成:一是传统意义上的"碳水化合物"构成的"人",二是智能机器人尤其是以高级智能机器人为代表的、具有主体部分功能的人工智能的运用实体。高级智能机器人不仅具有感觉和识别等一般能力,并且拥有低级智能机器人所没有的自动规划能力,可以通过自身来修改程序原则实现高级自律,并为主体所用。从

---

① NILSSON N J. The Quest for Artificial Intelligence:A History of Ideas and Achievements [M]. Cambridge:Cambridge University Press,2010:13.
② 习近平向国际人工智能与教育大会致贺信 [N]. 人民日报,2019-05-17 (1).
③ 骆郁廷. 论思想政治教育主体、客体及其相互关系 [J]. 思想理论教育导刊,2002 (4):36.

主体教学变革来看，人工智能可提供思想政治教育的"智能教学系统"，依据教育对象的个性化客观现状提供相对应的教育教学资源等，为教育主体提供智能化备课方案、跨学科综合性前沿资源和时事热点。同时，人工智能可以基于前期学习表现的数据分析，准确给教育主体反馈出教育对象的学习质量评估计算，并自动评阅、提供意见、指明下一步学习路向等，实现一体化服务。从主体对人工智能的现实运用来看，人工智能对主体的教学辅助作用得以凸显，教育主体利用人工智能可以更深、更广地收集工作对象的信息，以此进行多维度立体综合分析。减轻了原有的机械性负担，基本的教学任务可借力人工智能迅速完成。主体身份的解放、教育模式的变革以及主体教学负担的疏解，思想政治教育主体重构和主体发展机遇不期而遇。

（二）思想政治教育客体维度

从客体性质来看，思想政治教育客体是思想政治教育的接受者和受动者。与一般客体不同，从人的活动的视角出发，客体是实践活动和认识活动所指向的对象，而思想政治教育对象是在思想政治教育中的客体。客体作为主体的研究和实践对象，是主体进行认识活动和实践活动的指向对象。随着人工智能的技术性渗透，道德教育中"主体中心模式"逐步呈现出向"客体中心模式"倾斜和转化的趋势，即教学重心向教育客体倾斜。由此，教育不再单纯为了生产，而是为了人的精神化生存。从客体受益程度来看，人工智能的核心要素——算法是人工智能解决问题的指令和方式，它有效实现了思想政治教育客体的个性化、多样化、动态化学习及质量评价的科学化、规整化，是思想政治教育智能生态的具体体现，切实提升了思想政治教育的实效性和创新性。客体位置的转变、课程中心的转移以及思维潜力的迸发，是人工智能给思想政治教育客体重构和客体的发展带来的重要契机。

（三）思想政治教育中介维度

思想政治教育中介是主体为了实现思想政治教育目标选择或使用的载体、介质等，包括承载一定的思想政治教育信息的手段、工具以及语言文字等。科学的思想政治教育载体是实现中国化的马克思主义教育和国家政治教育的桥梁，也是连接思想政治教育主客体之间的纽带。2019年召开的国际人工智能与教育大会以"规划人工智能时代的教育：引领与跨越"为主题，对人工智能与教育融合发展情况进行了深入探讨，并对人工智能在教育领域的积极作用表示肯定。人工智能技术是思想政治教育现代化发展的重要中介之一。人工智能技术进一步深化和发展了"以用户为中心"的互联网时代的多对多传播方式。① 以网络平台为例,依靠人工智能技术为依托,发挥其信息检索和归类能力,囊括了海量的信息资源,给受教育者带来了多样化的概念性冲击。无疑,互联网在信息传播的容量、深度、广度上都是传统媒体无法比拟的。② 同时,思想政治教育中介自身也对教育者提出了革命教学形式的硬性要求:若想达到良好的教育效果和教学目标,就必须改变自身的思维方式和行为模式,利用思想政治教育中介传递良好的思想政治教育理论。中介角色的转变、教材体系的改革、教学形式的变化等是人工智能给思想政治教育中介重构和发展带来的巨大机遇。

(四)思想政治教育环境维度

马克思和恩格斯指出:"既然是环境造就人,那就必须以合乎人性的方式去造就环境。"③ 这里的"环境",包含自然环境和社会环境。在思想政治教育领域中,教育环境也同样深刻影响着教学成果,优化环境是追求良好的教学效果之必需。只有那些影响教育者与受教育者思想和行为的因素,只有那些与思想政治教育的目标、内容、方式和进程有关联、有影响的因素,才是思想政治教育的环境因素。④ 传统的教育环境构成要素比较简单,没有过多的技术性操作,是一种较为直接和客观的时空环境。从空间上讲,人工智能技术的运用实现了教育环境的多样化,由原本的"现实环境"向"虚拟环境+现实环境"进行转变,是一个全方位衔接虚拟空间和物理空间的场域,促使思想政治教育环境呈现出"智能化场景"。从时间上看,基于人工智能技术下的思想政治教育,可以尽可能地满足在灵活时间范围内进行思想政治理论课教学的要求。比较来看,基于人工智能条件下的思想政治教育环境更为多样化,氛围更具新鲜感,富有动态、灵活和科技含量。从这方面来看,思想政治教育环境变化带来了空间与时间的拓展,可利用的环境资源得以优化分配。人工智能带来的思想政治教育环境的构成变化、空间变化以及时间变化,给思想政治教育环境重构发展所带来的机遇不言而喻。

---

① 范洁,张志丹. 人工智能时代意识形态工作面临的机遇与挑战[J]. 南通大学学报(社会科学版),2020,36(5):36.
② 李辉,许文贤,等. 中国化马克思主义教育概论[M]. 北京:人民出版社,2005:277.
③ 中共中央马克思恩格斯列宁斯大林著作编译局. 马克思恩格斯文集:第1卷[M]. 北京:人民出版社 2009:335.
④ 郑永廷. 思想政治教育学原理[M]. 北京:高等教育出版社,2016:318.

二、人工智能给思想政治理论课带来的新挑战

相比图灵时代人们对于"机器智能"的质疑和拒斥,如今的人类社会生活早已与"智能"二字内在地联结在一起。智能化教育将逐步成为思想政治教育未来发展的必然趋势,而这种发展形势必然是波浪式前进的运动,注定是一个由怀疑试探逐步发展到认同接受的过程。

(一) 对思想政治教育主体的新挑战

在借助于智能设备而生存的信息时代,纯粹人机结合的学习方式给思想政治教育主体带来了许多硬核挑战。一是学科知识互动挑战。在尊重学科差异性的基础上,如何通过思想政治教育实践实现跨学科的知识互动和整合、打破学科之间的厚重关隘是一大难题。此外,人工智能着重放大了人类在记忆存储方面的行为能力,而主体的大脑记忆和存储空间却十分有限,难以形成更丰富的学科知识储备量,实现学科之间的知识互动是现代思想政治教育实践中展露的缺陷之一。二是学科前沿发展挑战。人工智能在发展,但迄今为止,精神文明的传承却只能依靠人本身而非机器人来完成。世界观与价值观的确立以及在精神文明方面的深层次构建不可能单纯依靠外在的机器,必须通过人本身对其他客观对象进行潜移默化的影响来完成。现代思想政治教育在利用人工智能技术下需要更多的"精神呼唤",因此主体必须注重受教育者理性思维的激发和感性认识的构建,共同推进社会主义精神文明的建设。三是教学模式变革挑战。未来的人工智能和思想政治教育必将融合发展,而这种融合应是从理论与实践运用层面的相互嵌入、有机融合。由此,教育活动不能纯粹依靠某一项事物来完成,不只是形式上的融合需要改革,在教学内容和教学体系等方面也需要从主体自身出发进行转型和升级。四是倘若教师不愿顺应思想政治理论课的变革趋势,试图久居于传统的教学舒适圈,简单回避或过于依赖智能技术,那么就会快速被人工智能所替代。

(二) 对思想政治教育客体的新挑战

作为思想政治教育客体的思想政治教育对象,其所面临的新挑战首先表现为思维拓展能力受限。网络空间的开放性和数字资源的迅速流动为信息分享提供了捷径,受教育者的活跃思维受到新式教学模式的影响,从而导致客体思想和行为发生变化。其次表现为客体个性发挥遇阻。现成的客体是具有个性的存在,由抽象思想和实际行为共同构成。网络的数字化存在,改变了思想政治教

育主客体"在场"的方式。① 人的在场方式变成了信息化在场。智能技术的运用通常会先于客体思想和行为而存在于教育过程中,从而预设了一定的思维感知,使客体产生一定的教育依赖性,由此阻碍其个性发挥。最后表现为主客体互动弱化。教育本身是一种合作,而思想政治教育是具有政治性的对象性合作活动。对象性活动一定是主客体双方的双向互动,而不是其中任意一方的自导自演。人工智能承担了教育过程中的部分中间任务,从而间接影响到了客体表现,减少了原有主客体的双向互动,由此打破了主客体之间的原有平衡。

(三)对思想政治教育中介的新挑战

基于人工智能技术衍生出来的思想政治教育中介,一是面临包容性质疑。人工智能技术的运用是否意味着必须完全排斥传统思想政治教育?其具有何种负价值?人们对思想政治理论课的期冀如何?这些问题都亟待回应。二是有效性质疑。运用人工智能能使思想政治教育达到甚至超越传统模式的教学效果尚待考察。无论是对人工智能技术的盲目吹捧,还是对传统思想政治教育模式的一味否定,都是片面的。三是面临期限性质疑。思想政治教育集宣传性和理论性于一体,是关乎社会主义核心价值观教育的一项长期性事业。倘若人工智能所承担的思想政治教育中介仅是思想政治教育史上的"昙花一现",那么谈及思想政治教育的延续性未来便更为渺茫。四是面临意识形态性质疑。意识形态是一个社会的"水泥"。大到一个社会、一个国家,小到一个组织、社团,无一不需要意识形态的支撑。② 鉴于此,人工智能技术的运用如何能够负载和表征我国主流意识形态,即两者之间的关联性问题,也是思想政治教育中介面临的质疑之一。

(四)对思想政治教育环境的新挑战

环境对思想政治教育的影响,包括自然环境、社会环境两大方面,其中,网络作为社会环境的一部分,是社会环境发展的新形态。③ 思想政治教育环境不是单个的、孤立的系统,而是以自然环境、社会环境以及主客体的精神环境构成的教育生态环境圈。由此来看,如何净化教育环境是思想政治教育所需要尽快解决的首要挑战。其次是维持教学秩序挑战。尽管智能信息技术创新了人

---

① 骆郁廷. 论网络思想政治教育的主体与客体 [J]. 马克思主义与现实, 2016 (2): 4.
② 张志丹. 改革开放以来我国主流意识形态的创新 [J] 马克思主义研究, 2019 (11): 131.
③ 《思想政治教育学原理》编写组. 思想政治教育学原理 [M]. 北京: 高等教育出版社, 2016: 322.

际互动模式,但也在打破传统交流边界的同时造成了一定的疏远关系。如果要解释人工智能技术给思想政治教育带来的革命意义,就必须打破这种疏远关系,而要打破这层疏远关系,只能从反复的实践运用中进行结合。最后是反馈教学质量挑战。教学质量是衡量办学水平的重要标志。① 教育环境的张力表现于整个社会环境中,环境要素的复杂性给获取真实有效的教学反馈提升了难度。倘若教学反馈不具备应有的有效性,那么教学质量的有效监测便会成为无稽之谈。

三、借力人工智能重构思想政治理论课的基本理路

当代思想政治教育是传统教学与现代技术的高级结合。通过智能化技术的应用进一步促进思想政治教育的科学性和信息化发展,可从实现思想政治教育四要素的自身重构出发,借力人工智能重构思想政治理论课课堂,引发思想政治理论课变革。

(一)实现思想政治教育主体重构

思想政治教育主体是思想政治教育的起点,也是人工智能技术在思想政治教育中运用的原点。作为教育活动的主要参与者之一,思想政治教育主体首先需要实现自身的重构。主体自身的重构是一个主体从自我否定到二次否定的"扬弃"过程。主体利用人工智能技术,使其逐步取代传统思想政治教育活动中的一般"教育者",并进行理论知识的传授。于是,主体本身实现了由一般意义上的"教育者"本身扩展到现代语境下广义的"教育者"(人本身与高级智能机器人)的"否定之否定"过程,实现了主体自身的"扬弃"。主体自身的重构以及对智能技术的运用,在一定意义上丰富了马克思主义哲学关于"人"的概念的时代内涵和本质,是关于"人"本身的内在延伸。其次为主体思维方式的重构。马克思曾指出:"整体,当它在头脑中作为思想整体而出现时,是思维着的头脑的产物,这个头脑用它所专有的方式掌握世界,而这种方式是不同于对于世界的艺术精神的,宗教精神的,实践精神的掌握的。"② 这表明,运用从抽象上升到具体的思维方式以实现对对象的整体把握,其落脚点在于理论思维如何掌握世界。主体需要充分发挥主观能动性和主体有效性,在更具针对性的教育实践活动中实现主体思维方式的多样化发展。最后为主体客体化的重构。

---

① 《十八大以来治国理政新成就》编写组.十八大以来治国理政新成就:上[M].北京:人民出版社,2017:40.
② 中共中央马克思恩格斯列宁斯大林著作编译局.马克思恩格斯选集:第2卷[M].北京:人民出版社 2012:701.

认识是主体对客体的能动反映，主体依靠自身的思维方式借助客体的思想活动和行为实践来体现教育目标，对客体传达出来的信息进行重构，这就必然涉及主客体双方的内在关系问题。除"人"本身这种"教育者"以外，处于技术之上的仍是传统"教育者"，即"人"本身。由此，思想政治教育主体通过自身的实践和发挥使得另一主体转化为对象物，即"人"改变着客观事物使之附属于"人"、服务于"人"并作用于"人"。现代科技与思想政治教育主客体的相互作用，是主观见之于客观的历史现实，也是客观见之于主观的现实必然。

（二）实现思想政治教育客体重构

能否妥善处理主客体之间的互动与平衡关系，关系思想政治教育客体的重构以及当代教育信息化的客观发展。利用人工智能实现思想政治教育客体重构，一是需要保护客体本性，激发客体个性。列宁认为："认识是思维对客体的永远的、无止境的接近。"① 思维是以认识为起点，经历从具体的感性认识现象到抽象的理性认识本质的过程。重构是以客体的存在和主体对客体信息的反应为前提的，是反映的一种具体形式，即在反观客体信息基础上对客体信息的重组和改造。② 思想政治教育客体本性是受教育者客观主动性的发挥和接受教育的形态，而客体个性则是受教育者在实践过程中对教育信息的改造和重组。客体在一定条件下实现功能的转变，即从相对被动的实践引导和思考，转化为动态宣传与推动的过程。人工智能时代受教育者必须转变学习方式，从以识记与重复训练的被动学习转变为深度学习，即能够基于自身学习需求主动获取高质量的知识，经过提取、理解、分析后与自身先前经验整合生成新的知识，并能通过媒介输出知识影响他人。二是要从多角度刺激客体，拓展客体思维能力。世界是感觉的客体，也是思维的客体，在解释表象时必须将这种思维以独立的个体来看待。认识不仅是主体对信息的主动性选择，更是客体对信息在脑海里的重新构造。实现客体思维能力的重构必须从不同维度刺激客体的思维发散，拓展客体中的感性思维与理性思维。外部力量的干预或许会成为一种积极力量刺激客体的思维拓展潜能，这种刺激既可以是主体直接加之于客体的行为，也可以是客体自身主动要求的表现。三是要创新主体与客体的双向互动。尽管人工智能弱化了主客体的双向互动和交流，但这并不意味着主体与客体之间互动的终止。相反，实现客体重构更应该创新主客体的双向互动形式。尽管有的形式不

---

① 中共中央马克思恩格斯列宁斯大林著作编译局. 列宁全集：第55卷［M］. 北京：人民出版社，2017：165.
② 王克孝，彭燕韩，张在滋. 辩证法研究［M］. 北京：人民出版社，1993：395.

能在表象上直接反映出主客体的实质性互动，但是教学效果和教育服务本身是师生之间互动的结果体现。多方面创新主客体的互动，有助于打破传统的教育局限和师生隔阂，实现对未来思想政治教育个性化、分众化和多样化的期冀。

（三）实现思想政治教育中介的重构

人工智能条件下教育实践活动面临着诸多质疑，于思想政治教育中介而言，首先要讲清教育原理，扩大使用范围。数字环境中的思想政治教育中介是一项具有智能化特征的新事物，思想政治教育主体必须率先厘清教育学的基本理路，弄清一般学科知识原理，引导正确价值导向。同时，逐步扩大思想政治教育中介的使用范围，增大受众群体的基数，将教育原理在受众群体中延展开来，以实际行动回应"包容性质疑"。其次要进行试点教育，突出效果导向。思想政治教育必须紧跟时代步伐，进行人工智能背景下的试点教育，要以点带面，逐步映射出整体现象，从个别到一般，最后从整体上把握全局。同时，要突出效果导向。人工智能技术在思想政治教育领域的实际运用质量将由其教育效果来评估，以教学效果为导向分析思想政治教育中介的作用和功能，有助于以现实成效对"有效性质疑"作出回应，并且要坚持长期运行，尊重教育反馈。以人工智能为技术支撑的思想政治教育中介，不仅要为主导主体分担部分教学任务，还要为主学主体进行答疑，其本身已经基本能够完成"授业解惑"的一般要求。鉴于此，思想政治教育中介必须长期操作，并借助新技术及时对教育过程中出现的问题进行分析，给予思想政治教育主体数据支撑和智力支持。思想政治教育中介是客观的存在，在运用过程中要尊重教育结果反馈，尤其是对负面结果进行分析研究，进一步确保教学质量，以回应"期限性质疑"。最后要发挥精准性优势，科学运用智能技术。杰弗里·斯蒂伯（Jeffrey Stiber）指出："互联网是一个大脑。……具有许多和大脑相似的基本结构和功能。"[1] 在相当长的历史阶段，人类对于自我认知都不停地挣扎于真假泥潭之中，原因之一就是对科学和时代发展所产生的延迟性认识。现实教育中，人工智能可以以计算机辅助教学以及智能教学系统等方式深入受教育者的日常生活和学习中，实现精准化教育，以实际运用回应"伦理性质疑"。

（四）实现思想政治教育环境重构

马克思指出："环境的改变和人的活动或自我改变的一致，只能被看作并合

---

[1] 斯蒂伯. 我们改变了互联网还是互联网改变了我们 [M]. 李昕, 译. 北京：中信出版社，2010：27.

理地理解为革命的实践。"① 思想政治教育环境，即思想政治教育活动得以开展的空间和条件，是教学和学习活动的支撑空间和外部条件，包括物理时空、信息空间、人文环境、学习氛围等。思想政治教育者首先要针对学生的差异和特征，创建适合每个人的学习环境，让他们能够以多种方式灵活地参与学习。比如，可以基于互联网、物联网、人工智能、AR、VR 等技术创设线上线下一体化的智能学习社区。基于人工智能技术的应用有助于构建网络化的信息教育体系，提供"人人皆学、处处能学、时时可学"② 的机会，为构建学习型社会奉献智能力量。其次需要净化思想政治教育社会环境。思想政治教育社会环境是基于自然环境基础上而形成的、影响人们思想政治教育的社会因素的总和。习近平总书记指出："将学校教育与社会大环境隔离，难以造就服务伟大复兴的教育环境。"③ 故而脱离社会环境的思想政治教育是不彻底的。鉴于此，必须借力人工智能等互联网信息技术来正确认识社会环境对思想政治教育的影响。同时，以社会主义核心价值观为引领导向，避免人工智能进入偏离主流价值观的路径，继而优化思想政治教育的社会环境。最后需要升华思想政治教育精神环境。思想政治教育精神环境，是指影响思想政治教育活动的一切精神因素的总和，包括教育者和受教育者的精神文化水平等。思想政治教育环境本身无法脱离人的参与，一切外在的精神因素会对思想政治教育中的"人"，即教育者和受教育者的精神环境产生影响。因此，升华思想政治教育精神环境，需从升华教育者和受教育者的精神文化水平出发，借力人工智能技术，引导正确的社会舆论和社会风气，让广大参与者在享受信息福利的同时，树立起正确的社会主义核心价值观，让思想政治教育精神环境更为纯净，为思想政治教育活动营造良好的精神文化氛围。

总之，面对人工智能等科技革命浪潮，只要我们冷静观察，积极思考，沉着应对，就一定能够借力科技革命巨浪，培养一批又一批的新时代"后浪"。

(本文原载于《思想教育研究》2022 年第 10 期)

---

① 中共中央马克思恩格斯列宁斯大林著作编译局. 马克思恩格斯选集：第 1 卷 [M]. 北京：人民出版社，2012：134.

② 中共中央宣传部. 习近平总书记系列重要讲话读本 [M]. 北京：学习出版社，2016：216.

③ 教育部课题组. 深入学习习近平关于教育的重要论述 [M]. 北京：人民出版社，2019：127.

场景化传播背景下高校思想政治理论课建设面临的挑战与对策

黄冬霞

西南大学马克思主义学院

摘要：场景化传播具有强大的连接力、体验力和服务力，影响着高校思想政治教育生态。场景化传播背景下高校思想政治理论课建设面临着价值内核被沉浸式场景遮蔽、大学生对思想政治理论课场景信息误读、大学生在场景内爆过程中迷失自我、高校思想政治理论课教学评价工具化等挑战，需要坚持主流价值在高校思想政治理论课教学场景中的主导权，提升高校思想政治理论课教育主体的场景素养，推动高校思想政治理论课教学方式场景化，营造高校思想政治理论课场景学习氛围。

随着数字技术的深入发展，人们在数字空间的生存越来越期待媒介传播的内容符合他们此情此景、此时此刻的实时需求，因此，场景要素成为媒介传播的重要因素，场景化传播成为新兴的传播样态。场景化传播对高校思想政治理论课（以下简称"思政课"）提出了新的挑战，只有准确把握场景化传播的特征，精准分析高校思政课建设面临的挑战，高校思政课建设才能做到有的放矢、运筹帷幄。

一、场景化传播：当前高校思政课建设必须直面的时代背景

所谓场景，原本是影视用语，"指在特定时间、空间内发生的行动，或者因人物关系构成的具体画面，是通过人物行动来表现剧情的一个个特定过程"①。在传播学领域，学者认为场景是"场"和"景"的复合产物，是一种"同时涵盖基于空间和基于行为与心理的环境氛围"②。基于对场景概念的理解，本文认

---

① 吴声. 场景革命：重构人与商业的连接［M］. 北京：机械工业出版社，2015：28.
② 彭兰. 场景：移动时代媒体的新要素［J］. 新闻记者，2015（3）：21.

为场景化传播是指在一定时空条件下以受众的需求为出发点，构建能够激发受众主观感受的场景，并综合运用各种手段将各种场景要素进行有效连接，提升受众的信息体验，以此实现个性化信息与服务适配。它可以分为"场"和"景"两个阶段，前者主要解决不同情景下的个性化、精准信息和服务适配，以微信等场景技术为代表；后者主要向"景观化"呈现和沉浸式体验方面迈进，以 VR 技术为代表。①

　　作为新兴的传播样态，场景化传播逐步进入高校思政课建设领域，影响着高校思想政治教育生态。场景化传播在以大数据、人工智能、5G、物联网、云计算等为代表的数字时代表现出强大的连接力、体验力和服务力，如果驾驭得当，可以赋能高校思政课建设。一是借助其强连接力可以增强思政课教学内容的传播力。随着数字技术的不断发展，全场景传播逐渐常态化，场景连接的范围和规模也逐渐变大。以往时空受限的固定场景将发展为以社群互动、融合参与和场景串联在一起的多场景融合趋势，教师和学生可以通过智能终端设备和数据传输符号随时随地在各融合场景之间自由地连接与切换，使教学内容在全场景传播中实现快速的流动与适配，有效地缩短了教学内容和服务的转化路径，扩大了教学内容的辐射范围。二是借助其强体验力可以增强思政课教学内容的认同度。随着 VR、AR、MR、360 度全景等数字技术的发展，场景化传播逐步从"场"阶段向"景"阶段迈进，"时空一体化"的沉浸式场景日益获得大家青睐。在沉浸式场景中，大学生通过视觉、触觉、嗅觉等多维感官交互体验获得与真实世界相同的感知并与思政课教师共情，感知和共情越深，对虚拟场景教学内容的认同程度也越高。三是借助其强服务力可以实现思政课教学的精准化、个性化。利用 LBS 定位技术获取大学生的地理位置信息，依据智能算法捕捉大学生在该定位的实时状态，对其进行精准画像，根据智能画像，动态搭配虚拟教学场景和提供个性化的教学内容服务，做到在此时此景、恰有所需时传递恰当的内容服务。需要指出的是，在场景化传播背景下，虚拟教学场景的构建离不开多媒体设备、情境的造势，但相较于传统的多媒体教学、情境教学，场景要素的融入实现了物境、情境和意境三重境界的有机融合，使场景式教学更具有交互感、在场感、沉浸感、共情感，大学生在场景体验过程中将实现比传统多媒体教学、情境教学更优化的认知和实践效果。

　　从实践层面来看，近年来部分高校已经敏锐地捕捉到了场景化传播的赋能

---

① 梁旭艳. 空间视角下的场景传播研究：以社会化媒体为切入点 [M]. 北京：中国社会科学出版社，2019：38.

效应，充分利用场景技术开展了"伟人讲历史""重走长征路"等场景式教学尝试，让思政课从内容到形式"活"了起来，效果显著，但也存在一些现实难题亟待破解。可以预见的是，随着场景技术的纵深发展，互联网将以更快的速度从"在线"向"在场"推进，场景化传播将对高校思政课产生更大范围、更广领域的影响。高校思政课建设必须直面场景化传播这一不可回避的时代背景，既要把握场景化传播带来的发展机遇，又要直面场景化传播带来的挑战。

二、在场景化传播背景下高校思政课建设面临的挑战

在场景化传播背景下，高校思政课建设主要面临以下现实难题。

（一）如何避免高校思政课的价值内核被沉浸式场景遮蔽

在场景化传播背景下，数字技术可以营造层次丰富的、适应多感官形态的教学场景，促使大学生集中全身感知系统解锁场景信息，拓展大学生接受知识的高度、广度和深度。但是受泛娱乐化、场景元素泛化的影响，部分大学生停留在场景的"有趣"层面，忽略了对其意义的解锁，思政课的价值内核被沉浸式场景遮蔽。因此，避免高校思政课的价值内核被沉浸式场景遮蔽是高校思政课建设必须面对的问题。

1. 高校思政课场景建构需要警惕"过度迎合"行为

一些场景化传播平台在"流量就是金钱，眼球就是效益"的利益驱动下，出现"泛娱乐化"倾向，调侃英雄、亵渎历史、重塑经典的现象频频发生，消解了思政课教学内容的严肃性，助长了大学生娱乐化的消费心理。部分思政课教师在场景设计、场景造势过程中，为了迎合大学生的消费心理，过于追求情境创设、氛围营造，忽视价值塑造，降低甚至是消解传播内容的思想性。这种"过度迎合"的行为是不可取的，大学生在没有思想性的场景体验中，无论感官刺激多强烈，也将是"无意义"的体验。

2. 高校思政课场景式教学需要警惕场景元素泛化

随着VR、AR、MR等数字技术的应用，高校思政课的虚拟现实教学平台也陆续建立。在平台的使用过程中，由于人们对场景技术的边界意识薄弱，容易出现场景元素泛化现象。高校思政课场景教学平台的搭建与运用，应该服务于立德树人的目标，不是所有的场景元素都能纳入高校思政课教学中，也不是所有的教学内容都适合进行场景式教学。要在坚持立德树人教育目标上，抓好场景技术使用的必要环节和关键内容，有针对性地选择和运用场景技术，不能为了"赶时髦"而忽略场景技术的使用边界，把场景技术机械化、形式化地应用到思政课教学的各个环节。

（二）如何避免大学生对思政课场景信息的误读

大学生在场景体验过程中，通过激发自身的情感体验并结合自己的背景知识对教育内容进行解读。由于个体知识背景、叙事方式、解读能力存在差异，难免会产生对思政课场景信息误读的现象。因此，避免大学生对思政课场景信息的误读是高校思政课建设必须直面的问题。

1. 警惕交互叙事脱钩现象

当前，利用现代数字技术可以营造仿真环境和虚拟现实，使大学生在立体化场景中实现纵深感极强的交互式叙事形态，这种叙事形态打破了教师与学生的传统边界。大学生不仅仅是学习者，而且是生产者和传播者。身份的变化与融合使大学生能够以多路径学习模式获得想要的信息，学习效率全方位提升，但同时也意味着意义的理解和表达有多元路径，增加了一元引导的困难。在交互式叙事空间，大学生卷入场景的程度不同、可靠性判断不同会引发与思政课教师叙事不同的反应，从而引发持续不断的情感激发、内容连接与重组，甚至会产生与思政课教师叙事脱钩的现象。叙事脱钩现象发生后，大学生在"情感经验"迸发基础之上，想象力和思维力也将可能脱离主流价值的轨道，产生对场景信息误读的现象。思政课教师要在大学生的交互叙事中进行及时引导，警惕交互叙事脱钩现象的发生。

2. 处理好碎片化和完整性之间的关系

高校思政课的教学内容是经过科学抽象的理论成果，具有系统性特征。大学生只有从整体上把握才能真正理解内容的精神实质。但场景化传播在追求"场景适配"的过程中容易消解教学内容的系统性。场景化传播中视频化、图片化的内容表达直观生动，给大学生留下了深刻的印象，便于大学生消化吸收，但同时也带来了知识传递碎片化、理论解读简单化等问题。为了避免审美疲劳，在最短的时间内最快抓住受众的注意力，视频化、图片化的内容表达，往往会对理论知识进行高度概括，对完整的知识体系进行拆解。因此，思政课教师在场景式教学过程中要处理好知识的碎片化和完整性之间的关系。场景式教学不能完全取代传统的课堂讲授，教师在大学生场景体验前、中、后的导学、点拨、总结是实现知识逻辑有机统一的关键。

（三）如何避免大学生在场景"内爆"过程中迷失自我

当前，利用数字技术构建多元拟态场景，给予大学生强烈的真实感，拉近大学生与教学内容的距离已经成为现实。但是，随着拟态场景的逼真程度越来越高，将会与真实的界限逐渐发生"内爆"，大学生可能会产生虚拟场景比客观现实更加逼真的错觉，沉溺于虚拟场景逐渐迷失自我。避免大学生在场景"内爆"过程中过度沉溺、迷失自我是高校思政课建设必须回应的课题。

1. 要警惕大学生的感知"失联"

当前通过现代场景技术构建立体化、逼真化场景，制造虚拟场景的"临场感"，使大学生在不知不觉间获得视觉、听觉、触觉、嗅觉等全部感知系统的沉浸，进而不自觉地接受教育内容，但同时也容易使大学生陷入虚拟场景的"感知沉迷"，感知能力逐渐弱化。这是因为大学生的感知系统经常沉浸在虚拟场景，会形成媒介依赖，随着依赖的加深，他们"对自己身体的切身感受会越来越迟钝，进而与自己的内心世界失去联系"①。"失联"后，就意味着体重变化、身体的不适等这些最普通的事情都无法自我感知，要通过智能终端设备才能知道。

2. 要警惕大学生的思维惰性

场景化传播可以通过数字技术将教学内容景观化、视觉化呈现，这种呈现方式在给大学生带来深度场景体验的同时，又极大地挤压了大学生的想象空间，因为有的场景过于具象化，没有留白，无法激发大学生的丰富想象力和深层思考能力；有的场景呈现速度过快，大学生来不及想象和思考就一览无余；还有的场景过于逼真完美，使得大学生不再能"想象现实"，误以为它就是现实。久而久之，"助长了大学生的思维惰性，逐渐消解深层思考能力"②，思维能力逐渐弱化。

3. 要警惕大学生的"交往沉迷"

在时空一体的场景化传播背景下，空间的流动性越来越强。在快节奏的生活压力下，大学生不断地进行场景切换，进行人际关系的重组和再生产，但这种人际关系是松散的、易碎的和不确定的，感情投入较少。不断变化的关系流会削弱大学生投入长期情感的动机，使其沉溺于"零情感"投入的"窗口主体"，现实的交往能力变弱，社会认同感也随之变弱。

（四）如何避免高校思政课教学评价工具化

在场景化传播过程中，沉浸体验程度直接关系到学生的学习效果，因此，

---

① 梁旭艳. 空间视角下的场景传播研究：以社会化媒体为切入点［M］. 北京：中国社会科学出版社，2019：177.
② 王凤仙，李亮. 智能时代思想政治教育的视频化转向探析［J］. 思想教育研究，2021（7）：61.

"教育对象对教育内容的接受程度可以用'沉浸指数'来表示"①。与传统的实地调查、模糊评估等评估方法相比,以"沉浸指数"为内核的评价模式具有及时性、过程性、动态性等特征,能够有效推动思政课教学质量的及时评估、过程评估和全面评估。但这种评价模式也有不足。运用现代智能技术可以将评价内容指标化、数据化,但这些数据信息并不能反映教学活动开展的全部实际。比如,可以准确获取大学生的面部表情、脉搏、心率、脑电波等各项生理指标,掌握学习时长、体验场景数量等静态数据,但无法深入洞察大学生的心理活动,无法捕捉和回应大学生的高级情感需求,导致教学效果评估忽视大学生的心理成长效果。此外,受效率至上的工具理性思想影响,教师片面追求大学生沉浸指数的"高",而不愿意潜心于大学生成长的"慢",导致评价过程中出现数据流量作弊现象,影响评价的真实性,最终影响个性化教学效果的实现。因此,避免高校思政课教学评价工具化,是高校思政课建设必须重视的问题。

三、在场景化传播背景下高校思政课建设的路径选择

当前,高校思政课建设要应对场景化传播带来的挑战,需要从以下四方面着力加强建设。

(一)坚持主流价值在思政课教学场景中的主导权

1. 掌握思政课教学场景元素价值塑造的主动权

高校思政课教学场景是由图像、视频、音频、人物关系等丰富元素组成的。在"泛娱乐化"消费心理的蔓延下,当前高校思政课教学场景元素的运用正面临着意义解构的挑战,如何让大学生在场景元素意义解构的挑战中坚持自己的价值判断,避免沦为只满足感官刺激不追求意义解读的"沉浸人",是高校思政课建设需要解决的重要问题。这就要求思政课教师在场景式教学中要积极主动地对选择和构建的场景元素进行价值赋意,引导大学生读懂场景元素的价值内涵,实现场景体验和价值建构相统一。比如,要选择具有鲜明价值指向的场景图像,"借由图像的象征或隐喻,把抽象的价值观念转变为'看得见'的视觉形象"②,让大学生在生动、丰富的视觉体验中理解和认同社会主义核心价值观;要选择具有鲜明的主流价值叙事功能的视频、音频,借助视频、音频等场景元素营造教学情境,使大学生进入场景后尽快缩短其与教学内容的距离并建立独

---

① 王嘉,张维佳. 论沉浸传播时代下的思想政治教育 [J]. 教学与研究,2020(1):39.
② 陈涛. 图像时代高校思想政治理论课建设的路径选择 [J]. 思想教育研究,2017(3):71.

特的情感连接，产生情感共鸣和行为自觉。

2. 处理好"驱动"和"规避"的价值调适

场景技术在驱动高校思政课教学创新的同时，也存在弱化思政课教学场景的主流价值导向的风险。场景技术通过作用于大学生的强烈感官刺激产生一种"去中心化"的叙事效果，对思政课教师预设的教学内容重新结构化，有可能遮蔽教师传递的教学内容。如何做到既发挥场景技术的驱动性作用，又规避风险保持主流价值的生命力，是高校思政课建设亟须解决的重大问题。这就要求思政课教师必须扮演好两种角色：一是场景建构的"把关者"，把主流意识形态巧妙融入思政课场景式教学的组织建构、系统根植在大学生的虚拟世界，并在大学生交互叙事、情感体验的关键点引领大学生将主流价值内化为价值观念系统、外化为行为。二是社群文化的"引导者"。场景技术改变和丰富了大学生的存在形式和符号表意方式，不同的社群被建立起来。大学生乐于参与到不同的社群中，寻求满足感和归属感。同一社群的大学生，在认知、情感、兴趣等方面有着更强大的趋同性，思政课教师要充分利用社群文化对个体成员的趋同影响来加强主流价值的传播力和认同感。

（二）提升高校思政课教育主体的场景素养

1. 提升高校思政课教师的场景素养

在场景化传播背景下，高校思政课建设不是场景元素的简单陈设，而是场景元素的选择、设计、连接、体验、升华的多维联动实践；不是不需要教师"在场"，而是需要教师在学生"恰有所需"时"雪中送炭"。因此，高校思政课教师的场景素养尤为重要，不仅要有相应的场景技术知识，而且要有较强的场景应用能力。一是洞察大学生的需求点，创建优质高效的思政课教学场景。场景是为需求服务的，优质的场景来源于对大学生需求的精准把握。一方面，要把握大学生需求的层次性。不同的大学生由于家庭背景、生活阅历等不同，表现出来的需求也不一样，同一大学生在不同的学习阶段、生活环境表现出来的需求也不一样。另一方面，要把握大学生需求的复杂性，积极引导大学生的消极需求向积极需求转化，不能为了提高吸引力而一味地迎合大学生的不合理需求。二是立足大学生的兴趣点，强化思政课教学场景连接深度。场景连接的深度越大，场景价值创造得越大。场景连接的深度来源于对大学生兴趣的全面把握。在场景化传播背景下，兴趣是人与人连接的新兴范式，这种连接范式具有隐秘性、强黏性特征，最初呈现的是一种弱关系。但是这种弱关系会随着大学生对场景信息认同感的增强而向强关系转化。思政课教师在场景式教学过程中要立足大学生的兴趣点，充分利用强关系的信息推送稳固思想政治教育的平台阵地，通过弱关系的信息交流和分享力量扩大思想政治教育的辐射范围。最终实现强弱关系流动自由，强化场景连接深度。三是捕捉大学生的共情点，提升思政课教学场景互动体验。互动体验是场景化传播的核心，通过互动体验可以把大学生的主动性、积极性和创造性调动起来。而共情是互动体验的催化剂，有共情才有互动。教师要善于捕捉大学生的共情点，精心设计优质的场景内容，激发大学生的情感体验和分享欲望。在分享过程中，大学生与其他个体建立连接，通过评论、点赞、转发等互动交流实现意义共享、视域融通，进而深化场景内容体验，让大学生的场景体验保持发展性和持久性。四是挖掘大学生的兴奋点，引导思政课教学场景价值认同。价值认同是场景创建、场景连接、场景体验的旨归。大学生在消费场景适配信息时，会有不同层次的场景体验，表现出不同的情感态度。一般来讲，他们对让自己产生兴奋感的信息有着较强的认同，这是引导其实现价值认同的最佳时机。只有产生价值认同，才会有持久的"情感偏爱"。

2. 提升大学生的场景素养

在思政课场景式教学中，大学生对场景信息的感知、体验、理解、认同是极其重要的一环。大学生不仅需要"到场""上场"，而且要在"场中思""场中做"。这就要求大学生要了解场景化传播的特点，理解场景中各元素背后的价值意蕴，正确解读场景要素的教育意义，善于在场景体验中把符号存在和符号表意结合起来，把感官刺激和价值领悟结合起来，把情感体验和意义升华结合起来，这是大学生作为"传""受"双重身份在场景化传播过程中求证、确认自身的身份价值和进行场景要素创新性再生产的必备素养。此外，大学生的场景价值迁移能力也是其场景素养的重要组成要素。在数字技术的支持下，人们的社交需求日益增多并呈现分化趋势，人们在不同的场景会从事不同的社交活动，有不同的心理预期和情感归属需求。当前，场景化传播依托移动设备、传感器和定位系统的技术支撑，对大学生所处的场景进行细分，把握大学生的实时位置、实时场景成为现实。大学生将会面对很多场景信息的干扰。他们只有通过对场景要素的呈现方式及其价值内涵之间关系的把握，领悟出某一类场景要素在价值表现方式上的规律，才能在分析其他类型的场景信息时，更加自觉地探寻场景画面的价值信息，避免迷失在繁华的场景化信息服务中。

(三) 推动高校思政课教学方式的场景化

在场景化传播背景下，高校思政课建设要适应在场化、沉浸化、共情化的全新传播样态,就要推动教学方式的场景化,从场景定位、场景方案、场景造势维度思考如何使大学生真正"走进"场景,而不是停留在感官享受和浅学习状态。

1. 明确以具身为取向的场景定位

场景定位决定了高校思政课教学的外显方式和行为方向。具身认知理论主张认知是深度参与的、情境的,认知发展依靠经验积累,而人的知识经验产生于身体知觉所开启的视野,倡导"具身参与"、在"做中学"一类的学习方法。在场景化传播背景下,在场是人们交往方式的鲜明特征,高校思政课教学要以实践体验为取向进行场景定位,密切关注大学生的身体参与度,引导大学生在场景中用不同的具身行为解锁不同的价值"密码",捕捉大学生在场景体验中产生的思想观点、价值观念等话语表达,适时进行引导。

2. 拟定以劣构为基础的场景方案

"劣构问题"是情境认知理论的核心观点,指确定性条件较少、解决办法多样的问题。这种思维逻辑最大限度考虑到了学生在学习过程中知识的生成性,在复杂变化的情境中找到解决问题的智慧,强调不同情境实现教学目标的路径不一样。在场景化传播背景下,大学生面临着复杂的情境,如何让大学生在复杂的情境中突破思维定式,形成独立的价值分析能力和价值判断能力,尤为重要。这就要求思政课教师要用劣构的思维逻辑拟定场景方案,以劣构问题为基础,以大学生的交互连接、互动体验为主线,引导大学生在开放的、动态的虚拟场景中,自主选择、灵活运用场景中的全部元素去自主地认知和理解思想政治理论知识,找到运用思想政治理论知识解决情境问题的不同办法,形成知识迁移的能力和解决问题的能力。

3. 推动以沉浸为核心的场景造势

沉浸就是让大学生专注在当前的教学活动中,并且感到身心愉悦和满足。沉浸程度越高,大学生的专注力越强,学习障碍则越少。当前,VR、AR、MR等数字技术在教育领域的应用可以打破现实和虚拟的界限,超越时空的阻隔,给大学生带来沉浸式感官体验,引发情感共鸣。高校思政课教学要充分利用VR、AR、MR等数字技术进行造势,营造适应多维感觉形态的全息思政课教学场景,提高大学生沉浸层次。"依据沉浸程度我们可以将沉浸划分为信息沉浸、感官沉浸和大脑沉浸三个层次"[①],其中大脑沉浸是沉浸体验的最高样态,不容

---

① 王寅申,朱忆天. 沉浸传播时代思想政治教育的发展变革与价值澄明[J]. 思想理论教育,2021(4):91.

易被外界干扰，理应成为场景造势的最高目标。

（四）营造高校思政课的场景学习氛围

1. 打通以连接为纽带的场景学习资源

场景学习资源的丰富程度直接影响大学生场景学习兴趣的浓度。一是课程连接。在场景化传播背景下，高校思政课不再是独立王国，而是场景的连接。场景化传播赋能高校思政课教学，必须遵循大学生成长成才规律、场景教育教学规律，需要跨学科协同探索，推进高校思政课与人工智能、传播学等相关课程的交叉连接，融合人工智能、传播学、认知神经科学等学科成果，对现实的教学难题、场景建构瓶颈给予有效的解答。二是社群连接。场景是社群文化的助推力，社群是场景化传播背景下的重要圈群，社群学习将引爆未来的学习方式。随着场景技术的迅速发展，大学生的连接越来越便捷，他们根据不同时空的需要不断切换场景，选择符合自己需要的社群进入，并参与信息交换和知识共享。不同社群的交叉连接可以丰富场景学习资源，延展思政课教学空间，激活教师与学生、学生与学生的交互式学习热情。

2. 形成以过程评价为重点的场景学习反馈

场景学习反馈的通畅度直接影响大学生场景学习兴趣的热度。大学生的场景学习过程是一个静态因素和动态因素相结合、常态因素和非常态因素相结合的复杂过程。在这个过程中，大学生的知识、技能、方法、情感、态度、价值观等都是动态生成的。为了避免智能化教学评价的冰冷化、工具化，迫切需要形成以过程评价为重点的场景学习反馈作为补充。思政课教师不仅要关注大学生的学习时长、体验场景数量等静态因素，而且要密切关注大学生在场景体验过程中有没有达到思维高峰、有没有积极的情绪伴随、有没有高级情感需求、有没有做到在场和在思相结合等动态性因素；不仅要关注学习过程的常态因素，而且要关注非常态性因素；不仅要关注大学生价值判断和价值选择能力的现有水平，而且要观照大学生的价值判断和价值选择能力发展潜能；等等。总而言之，要立足生成性思维，通过智能技术量化评估和场景学习反馈及时调整教学方案和教学场景，激发大学生场景学习热情。

（本文原载于《思想教育研究》2022年第1期）

人工智能驱动的高校思想政治理论课精准教学：
实施框架与实现路径

万力勇[1] 易新涛[2]

1. 中南民族大学教育学院 2. 中南民族大学马克思主义学院

摘要： 实施思想政治理论课精准教学，是高校精准思政落地的关键一环。人工智能所拥有的机器学习算法、大数据、强算力三大基石为实现高校思想政治理论课精准教学提供了可能性和可行性。人工智能驱动的高校思想政治理论课精准教学实施框架包括精准学情识别和画像、精准教学内容定制和推送、精准教学活动设计、精准学习跟踪和预测、精准教学评价、精准教学决策六部分内容。要实现人工智能驱动的高校思想政治理论课精准教学，必须构建全天候、全渠道、全覆盖、全过程的高校思想政治教育大数据收集与整合机制，建立健全高校思想政治理论课精准教学保障机制，建立一体化的高校思想政治理论课精准教学技术支持系统，全面提升高校思想政治理论课教师精准教学素养。

精准思维是"与战略思维、创新思维、辩证思维、法治思维、底线思维具有同等地位的一种重要的思维方式"①。这种全新的思维方式为深入推进新时代思想政治教育工作创新发展提供了新思路，"精准思政"应运而生。精准思政是指在精准思维的指导下，"对学生群体和个体的思想、心理、学习、生活等状况进行精准识别、分析、决策、预测、追踪，并对实施效果进行精准评估的教育实践活动"②。在高校思想政治教育工作体系中，思想政治理论课（以下简称"思政课"）作为落实立德树人根本任务的关键课程，发挥着"压舱石"的重

---

① 薛伟江，黄锟. 中国共产党领导国家治理的制度优势："从统筹推进疫情防控和经济社会发展看中国共产党领导国家治理的制度优势学术研讨会"综述 [N]. 学习时报，2020-07-10（11）.

② 周远. 精准思政：新时代高校思想政治工作的新理念与新模式 [J]. 思想理论教育，2020（8）：100.

要作用。长期以来，高校思政课在教学组织上具有大班教学、步调一致、强调共性等特点，容易忽视学生在个性、专业、知识、能力上的差异。① 在这种"大水漫灌"的教学模式之下，学生学习积极性和学习投入度相对不足，教学效果欠佳。如何变"大水漫灌"为"精准滴灌"，实施思政课精准教学，是高校精准思政落地的关键一环。

早在20世纪60年代，就有国外学者将"精准"一词引入教学领域，但由于操作烦琐、记录复杂、缺乏统一测量标准等，精准教学并未得到大规模推广。② 近年来，随着各种智能信息技术的不断涌现，人工智能时代已经来临。鉴于人工智能所具有的变革性技术优势，将其引入高校思政课教学中，通过与思想政治教育大数据进行有效融合，可以助推学生学情识别和预测、教学内容定制和推送、教学活动设计、学习跟踪及预测、教学评价及教学决策等诸多教学环节的精准化实施，进而在整体上实现高校思政课精准教学。

一、人工智能驱动高校思政课精准教学的可行性

高校思政课精准教学作为精准思政的关键组成部分，是指以精准化学情识别为前提，对教学内容和教学活动进行精准设计和定制、对教学过程进行精准跟踪和预测、对教学效果进行精准评价并开展精准化教学决策，以满足大学生在思政课上的个性化学习需求并有针对性地增强大学生的使命担当。

从广义上来说，人工智能是指机器或系统对人类思维过程和智能行为的模拟。目前人工智能已在机器翻译、无人驾驶、医学诊断等领域广泛应用。在教育教学领域，人工智能正在创新和重塑着相对传统、固化的教育教学生态和师生角色，高校教学的技术形态和教学组织形态正在悄然发生变化。③ 人工智能对教育教学所产生的巨大影响源于其所拥有的强有力的三大基石——大数据、机器学习算法和强算力。这三者的共同作用为实现高校思政课精准教学提供了可能性和可行性。

高校思政课精准教学的每一个环节都需要有足够体量的数据作为支撑，用于开展精准教学的数据根据其用途可以分为三类：第一类是学生基础性数据，

---

① 刘军伟，吕勇，白喻. 高校思想政治理论课差异化教学路径探析 [J]. 学校党建与思想教育，2016（11）：65.
② 万力勇，黄志芳，黄焕. 大数据驱动的精准教学：操作框架与实施路径 [J]. 现代教育技术，2019，29（1）：31.
③ 徐徐，郑秋伟. 人工智能时代思政理论课教师发展的现实与未来 [J]. 江苏高教，2020（5）：100.

主要用于精准学情识别；第二类是过程性数据，主要用于对学生学习过程进行精准跟踪、预测和评价；第三类是结果性数据，主要用于精准教学评价和决策。在 2020 年新冠疫情期间的大规模在线教学实践之后，在线教学平台、自主学习平台、在线测评系统等诸多平台已经走入实际的思想政治教育教学场景，大量的教学和学习数据汇聚于这些平台中，为思政课精准教学的实现提供了最基础的数据保障。

如果说大数据是开展思政课精准教学的"原材料"，算法则是对这些原材料进行加工处理的方法和手段。人工智能的主流算法是机器学习，机器学习算法并非静态的代码指令，而是根据输入的经验数据产生解决特定问题的模型，并利用该模型对新的数据产生相应的判断。机器学习算法可被应用于精准教学的每一个环节，比如：要实现对学生学情的精准识别，可以使用聚类算法、降维算法和支持向量机算法；要实现对教学内容的精准定制，可以使用推荐算法；要实现对学生学习过程的精准跟踪和预测，可以使用人工神经网络和深度学习算法等。

算力在通俗理解层面也可称为计算能力，反映了设备或服务器对数据的计算与处理能力，由数据的计算、存储及传输三项指标来衡量，在技术维度上包括云计算、边缘计算、泛在计算等。① 在人工智能应用场景中，算力是算法和数据的基础设施，只有具备足够强大的算力，才能高效实时地对教学数据进行分析和处理。随着计算机芯片处理能力的不断突破和教育新基建的整体推进，各高校强大的算力平台可以保证思政课教学大数据分析与处理顺利完成。

二、人工智能驱动的高校思政课精准教学实施框架

人工智能驱动的高校思政课精准教学实施框架如图 1 所示，根据教学设计步骤和教学活动实施流程，人工智能驱动的高校思政课精准教学在框架上主要包括精准学情识别和画像、精准教学内容定制和推送、精准教学活动设计、精准学习跟踪和预测、精准教学评价、精准教学决策六个模块。

（一）精准学情识别和画像

学生学情精准化识别是推进高校思政课精准施教的基础性工作。对高校思政课而言，学情识别除了准确掌握学生的知识结构、学习方式、认知偏好等一般性学习状态外，还必须主动把握学生思想行为发展的特征和趋势，准确把握

---

① 杜国清，牛昆. 算力与智力的共振：智能生态广告传播路径探究 [J]. 现代传播（中国传媒大学学报），2021，43（3）：130.

图1 高校思政课精准教学实施框架

学生的思想诉求和理论需求，精准识别学生的接受方式和表达特点。对学生学情进行精准识别，首先，要挖掘学生群体的基本数据。基本数据包括学生的性别、年龄、专业、年级、政治面貌等，在整合学生信息基础上分析不同类型学生的思想差异和学习特点。① 其次，要挖掘和分析学生的前序行为数据。前序行为数据包括学习行为数据和日常行为数据。学习行为数据主要指学生在线上线下学习过程中所留下的历史行为数据，这些数据能直接反映学生的前序学习行为特点。日常行为数据是指学生在日常生活行为中产生的各类数据，这些数据可以作为学习行为分析的辅助和参考。最后，要挖掘和分析学生的思想数据。思想数据分散在讨论、作业及与学生相关的社交媒体内容中，须采用语义分析、文本情感分析等手段从这些隐性文本中挖掘出学生的思想动态、情感状态和理论需求。②

在学情识别的基础上，还可以进一步使用聚类算法、人工神经网络、脊回归算法等机器学习算法对数据进行整合分析和关联分析，利用柱状图、雷达图、矩形树图等图表形式，对学生群体和个体进行"精准画像"，可视化呈现学生整体、群体、个体的阶段性学习特征。③

---

① 张瑜，贾经铭. 基于信息技术的思想政治理论课精准施教模式探析：以清华大学"思想道德与法治"课程为例 [J]. 中国青年社会科学，2022，41（1）：87.
② 张瑜，贾经铭. 基于信息技术的思想政治理论课精准施教模式探析：以清华大学"思想道德与法治"课程为例 [J]. 中国青年社会科学，2022，41（1）：87.
③ 赵红灿，周远. 高校精准思政体系构建的复杂性范式转换 [J]. 思想教育研究，2021（11）：134.

(二)精准教学内容定制和推送

精准教学内容定制和推送是指根据学生的学情特征为其定制并推送与其匹配的教学内容。例如,根据不同学生的知识掌握水平定制并推送不同难度级别的教学内容,根据学生对教学媒体的偏好提供不同表征形式的教学内容等。在进行教学内容定制和推送时要确保"三性":首先,确保内容推送的匹配性,通过学情识别精准掌握学生的认知、思想、行为特征,根据学情特征进行教学内容的精准定制;其次,注重内容推送的针对性,精心定制确实能提升学生理论知识水平和思想、政治、道德素质的教学内容;最后,增强内容本身的趣味性,把教学内容以学生喜闻乐见的形式渗透到教学媒体表现形式中。① 定制和推送过程中要注意对教学内容进行分类化处理,既可以根据学生认知维度对内容进行分类,也可以按学生对各类教学内容的态度进行分类,继而根据学生的认知偏好与态度倾向进行精准推送。

在具体实现方面,教学内容定制和推送主要基于三种典型的人工智能推荐算法,分别是基于内容的推荐、基于用户的协同推荐和基于关联规则的推荐。② 其中,基于内容的推荐主要考虑教学内容和学生学情的匹配度,基于用户的协同推荐主要考虑学生群体特征与教学内容特征的相似度,基于关联规则的推荐主要考虑未学内容与已学内容之间可能存在的相关性。教师根据推荐算法生成的推荐结果,结合自己的经验判断,将"量身定制"的教学内容推送给学生。

(三)精准教学活动设计

精准教学活动设计主要基于学生个体差异,为其设计适应性和差异化的教学活动。首先,教学活动要以学生的个性特征为出发点,综合考虑学生的专业类别、学习偏好、互动偏好、学习支持及活动组织等因素。以思政课项目式教学活动精准设计为例,可以利用数据挖掘算法精确分析学生的兴趣点,结合学生的学情特征,兼顾活动的群体合作性与个体差异性,使活动设计能体现学生专业差异、兴趣差异甚至是今后从事的职业差异。③ 其次,教学活动设计要契合思政课阶段性教学目标,体现不同教学阶段的活动差异。教学活动一般可以分成传授讲解类、指导启发类、互动研讨类、交互分享类、反思评价类等。例

---

① 王卫国,陈迪明. 大数据时代高校思想政治理论课创新路径探析[J]. 思想教育研究,2017(7):86.
② 万力勇,黄志芳,黄焕. 大数据驱动的精准教学:操作框架与实施路径[J]. 现代教育技术,2019,29(1):33.
③ 卿定文. 思想政治理论课差异化教学项目设计与案例[J]. 长沙理工大学学报(社会科学版),2015,30(2):119.

如，在激发学生学习动机与兴趣时，应选择指导启发类活动；在促进理论知识的内化和迁移时，应选择互动研讨类活动；在引发学生的批判性思维与自主性思考时，可以选择反思评价类和交互分享类活动。最后，教学活动设计要处理好集体教学与个别化教学的关系。高校思政课应立足于集体教学，同时关注课程的共通性要求与学生的个性需求，依据差异测查来检测学生学习可能存在的不均衡性，并开展异质化动态分组及个别化教学指导，使教学活动兼顾到每个学生的实际情况。学生的个性化需求由人工智能技术的差异化检测功能来完成，课程的共通性要求则由教师把关设计，通过二者的协同互补来实现精准教学活动设计。

（四）精准学习跟踪和预测

精准学习追踪和预测是指实时精准地监测学生群体和个体的学习状态，并对学生未来的学习行为和表现进行预测。在人工智能时代，有多种工具和手段可以捕捉教学过程中留下的各种信息和数据。在实体课堂教学环境中可以采用量表、问卷等方式及可穿戴设备、传感器等设备获取学生学习行为、动机和态度等方面的数据；在在线教学环境中可以从后台系统获取学生的登录行为、资源浏览行为、问答行为、讨论行为、作业提交行为等。这些采集到的线上线下数据经过预处理步骤后，对其进行统计分析，可以从不同维度呈现学生思政课学习过程的全貌。在跟踪学生学习状态的同时，还可以将思政课教学大数据与机器学习算法进行无缝融合，使用预测算法从跟踪信息中抽取特征向量并挖掘出数据中潜在的模式、结构或规律，然后利用算法习得的模式或规律去预测学生未来的学习行为和表现。精准学习预测的应用主要体现在两方面：一是学习预警，即对学生的学习状态进行动态跟踪评估，识别和判断其可能存在的学习风险。二是异常行为监测，所谓异常行为是指学生学习过程中的不规律行为或异于群体状态的个体行为。使用机器学习算法对学习过程数据中隐藏的规律进行探索，可以迅速监测到学生可能存在的异常学习行为，有助于教师及时干预。

（五）精准教学评价

传统的思政课教学评价主要是以平时考查与期末考试相结合的方式进行，评价方式相对单一。人工智能的应用有助于对思政课教学过程进行全周期数据采集和分析，支持教师全面测评学生学习状况、开展全过程教学效果评价。在评价导向上要"从结果性评价向过程性评价转变，重点关注对学生学习过程和学习行为的评价"①。在评价主体的选择上要尽量多元化,将教师评价与学生互评、自评、小组评价相结合,任课教师与辅导员评价相结合,并对不同的评价主体赋予不同的评价权重。② 在评价内容上,要从传统知识掌握程度的评价拓展到学生参与状态、投入状态、思想状态、情感状态、思维状态等多方面的评价。在评价方法上,可以将人工智能支持的定量评价与相关评价主体的定性评价相结合,引入电子档案袋、学习仪表盘等新的评价技术和方法。使用大数据技术为每名学生配备电子档案袋,收集和存储每名学生在各学习维度上的学习记录和学习成果,以量化方式全过程评价学生理论知识习得和思想道德形成发展的具体效果。③ 学习仪表盘是一种对学习评价结果进行可视化呈现的有效工具,通过配置学习仪表盘,可以让学生直观清晰地了解自己在各个阶段的学习状况和效果。

（六）精准教学决策

所谓教学决策,是指教师通过对教学实践的分析、思考和判断,确定下一步教学行为的过程。传统的教学决策主要依赖于教师的主观经验、直觉和推测,不可避免会出现偏离教学客观实际情况、盲目追求决策目标的现象。在人工智能时代,教学决策主体开始从人向智能化技术泛化,教育决策知识框架从个体的认知框架向人工智能技术分析框架转变。④ 人工智能算法能够从纷繁复杂的思政课教学大数据中发现相关关系、诊断教学问题,破解教学决策中"证据"的片面性和时效制约,从而有效弥补教师在主观教学决策上存在的不足。同时,对教学大数据的分析和预测,可以使思政课教师对潜在的教学问题进行提前感知,让教学决策过程更加科学化和精准化。在教学设计阶段,人工智能技术的科学引导,可以为教师确定教学目标和教学内容提供精准决策支持；⑤ 在教学实施阶段,人工智能技术通过实时反馈学生学习进度和思想行为状态,有效支持教师即时决策并对学生进行差异化干预和指导；在教学评价阶段,人工智能

---

① 万力勇,黄志芳,黄焕.大数据驱动的精准教学:操作框架与实施路径［J］.现代教育技术,2019,29（1）:36.
② 王卫国,陈迪明.大数据时代高校思想政治理论课创新路径探析［J］.思想教育研究,2017（7）:87.
③ 王卫国,陈迪明.大数据时代高校思想政治理论课创新路径探析［J］.思想教育研究,2017（7）:87
④ 张务农.大数据应用于教学决策的可能与限度:基于教学认识论的视角［J］.中国教育学刊,2017（10）:66.
⑤ 钟婉娟,侯浩翔.教育大数据支持的教师教学决策改进与实现路径［J］.湖南师范大学教育科学学报,2017,16（5）:71.

技术及时向教师反馈教学方案制订或执行中的偏差，帮助教师优化教学流程，提升教学决策能力。

三、人工智能驱动的高校思政课精准教学实施路径

（一）构建高校思想政治教育大数据收集与整合机制

要实现人工智能驱动的高校思政课精准教学，必须构建全天候、全渠道、全覆盖和全过程的思想政治教育大数据收集与整合机制，为实施思政课精准教学提供大数据"原料"。在新冠疫情防控常态化背景下，线上线下教学环节的无缝衔接和融合是当前高校思政课教学的显著特征。"全天候"是指在混合式教学模式下，克服传统思政课在教学数据收集上的不足，建立无时不在、无处不在的全天候线上线下思政课教学数据收集机制。"全渠道"是指对数据采集渠道进行有效整合，融后台采集、网络抓取、主动调查等采集手段于一体。后台采集整合学工系统、教务系统、图书借阅系统、在线教学系统等多个信息平台数据，实现对学生基础性数据、行为类数据和学习结果数据的全方位采集；网络抓取采用爬虫技术抓取学生在相关网站和社交媒体中的浏览、评论、发文、点赞等动态信息行为；主动调查是指思政课教师、辅导员、教学管理人员等通过抽样调查等方式主动收集学生相关信息，如学习态度、学习动机、学习满意度、思想动态等。"全覆盖"是指在数据采集过程中实现数据采集对象和数据采集类型的全覆盖。数据采集对象须同时覆盖学生、教师、辅导员、教学管理者等多类人员；数据采集类型须同时包括结构化、半结构化和非结构化的多模态教学数据，实现"从因果型到相关型、从单维型到多维型、从精确型到容错型"① 大数据的全覆盖。"全过程"是指数据收集贯穿高校思政课教学的每一个时间点和时间段，涵盖课前、课中和课后的每一个教学环节。

（二）建立健全高校思政课精准教学保障机制

要实现高校思政课精准教学，必须建立强有力的保障机制，为精准教学实施提供条件保证，具体包括顶层设计、制度建设、环境建设、资源建设、外部支持等方面。在顶层设计方面，高校要为教师开展思政课精准教学营造大的政策环境，制订思政课精准教学实施方案和发展规划，形成覆盖马克思主义学院、教务部门、学工部门、教育信息化建设部门的多方联动实施机制。在制度建设

---

① 赵红灿，周远．高校精准思政体系构建的复杂性范式转换［J］．思想教育研究，2021(11)：133.

方面，健全人工智能应用于思政课教学的相关制度规范，设立人工智能教学应用专项建设经费，编制思政课精准教学操作规范和实施指南。同时，高校要把提升教师人工智能素养作为关键举措，从制度上进行保障和推广，通过典型带动、制度拉动、培训推动等方式引导教师更新观念，形成人工智能应用意识，主动提升人工智能素养。在环境建设方面，高校应加快推进智慧化、智能化教学环境建设，建成具有实时多模态信息采集功能的智慧教室，实现从数字校园到智慧校园、智能校园的转型升级，努力为思政课教师创设良好的教学创新环境，营造有利于人工智能应用于教学的氛围和文化。在资源建设方面，应重视海量性数字化教学资源在精准教学中的重要作用，将公建、自建、自购等资源建设方式相结合，鼓励相关教学专家和教学团队加快开发高质量教学资源，为思政课精准教学提供资源保障。在外部支持方面，应整合多方外部主体，为开展思政课精准教学提供多元支持，重点包括人工智能教育研究团队的智力支持、人工智能及大数据企业的技术支持、教师专业发展共同体和教学名师团队的组织支持等。①

（三）建立一体化的高校思政课精准教学技术支持系统

基于人工智能的高校思政课精准教学技术支持系统框架如图2所示，自下而上由设备层、技术层、方法层和应用层四个层级构成。② 其中，设备层提供系统运行保障，技术层提供系统运行基础，方法层是实现精准教学的具体手段和中介，应用层是精准教学各环节的具体实现。设备层包括服务器、存储设备、网络设备、虚拟机等基础性软硬件设施。技术层由机器学习技术、大数据、云计算技术等构成，分别从算法、数据和算力三个维度为精准教学提供技术支撑。方法层通过统计分析、数据挖掘、智能推荐、预测分析、信息可视化等信息处理方法，对思想政治教育大数据进行分析和处理。其中，统计分析主要通过对学生学习的相关数据进行描述性统计和差异性检验等，初步发现数据所呈现的基本特征和规律；数据挖掘在没有预设的前提下寻找隐藏在思想政治教育大数据中的信息，发现相关变量的潜在关系和规律；智能推荐用于教学内容和资源的精准推荐；预测分析对学生学习行为进行动态预测；信息可视化将教学评价数据以可视化方式呈现。应用层包括教师和学生两方面，在学生方面主要实现

---

① 刘斌. 人工智能时代教师的智能教育素养探究 [J]. 现代教育技术，2020，30（11）：16.

② 秦丹，张立新. 问题与优化：课堂精准教学实践的现实审视与反思 [J]. 电化教育研究，2019，40（11）：65.

学生学情识别、学习过程跟踪、学习行为预测、学习结果诊断、学习路径规划等功能，在教师方面主要实现教学内容定制、教学活动设计、教学效果评价、精准教学决策、精准教学干预等功能。

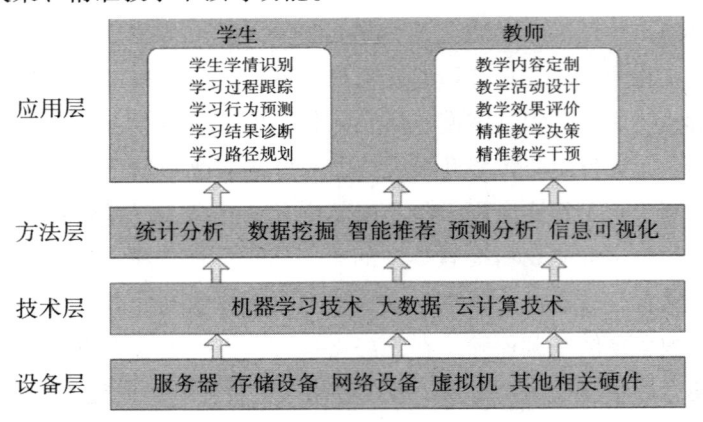

图2 基于人工智能的高校思政课精准教学技术支持系统框架

（四）全面提升高校思政课教师精准教学素养

人工智能与高校思政课的深度融合，在一定程度上会冲击思政课教师的传统角色，对思政课教师角色定位与技能提出新要求，需要教师具备较强的精准教学素养，在教学中同时扮演多种角色。

首先，思政课教师应成为技术协同者。在人工智能驱动的高校精准教学中，人工智能技术以其智能属性实现了对教师部分教学工作的替代，这就需要教师由技术使用者转变为技术协同者，与人工智能技术共同承担教学工作，挖掘人工智能教学潜能，促进技术与教学的协同发展。① 其次，思政课教师应成为教学创新实践者。在人工智能技术的介入下，部分知识的重复性叙述职能可交由人工智能完成，教师应把创新教学内容和教学方法作为教学工作的重点，以创新思维探索人工智能驱动下的高质量教学体系，做课堂教学创新的实践者。② 再次，思政课教师应成为技术伦理的引领者。思政课教师应合理合规使用人工智能技术开展教学工作，避免因技术误用、错用、滥用等引发伦理道德、隐私

---

① 郭炯，郝建江. 智能时代的教师角色定位及素养框架[J]. 中国电化教育，2021（6）：122.
② 刘佳. 人工智能技术条件下高校思政课情景教学模式创新研究[J]. 思想理论教育导刊，2021（11）：103.

安全等问题。同时应注重引导学生对技术进行合理使用，避免学生因过度依赖人工智能技术而产生思维惰性。最后，思政课教师应成为思想精神的护航者。人工智能只能对教学活动进行智能化的仿真、模拟和推断，不具备教师所具有的教学经验和教学智慧，尤其是无法替代思政课教师在情感、伦理、道德、思想教育等方面所具有的示范和引导功能。因此，思政课教师在具备较高人工智能素养的同时，还应充分发挥其在世界观、人生观、价值观方面的引导作用，关注学生的思想状况、精神状况、道德养成等，做学生思想精神的护航者。①

作为一种新型教学范式，高校思政课精准教学的实现和发展任重道远，需要研究者和实践者的共同努力。需要注意的是，过度强调技术化和精准化会给高校思政课教学带来一定的负面影响。比如，过于精准化的教学只重视外显的量化目标，忽视了学生内在学习机制的作用；过于技术化的教学将学生视为一个个数据集合，忽视了学生作为"完整生命体"的本质属性。② 因此，在开展高校思政课精准教学时，既要发挥技术的关键支撑作用，也要重视对思想政治教育价值和思想情怀的观照，将技术的定量性与教师教学智慧的灵活性有机融合，确保教学的理论性、思想性、价值性、政治性，使高校思政课精准教学生态得以良性发展。

（本文原载于《思想教育研究》2022 年第 4 期）

---

① 刘佳. 人工智能技术条件下高校思政课情景教学模式创新研究［J］. 思想理论教育导刊，2021（11）：103.
② 秦丹，张立新. 问题与优化：课堂精准教学实践的现实审视与反思［J］. 电化教育研究，2019，40（11）：63.